诺埃尔·卡罗尔大众艺术哲学研究

周尚琴　著

西南交通大学出版社

·成　都·

图书在版编目（ＣＩＰ）数据

诺埃尔·卡罗尔大众艺术哲学研究 / 周尚琴著. —
成都：西南交通大学出版社，2023.4
ISBN 978-7-5643-9099-0

Ⅰ . ①诺… Ⅱ . ①周… Ⅲ . ①艺术哲学 – 研究 Ⅳ.
①J0-02

中国版本图书馆 CIP 数据核字（2022）第 250867 号

Nuoaier·Kaluoer Dazhong Yishu Zhexue Yanjiu

诺埃尔·卡罗尔大众艺术哲学研究

周尚琴　著

责 任 编 辑	李　欣
封 面 设 计	墨创文化
出 版 发 行	西南交通大学出版社
	（四川省成都市金牛区二环路北一段 111 号
	西南交通大学创新大厦 21 楼）
发行部电话	028-87600564　028-87600533
邮 政 编 码	610031
网　　　址	http://www.xnjdcbs.com
印　　　刷	成都蜀雅印务有限公司
成 品 尺 寸	170 mm × 230 mm
印　　　张	14
字　　　数	237 千
版　　　次	2023 年 4 月第 1 版
印　　　次	2023 年 4 月第 1 次
书　　　号	ISBN 978-7-5643-9099-0
定　　　价	65.00 元

自　序

　　艺术学自引入国内至今已有百年时间，艺术哲学与艺术科学是它的两大源头，三者的初衷是从研究对象、研究方法超越美学。从谢林、黑格尔到丹纳、费德勒、诺埃尔·卡罗尔，串起艺术哲学起承转合的超越美学线。艺术科学应用社会学、心理学、符号学等科学实证主义方法实现对美学的超越路线。西方艺术哲学与艺术科学作为中国艺术学的两大源头，前者被宗白华、陈中凡、马采、张道一等继承，后者被王一川、宋伟等阐释。腾固、李心峰等学者的辩证艺术学观在研究方法上揭示了中国艺术学对艺术哲学、艺术科学对立的超越，从而对西方美学进行超越。

　　其中，诺埃尔·卡罗尔是继乔治·迪基之后美国当代艺术哲学的领军人物，也是西方当代重要的分析美学家。他提倡复兴复数的"艺术哲学"，以超越康德以来的一元的西方美学，折射出一种反审美主义的开放态度。因此卡罗尔在电影、绘画、音乐、舞蹈等门类艺术的批评基础上，对艺术本体、艺术识别、艺术本质、艺术经验等问题都进行了积极的分析与探究。

　　卡罗尔的跨门类、跨学科的艺术哲学思想，与新文科背景下中国艺术学的多元化发展不谋而合。生于 20 世纪中叶的卡罗尔与中国学者的对话往往集中于对传统儒家美学思想的探讨，鲜有对中国当代艺术哲学的交流。但不可否认的是，20 世纪中国艺术学和美学思想在受到西方思潮影响的同时，始终脱离不了儒家思想涂抹的底色。因此，研究诺埃尔·卡罗尔的艺术哲学思想，对中国艺术学的追本溯源具有重要的价值与意义。

　　本书作为国内首部研究诺埃尔·卡罗尔完整艺术哲学的著作，聚焦于卡罗尔艺术哲学的大众性，在大众视角下对卡罗尔艺术哲学思想进行挖掘、梳理和系统整合，期望能够为国内卡罗尔的研究提供一个新的视角，也期望能够借此契机在中西方艺术哲学、艺术学之间延伸出新的对话增长点。

目　录

绪　论

先锋艺术和大众艺术作为西方大众社会的主要艺术形式，改变着西方艺术史的方向，也激发了艺术哲学的推陈出新。分析美学围绕艺术识别、艺术本质、艺术本体、艺术经验、审美经验等诸多问题，对新语境中出现的艺术问题做出回应，旨在将先锋艺术和大众艺术等新的艺术作品合法化地归入艺术家族。

诺埃尔·卡罗尔（Noël Carroll）是继乔治·迪基（George Dickie）之后美国当代艺术哲学的领军人物，也是西方分析美学走向实用美学极为重要的中间人物之一。作为当代重要的分析美学家，诺埃尔·卡罗尔在对大众艺术和先锋艺术的批评基础上，对艺术本体、艺术识别、艺术本质、艺术经验等问题都进行了积极的分析与探究。这种参与式的观察和批评方式，使卡罗尔被阿瑟·丹托（Arthur C. Danto）称为"狄德罗式的批评家"。①

卡罗尔的艺术哲学思想建立在对西方先锋艺术和大众艺术实践坚实的研究基础上，从而形成了独特的大众艺术哲学体系。卡罗尔的艺术哲学思想，理论斑驳而具有鲜明特点，电影、舞蹈、表演、绘画等共同理论组成他的大众艺术哲学，同样，大众艺术哲学理论也通向他的电影、舞蹈、表演等理论。因此，卡罗尔的艺术哲学具有非常广泛的研究范围，研究对象涵盖门类艺术与一般艺术的艺术本体、本质、识别、经验等重要问题。美国前美学协会主席彼得·基维（Peter Kivy）在为卡罗尔《超越美学》写的前言中，以知道很多重要小事的"大狐狸"来比喻他，喻示卡罗尔在艺术哲学和美学学科中的大师地位：

> 如果丹托的时代是知道一件大事的刺猬的时代，那么我们现在正进入一个知道很多小事的狐狸的时代。至少从我这个方位来

---

① CARROLL, NOËL. Living in an artworld: reviews and essays on dance, performance, theater, and the fine arts in the 1970s and 1980s[M]. Louisville: Evanston Publishing, 2012: 12.

看，岩石上的那只大狐狸是诺埃尔·卡罗尔。如果即将到来的艺术哲学和美学的时代是狐狸的时代，那么它有可能是卡罗尔的时代。……大狐狸之大是因为他知道的不只是一件小事，而是很多小事，如果这些是重要的、核心的事，那么他就会像刺猬一样成为整个学科的大师（master）。①

如果彼得·基维所言属实，这就意味着我们已从丹托的时代进入卡罗尔的时代，那么对卡罗尔广泛而细致的艺术哲学思想进行研究和总结，既是对其背后的西方美学和艺术哲学的历史的回顾，也是对全球化时代中西方艺术哲学共同未来的展望，具有极其重要的理论价值和实践意义。

第一节　研究背景、对象与卡罗尔作品

一、研究背景与研究对象

（一）研究背景

19 世纪上半叶，浪漫主义作为现代主义艺术的先声，促使艺术历经印象主义、象征主义、立体主义、抽象主义等阶段，至 20 世纪上半叶形成独具一格的现代主义艺术阶段。现代主义艺术专注于艺术的形式创新，这一阶段的艺术普遍呈现非人化、陌生化的特点，追求与艺术世界之外的普通生活的距离与疏离感。艺术与生活的分化，"为现代主义艺术寻找各自的生

---

① CARROLL, NOËL. Beyond aesthetics: philosophical essays[M]. New York: Cambridge University Press, 2001: ix. 彼得·基维用刺猬和狐狸来比喻丹托和卡罗尔，应该是受英国当代思想史家以赛亚·伯林 1953 年的名篇《刺猬与狐狸》的影响，该文把一句古希腊谚语"狐狸多机巧，刺猬仅一招"延伸为两种类型的思想家和作家，刺猬型思想家对世界有一个统一的看法，追求普世的真理，并将之贯穿于万事万物之中，如同刺猬遇到外界刺激均竖起满身倒刺以一招对应；狐狸型思想家体察个体的多元性，追求不同甚至相互矛盾的目标，如狐狸遇事之时的灵活应变。在伯林看来，但丁、柏拉图、卢克来修、帕斯卡尔、黑格尔、陀斯妥耶夫斯基、尼采、易卜生、普鲁斯特是知道一件大事的刺猬；莎士比亚、希罗多德、亚里士多德、蒙田、埃拉斯穆斯、莫里哀、歌德、普希金、巴尔扎克、乔伊斯则是知道很多小事的狐狸。

长空间，探寻种种创新的可能性，以及为艺术家个性风格的确立奠定了观念上和实践上的基础。"①

艺术与生活的这种疏离状态，在 1917 年马歇尔·杜尚（Marcel Duchamp）的艺术品《泉》的反叛中被打破。第二次世界大战中大批欧洲知识分子和艺术家逃亡美国，杜尚就是其中之一，由于欧洲与主流艺术流派的疏离，杜尚在法国并没有得到应有的认可，其反叛的姿态在纽约反倒大受瞩目，一时间声名鹊起。20 世纪 50 年代起纽约成为后现代主义的中心，与现代主义的中心巴黎遥相对望，此时尽管现代主义阵营中的抽象表现主义和新表现主义艺术依然活跃，学院派及其他被现代主义排斥的非主流艺术也有复苏的迹象，但先锋艺术如火如荼地发展起来。其中波普艺术、观念艺术、环境艺术、大地艺术在日常生活领域中的广泛渗透，使得艺术与生活的隔离被打破，成为杜尚现成品艺术的隔代呼应。同时，借助各种大众媒介的大众艺术作为先锋艺术之外的另一种重要艺术，与这时期的先锋艺术一样，走向不同于现代主义艺术的另一个极端。

新的艺术形式的出现，使现代主义的法则受到质疑，对传统美学造成一定的冲击。艺术的身份在新的语境中成为一个问题，"艺术是什么"成为这一时期的一个重要问题，促使美学打破在现代主义艺术领域内的故步自封，转向艺术哲学的领域，对当下的艺术现象做出积极有效的回应。

分析美学作为 20 世纪英美美学的主流，对艺术本质、艺术本体、艺术定义、艺术解释、艺术经验等诸多问题都进行了争论和创造。门罗·C. 比厄兹利（Monroe C. Beardsley）、阿瑟·丹托、乔治·迪基、纳尔逊·古德曼（Nelson·Goodman）、诺埃尔·卡罗尔、理查德·舒斯特曼（Richard Shusterman）、约瑟夫·马戈利斯（Joseph Margolis）等众多分析美学家借助概念分析的方法，对艺术的诸多问题进行了热烈而积极的回应。著名的《美学与艺术批评》（*Journal of Aesthetics and Art Criticism*）作为由天普大学哲学系的分析美学家主办的美学杂志，成为他们争论和引发艺术哲学相关问题的前沿阵地。

随着全球化的加剧，目前先锋艺术和大众艺术在国内已经渐成气候，甚至可以与西方艺术界形成直接对话，但在艺术哲学方面我们受康德、黑格尔、马克思等欧洲美学思想的影响较大，"一些学者注重借鉴具有人文主义传统的美学，但对具有科学精神的西方美学传统、对在英美等国占据主

---

① 周宪. 审美现代性批判[M]. 北京：商务印书馆，2005：314.

导地位的'分析美学'传统却鲜有研究①。"因此，这势必形成艺术实践与艺术哲学之间的鸿沟，为了弥合二者之间的缝隙，从分析美学进入西方艺术哲学，研究和借鉴英美艺术哲学的相关理论，进而对新的艺术实践进行回应、总结和引领就显得非常必要。

卡罗尔对艺术哲学中的许多问题颇有创见，并且他的理论形成于对其他分析美学家理论的分析和批判之上，具有辩证的思维和广阔的视野。作为艺术哲学领域的一位大师，卡罗尔的理论简单说来是围绕"艺术本质"与"艺术经验"两大轴心展开，他在反思本质主义艺术定义的基础上提出的历史叙述法，对先锋艺术和大众艺术具有极强的识别力度。他在认知主义立场上，对艺术的情感、道德等功能的恢复和对审美经验的重构，摆脱了为艺术而艺术的审美主义的桎梏，对观众与新的艺术形式的互动具有重要的参考价值。

可见，卡罗尔的艺术哲学思想积极回应了先锋艺术与大众艺术带来的问题，也影响着当代艺术哲学的走向。在这种背景下将卡罗尔的艺术哲学作为本文的研究对象，具有极其重要的理论价值和实践意义。

（二）研究对象

鉴于以上背景，本文将研究对象确立为"诺埃尔·卡罗尔的大众艺术哲学"，包括卡罗尔的著作及其大众艺术哲学思想。

诺埃尔·卡罗尔，1947 年出生于美国，前美国美学协会主席，"当代重要的分析美学家"②，被公认为是继其恩师乔治·迪基之后美国当代艺术哲学的领军人物之一，"有关哲学美学之发展的最主要的解说者"（旧金山州立大学，阿尼塔·席尔维斯语），也是分析美学向实用主义美学转向中的重要推动者。严格意义上来说，卡罗尔的研究对象已超出美学的范畴，进入艺术哲学。由于他将分析哲学的概念分析方法作为重要的工具对艺术哲学中的相关概念进行分析，所以称他为分析的艺术哲学家可能会更加贴切。但因为分析美学已是固定的名称，本文还是遵照惯常用法，将其称为分析美学家。

卡罗尔总共在四所大学获得过六个学位。1969 年于霍夫斯特拉大学读完哲学系本科，1970 年在匹兹堡大学取得哲学硕士学位，1974 年在纽约大

---

① 李修建，刘悦笛. 当代中国美学学术史 [M]. 北京：中国社会科学出版社，2013：5-6.

② 刘悦笛. 分析美学史 [M]. 北京：北大出版社，2005：330.

学获得电影研究硕士学位，1976 年在伊利诺伊大学芝加哥分校获得哲学硕士学位，同年以巴斯特·基顿（Buster Keaton）的《将军号》为研究主题，在纽约大学取得电影艺术博士学位，1983 年又在伊利诺伊大学芝加哥分校获得哲学博士学位。

70 年代的读书期间，卡罗尔有过艺术记者的生涯，曾在《芝加哥读者》《艺术论坛》《Soho 新闻周刊》等杂志发表了许多评论和文章。1982 至 1983 年期间，他作为纪录片编剧，为《作为拼贴的电影》《与相机共舞》《性别诗学：女性新电影》《作为游戏的电影》四部纪录片撰写过剧本和文案。随着在学术界的声誉日隆，卡罗尔于 1991 年担任威斯康星大学-麦迪逊分校门罗·C. 比尔兹利席位的艺术哲学荣誉教授，之后在美国美学重镇天普大学担任安德鲁·W. 梅隆席位人文学科教授，2012 年起为美国纽约城市大学哲学系特聘教授。

卡罗尔自称有两个标签，一个是哲学家，另一个是认知主义者。作为北美认知学家，他积极反抗建基于马克思主义-精神分析符号学基础上的现代电影理论，与大卫·鲍德维尔（David Bordwell）引领了北美认知主义电影理论，从而与欧洲认知符号学的电影理论形成二元峙峙格局。按照卡罗尔的自述，他"在 70 年代开启自己电影研究的学术生涯，在 80 年代转向分析哲学"①，因此卡罗尔对包括大众电影与先锋电影在内的电影的研究时间早、数量多，相关著作或文集占据总体著作和文集的近乎一半。

卡罗尔对先锋艺术的关注很可能是在舞蹈家妻子萨利·贝恩斯（Sally Banes）的影响下形成的。与贝恩斯的相识是在卡罗尔于纽约大学读博士期间，贝恩斯从十岁开始学习舞蹈，并于 1976 年从芝加哥搬到纽约，并在贾德森舞蹈剧院学习，同时参加一些演出。与卡罗尔结婚后她进入纽约大学，贝恩斯最终以《民主的身体：贾德森舞蹈剧院（1962—1964）》获得戏剧博士学位，成为美国后现代舞蹈与戏剧方面的专家，并出任美国舞蹈史学者协会主席。

卡罗尔与贝恩斯曾在八九十年代合写了《肯宁汉、布兰钦以及后现代舞蹈》《工作与舞蹈：对门罗·比厄兹利的"舞蹈是怎么一回事？"的一个回应》等重要的舞蹈论文，还为贝恩斯出品的纪录片《最后的会话：爱森斯坦的〈卡门〉芭蕾舞剧》（1998 年）担任编剧。不幸的是贝恩斯在 2002 年因中风瘫痪，再也无法站立和舞蹈，但命运的挫折没能将他们击垮，卡

---

① CARROLL, NOËL. Theorizing the moving image[M]. Cambridge: Cambridge University Press, 1996: xvii.

罗尔在陪伴和照料妻子的同时，依旧笔耕不辍，继续发表了众多的精彩著述，并获得了古根海姆学者奖，贝恩斯也因其巨大贡献获得舞蹈研究国会颁发的终身成就奖。

在对先锋艺术与大众艺术的积极观照与批评中，卡罗尔构建了他的大众艺术哲学体系。先锋艺术与大众艺术是卡罗尔艺术哲学体系的源泉，他的艺术哲学为先锋艺术与大众艺术提供哲学基础。本文遵照卡罗尔的本意，将"艺术哲学"（Philosophy of Art）看作与"美学"（Aesthetics）不同的学科，通过对美学和艺术哲学的比较，卡罗尔指出，艺术哲学偏向艺术，美学偏向接受。[①]他所践行的艺术哲学是致力于对艺术对象的本质问题进行研究的哲学，核心是"艺术本质"，包括与之相关的"艺术识别""艺术本体""艺术经验""审美经验""艺术价值"等问题。

本书在详细阅读梳理卡罗尔的著作和相关文献基础上，尽可能地全面考察卡罗尔的艺术哲学思想，将其分为艺术本体、艺术识别、艺术本质、艺术经验四个方面逐一进行分析，并在此基础上提出自己的评判。艺术本质指艺术具有的共同属性，艺术识别指在艺术共同属性的基础上对艺术的界定，艺术本体指艺术品的存在方式，艺术经验指艺术与受众的互动方式。艺术的本质、本体、识别、经验等问题深刻地体现在以大众电影电视为主的大众艺术理论和以先锋电影、舞蹈、表演等为主的先锋艺术理论中。卡罗尔的电影、舞蹈、表演、绘画等理论组成他的大众艺术哲学，同样，大众艺术哲学理论也通向他的电影、舞蹈、表演等理论。卡罗尔对这些艺术的批评与他的艺术本质理论、艺术本体理论、艺术识别理论、艺术经验理论是互为因果、相互支撑的关系。尤其是先锋电影和大众电影作为卡罗尔艺术批评的主要艺术体裁，为他的艺术哲学提供了重要的案例支撑。

二、卡罗尔的著作

卡罗尔的大众艺术哲学思想散布于他的众多著作之中，按发表形式划分，总共有 16 部专著与文集、7 部编著的作品，以及 30 多篇或独立发表或被其他文集收录的文章。这些作品虽然以不同的面貌问世，但在主题上以交叉和互补的形式互相指涉、形成互文，共同勾勒出卡罗尔的艺术哲学观。目前国内仅翻译出版了《艺术哲学：一种当代介绍》《超越美学》《大众艺

---

① CARROLL, NOËL. Philosophy of art: a contemporary introduction[M]. New York: Routledge, 1999: 185.

术哲学》这三本著作，以及《今日艺术理论》《后理论：重建电影研究》这两本编著的书和少数几篇文章，大量的英文原著尚未被翻译过来。下面按照出版的年代顺序，对卡罗尔的著作加以概述。

1984 年，《休谟的趣味标准》（"Hume's Standard of Taste"）一文针对"趣味的标准为何？"这一问题，卡罗尔反对休谟以理想批评者的趣味为标准，认为趣味的标准是主观的，并且是主体间可以共享的，提出人人都是批评家的观点。

1987 年，《再现理论的阴谋》（"Conspiracy Theories of Representation"）考察了艺术和大众媒体中政治和政治能力的表现，论述艺术与意识形态之间的关系。

1988 年，著作《经典电影理论的哲学问题》（*Philosophical Problems of Classical Film Theory*）出版，主要是对鲁道夫·沃尔海姆（Rudolf Arnheim）的电影媒介理论、安德烈·巴赞（André Bazin）的照相写实主义、V. F. 铂金（V. F. Perkin）的虚构媒介理论的分析和反驳，在卡罗尔看来他们三位作为经典电影理论的代表，都主张一种本质主义的电影观，但他反对对电影媒介进行本质主义的定义。

1988 年，著作《迷之电影：当代电影理论的时尚与谬论》（*Mystifying Movies: Fads and Fallacies in Contemporary Film Theory*）出版，主要是对自 70 年代以来占据美国学院主流地位的当代电影理论的分析与批评，批判目标为雅克·拉康、路易·阿尔都塞和罗兰·巴特为主的马克思主义精神分析-符号学理论，在认知主义电影理论的基础上，卡罗尔认为精神分析法是对认知过程中的理性的打破，核心是非理性，但假如我们能够用理性的认知心理学解释一些行为及精神现象的话，就不需要精神分析的解释空间。

1990 年，著作《恐怖的哲学》（*The Philosophy of Horror*）出版，是在认知主义立场下对恐怖小说、故事、广播和电影等的美学研究，就虚构性恐怖艺术的虚构悖论以及认知过程、情感效果和社会功能进行考察，在西方艺术哲学领域中产生了广泛的影响。

1993 年，卡罗尔关于阿瑟·丹托的两篇文章被收录进马克·罗林斯编著的论文集《丹托和他的批评者们》（*Danto and his Critics*），其中《本质，表现与历史：阿瑟·丹托的艺术哲学》（"Essence, Expression and. History: Arthur Danto's Philosophy of Art"）对丹托的"艺术世界"理论展开批判，《丹托的艺术新定义与艺术理论的问题》（"Danto's New Definition of Art and the Problem of Art Theories"），对丹托的"关于结构"理论进行批判。

1994 年,《凯奇与哲学》("Cage and Philosophy")一文分析先锋艺术家约翰·凯奇的《4 分 33 秒》,作为先锋艺术背后的创作机制。

1995 年,《丹托,风格与意图》(*Danto, Style, and Intention*),对阿瑟·丹托的风格矩阵理论提出疑问,指出由于一定原因,艺术家对候选艺术品的解释错误会归罪于艺术史的错误或者某种艺术风格超出艺术家的认识范畴,导致艺术家对艺术候选者的解释缺乏可信的根基。

1995 年,《对扮假作真理论的批评》(*Critical Study Mimesis as Make-Believe*)对肯达尔·L. 沃尔顿的扮假作真理论进行批判,认为沃尔顿的这一理论与实际经验不符合,因为受众在卷入虚构艺术时不可能不产生真实的情感。

1995 年,《欣赏恐怖虚构:对高特的回应》(*Enjoying Horror Fictions: A Reply to Gaut*),回应了贝伊斯·高特对恐怖悖论的否认,卡罗尔考虑了高特的反对意见,即人们在观看恐怖电影时喜欢它,但这部电影引起的迷恋和好奇心并不令人震惊,最后总结说,高特似乎已经犯了错误的演绎,否定了恐惧和不愉快经历之间的内在关系。

1996 年文集《电影的理论化》(*Theorizing The Moving Image*)出版,分媒介问题、大众电影与电视、先锋主义与纪录片、意识形态、观点交锋等几个部分,涉及对电影中的悬念、镜头、音乐、角色问题,纪录片的虚实问题,以及对电影与道德、意识形态等关系的研究。

1996 年,与大卫·鲍德维尔共同编著《后理论:重建电影研究》(*Post-Theory: Reconstructing Film Studies*),本书分四编,分别为电影艺术的状况、电影理论与美学、电影心理学、历史与分析,包括文章《电影理论预测:个人的判断》和《非虚构电影与后现代主义怀疑论》,将认知主义与精神分析进行比较,重申了对七八十年代流行的精神分析式的传统电影理论的反对。

1998 年出版的《解释电影》(*Interpreting The Moving Image*),主要是选取了若干电影文本,应用情感认知的相关理论对文本所做的解释与批评。

1998 年著作《大众艺术哲学》(*A Philosophy of Mass Art*)出版,其中卡罗尔反对作为多数派的康德式先锋派理论对大众艺术的抵制,对相关理论进行了分析和批判,又通过对少数派对大众艺术的赞美的扬弃,进而从形式和功能的角度提出大众艺术的定义和大众艺术的本体论。

1998 年,《历史与理论》杂志第 37 卷第 4 期上面,出版了一期名为《丹托和他的批评者们:艺术史,历史编纂学与艺术终结之后》的专号。卡罗尔的《艺术终结?》("The End of Art?")是其中的一篇重要文章,对丹托的艺术终结论进行分析和批判。

1998 年的《表现，韵律和舞蹈：对格里高利·司科特的回复》（*Expression, Rhythm and Dance: A Response to Gregory Scott*）与 1999 年的《比厄兹利，表现和舞蹈：对格里高利·司科特的回复》（*Beardsley, Expression and Dance: A Reply to Gregory Scott*），都是回应格里高利·斯科特对依冯·瑞娜的作品"工作与舞蹈"的系列批评，斯科特的第一篇文章认为瑞娜对《客房服务》动作的使用不是舞蹈，第二篇文章接受《客房服务》作为舞蹈，卡罗尔认为斯科特维护了比尔兹利的理论。

1999 年，著作《艺术哲学：一种当代介绍》（*Philosophy of Art: A Contemporary Introduction*）出版，实则以分析哲学的方法，梳理艺术哲学史上对"艺术是什么"这一根本问题的回答，囊括了再现论、表现论、形式论等非自觉的本质主义定义，与阿瑟·丹托、乔治·迪基等理论家的理论在内的自觉的本质主义艺术定义，卡罗尔在对两种本质主义定义的分析和扬弃中，提出历史叙述理论这一艺术识别方法。

2000 年，编著《今日艺术理论》（*Theories of Art Today*），在前言中对当代艺术理论的发展做了梳理和回顾，聚集了第一流的分析美学家的艺术定义，对于艺术定义在 20 世纪下半叶的论争和延续，这无疑是一部最新、最权威的文集。

2000 年，在《艺术与伦理批评：近期研究方向的回顾》（"Art and Ethical Criticism: An Overview of Recent Directions of Research"）这篇文章中，卡罗尔对艺术自律论、认知浅薄论、反效果论这几种艺术伦理批评的反向理论一一进行批评，以说明道德批评在艺术哲学中不应该继续受到忽视。

2001 年，《解释，戏剧表演与本体》（"Interpretation, Theatrical Performance, and Ontology"）一文就戏剧和电影的本体展开分析，电影和戏剧都是类型艺术品或多实例艺术形式，可以从类型艺术品转化为个别的演出，不同之处在于电影转化过程通过"模板"，戏剧通过"解释"。

2001 年，《享乐、冷漠和审美经验：对罗伯特·斯特克的评论》（"Enjoyment, Indifference, and Aesthetic Experience: Comments for Robert Stecker"）一文中，卡罗尔回应了罗伯特·斯蒂克对他艺术哲学中的某些观点的批评，他对斯泰克的论点提出异议，即他错误地以无功利的经验来评估经验，并认为这是审美经验的必要条件。

2001 年，《大众艺术：持续的争论》（*Mass Art: the Debate Continues*）驳斥了大众艺术的淘汰论，这一理论认定消费大众艺术的过程也是对社会阶层的认同。大众艺术的淘汰论坚持大众艺术被群众消费，所谓的高雅艺术被精英消耗，这使我们能够将大众艺术与其他类型的艺术区分开来。

2001 年，《电视与电影：一种哲学观》(*TV and Film: A Philosophical Perspective*) 指出尽管在电视与电影之间，存在技术发展程度的历史差异，但它们并不存在本体论或本质上的区别，电影和电视是运动图像的演变，一种可以通过视频、录像、电子方式实现的交流和表达模式。

2001 年，《电影舞蹈的定义》(*Toward A Definition of Moving-Picture Dance*) 中，卡罗尔讨论了舞蹈表演的概念、定义和理论，这些表演属于电影舞蹈的范畴，应被视为解放创造力的一种手段，或者至少是一种促进接受技术变革必然性的方式。

2001 年，《超越美学：哲学论文集》(*Beyond Aesthetics: Philosophical Essays*) 出版，包括超越美学，艺术、历史与叙述，解释与意图，艺术、情感与道德等五个章节，分门别类地收录了卡罗尔 20 世纪八九十年代的关键文章，集中了他对英美美学中的艺术审美理论的反思，以及对艺术与道德、情感、叙述、历史之间的思考。

2003 年出版文集《介入电影》(*Engaging The Moving Image*)，涉及虚构影片、非虚构影片、极简主义电影、独立电影等相关的理论。

2004 年，《大众艺术作为艺术：对约翰·费什的回应》(*Mass Art as Art: A Response to John Fisher*)，就费什对他的大众艺术定义提出的反对意见，卡罗尔进行相应的辩驳，以明确把大众艺术归入艺术的合法性。

2006 年，《电影与动画哲学》(*Philosophy of Film and Motion Pictures*) 中，收录了卡罗尔的《虚构与非虚构：一个概念分析》《电影、情绪及体裁》等文章。

2007 年，著作《喜剧的化身：巴斯特·基顿，身体的幽默和反应》(*Comedy Incarnate: Buster Keaton, Physical Humor and Bodily Coping*) 出版，本书以其博士论文为基础的，分风格、主题两个方面对巴斯特·基顿的《将军号》进行详细分析，论述风格与主题的互动可以引起情感反应。

2008 年，文集《电影哲学》(*The Philosophy of Motion Pictures*) 出版，本文集主要围绕电影的媒介问题展开，包括《媒介特异性理论》《电影镜头》《情感与电影图像》等文章。

2008 年，卡罗尔与阿尔普森·菲利普合写的文章《音乐，心灵和道德：唤醒身体政治》(*Music, Mind, and Morality: Arousing the Body Politic*)，就音乐的分析哲学中，关于音乐与情绪唤醒、知识、道德的关系展开谈论，虽然分析哲学倾向于关注绝对音乐，但音乐的历史演变与歌曲、史诗、舞蹈、仪式和戏剧的历史演变同步发生。音乐哲学家通过研究音乐，发现它们与认知内容保持一致，使社会心理得到改变和润滑。

2009 年，著作《论批评》（*On Criticism*）出版，对艺术批评的对象、组成部分进行分析，指出批评包含的七大元素，其中评价比解释更加重要。

2009 年，卡罗尔与莱斯特·H. 洪特一起编著《〈迷离时空〉中的哲学》（*Philosophy "in the Twilight Zone"*），将《〈迷离时空〉中的恐惧故事》（"Tales of Dread in *The Twilight Zone*: A Contribution to Narratology"）一文收录其中，提及恐怖（horror）故事与恐惧（dread）故事的区别，即恐惧和厌恶共同引发恐怖感，这与卡罗尔恐怖艺术理论的研究相关。

2009 年，编著的《诗学、美学与叙述哲学》（*The Poetics, Aesthetics and Philosophy of Narrative*）选集可以说是关于分析美学传统中的叙述哲学的一次研究，所选的 11 篇文章涉及对叙述、认识论、情绪等的探索，卡罗尔在引言中论述了叙述理论在艺术哲学中所占的地位。

2009 年，《启蒙美学的死胡同：一种艺术的元哲学》（"Les Culs-de-sac of Enlightenment Aesthetics: A Metaphilosophy of Art"）这篇文章中，卡罗尔论证了 18 世纪以来的艺术审美理论的失败，认为这种企图从审美角度定义艺术的方法不足以涵盖所有的艺术，当代艺术包含着其他的研究路数。

2009 年，《基础戏剧理解：詹姆斯·汉密尔顿的考虑》（"Basic Theatrical Understanding: Considerations for James Hamilton"）一文中，卡罗尔讨论了詹姆斯·汉密尔顿在 "戏剧艺术" 中提出的基础戏剧理解概念，指出汉密尔顿对基本戏剧理解的描述过于狭隘，因为他否定了大型戏剧结构在基本戏剧理解方面的任何作用。

2010 年文集《三个向度的艺术》（*Art in Three Dimensions*）出版，包括艺术定义、审美经验、艺术与价值、艺术与情感、叙述与幽默几个部分，显示了艺术哲学家关注艺术进入文化社会和个体生活的诸种方式。

2011 年，卡罗尔与约翰·吉卜森（John Gibson）共同编著《叙述、洞察力与情感》（*Narrative, Insight and Emotion*）收录了 9 篇文章，将叙述理论引入当代美学，为艺术虚构、艺术与道德伦理关系、艺术教育、艺术的认知及文化价值等问题的研究提供了新的可能性。

2011 年，《艺术解释：2010 年理查德·沃尔海姆纪念讲座》（*Art Interpretation The 2010 Richard Wollheim Memorial Lecture*）中，卡罗尔在沃尔海姆之后，捍卫了意图主义。

2012 年，文集《生活于艺术世界：关于舞蹈、演出、戏剧、美术的评论集（1970's—1980's）》（*Living in an Artworld: Reviews and Essays on Dance, Performance, Theater, and the Fine Arts in the 1970s and 1980s*）出版，是对20 世纪 70—90 年代初活跃在美国的先锋艺术现象的批评，通过对后现代舞蹈、戏剧与表演、绘画等艺术的批评，呈现了对后现代社会出现的新的艺术形式的考察，及对后现代概念的思考。

2012 年，《审美经验的近期方法》（"Recent Approaches to Aesthetics Experience"）这篇文章即对其他研究路数的补充，本文重在从内容导向的角度重新定义审美经验。

2012 年，卡罗尔在《扩展领域的艺术》（*Art in An Expanded Field*）中对维特根斯坦的家族相似论、理查德·沃尔海姆的生活形式理论、贝伊斯·高特的簇概念进行分析，指出沃尔海姆的艺术即生活形式理论与历史叙述理论实则是相通的。

2013 年，文集《密涅瓦的节日夜晚：哲学、流行文化与电影（*Minerva's Night Out: Philosophy, Pop Culture, and Moving Pictures*）出版，收集了卡罗尔 20 世纪 90 年代及 21 世纪前十年的一系列文章，涉及电影、百老汇音乐剧的哲学问题，覆盖范围从万圣节的哲学到艺术中让人眩晕的病态浪漫爱情。

2013 年，卡罗尔与他人合作写的文章《舞蹈中的动觉理解和欣赏》（"Kinesthetic Understanding and Appreciation in Dance"），认为观众对舞蹈的欣赏过程包含情感、认知、身体动觉的参与。

2013 年，《粗野的英雄：对 A. W. 伊顿的回应》（*Rough Heroes: A Response to A.W. Eaton*），卡罗尔回应了伊顿对他的温和道德主义理论的挑战，声称在某些情况下，艺术品中的道德缺陷被视为审美缺陷。伊顿质疑这种观点，声称有时艺术作品中的内在伦理缺陷在美学上是有价值的，称之为强烈的不道德主义，卡罗尔以电视节目"黑道家族"中的角色托尼索普拉诺为例来反驳伊顿的论点。

2014 年，著作《幽默导论》（*Humour: A Very Short Introduction*）出版，主要是从认知情感角度对幽默的本质进行追溯和界定，研究了笑话、喜剧等幽默艺术的产生原理和过程。

2014 年，《伦理学与喜剧娱乐》（*Ethics and Comic Amusement*），探讨了幽默与道德关系的几种关系，包括非道德主义喜剧和温和的道德主义喜剧，并且以捍卫温和的道德主义喜剧来结束。

2014 年，《美学、艺术和生物学》（*Aesthetics, Art, and Biology*）就斯蒂

芬·戴维斯《艺术种类：美学，艺术和进化》一书的观点，讨论了美学、艺术和进化之间关系，包括该书对美学家和艺术哲学家的影响，以及艺术与情感之间存在的情绪唤起现象。

2015 年，《丹托的喜剧观：哲学方法和文学风格》(*Danto's Comic Vision: Philosophy Method And Literary Style*)，探讨了喜剧策略在阿瑟·丹托的艺术哲学中的具体表现，即他对不可分辨的艺术品与真实事物之间的区分。

2015 年，《对内容导向的审美经验的辩护》(*Defending the Content Approach to Aesthet Experience*)是对阿兰·高蔓的反对理由提出的一系列反驳，进而对卡罗尔自身的审美经验理论进行辩护。

2015 年，《心之悖论：〈恐怖的哲学〉出版 25 周年：凯特琳·班森-阿尔特的采访》(*Paradoxes of the Heart: "The Philosophy of Horror" Twenty-Five Years Later: An Interview by Caetlin Benson-Allott*)中，卡罗尔回顾了自《恐怖的哲学》以来的研究，对他的一些最具争议的观点给予澄清，并指出恐怖电影特效和恐怖视频游戏等恐怖体裁艺术创作的新发展。

2016 年，《艺术欣赏》("Art Appreciation")一文，探讨了艺术欣赏的两个主要概念，即像哲学家大卫·休谟的趣味理论那样欣赏并喜欢艺术，或者欣赏、评价艺术的价值而不必喜欢它。

2018 年，编著《文学哲学：一个当代导论》(*Philosophy of Literature: A Contemporary Introduction*)，主要是对诗歌、戏剧甚至喜剧等艺术在美学领域涉及的再现、表现、想象等问题进行的论述。

从以上概述可以看出，卡罗尔的著述包括艺术哲学理论、大众艺术理论、先锋艺术理论等诸多方面，涉及电影、舞蹈、音乐、戏剧等艺术的本质、本体、艺术经验等许多问题。因为收录在他的编著作品中的文章在他的文集中基本都已存在，因此本书以专著和文集为重点，以单篇文章为次重点，以编著的书为补充，三者互相交织、共同指涉，从不同层次、不同角度构建卡罗尔的艺术哲学系统。

第二节　国内外研究综述

一、国外研究综述

卡罗尔的艺术哲学在国外有着重要的影响力，特别是在英语国家，受限于语言背景，本文对卡罗尔的国外研究综述仅限于英语世界的相关文献和资料。在西方期刊数据库 JSTOR、EBSCO、Springer Link 等平台中检索，卡罗尔的研究文章包括著作中的章节、单独的期刊文章两种形式，到目前为止有一百多篇，主要集中在 20 世纪 80 年代至今的时期内，且还呈上升趋势。具体来看，这些研究涉及卡罗尔理论的诸多方面，大致包括艺术定义、艺术叙述，艺术与情感、道德、认知、审美的关系，以及电影、舞蹈、音乐等具体艺术的相关理论。

在艺术定义问题方面，以分析美学家斯蒂芬·戴维斯、杰罗尔德·列文森、理查德·舒斯特曼、罗伯特·斯特克以及瑞典图像学家迈克·冉塔等为代表。戴维斯在著作《艺术诸定义》(*Definitions of Art*) 中的章节《历史性定义和意图性定义》和在著作《艺术哲学观》(*Philosophical Perspectives on Art*) 中的相关章节，以及文章《最初的艺术和艺术定义》都对卡罗尔的艺术识别理论做了评价。他认为尽管这一理论很难辨别最初的艺术，但卡罗尔的艺术识别理论很有创建，具有很强的阐释力度。[①]罗伯特·斯特克《试图定义艺术是合理的吗？》[②]和迈克·冉塔《艺术：艺术和美学的进化论基础》对此也持相似的观点。[③]

理查德·舒斯特曼《实用主义美学》中对卡罗尔的艺术实践观进行了辩证评价，认为从艺术实践来界定艺术的本体具有极大的优势，且与杜威的艺术即经验理论之间有着密切关系。[④]1993 年，《艺术和哲学中的苏格拉底之问》一文也认为艺术家在创作过程中与苏格拉底的哲学对话非常相似，提出了苏格拉底式的问题"什么是艺术？"，作者对卡罗尔文化实践观表现出的历史主义表示支持。[⑤]2002 年《艺术真的终结了吗？》讨论了阿瑟·丹托的艺术终结论，支持卡罗尔对丹托的批评，即丹托以循环的方式使用他

---

① DAVIES, STEPHEN. First art and art's definition[J]. the Southern Journal of Philosophy, 1997(XXXV): 19-34.

② STECKER, ROBERT. Is it reasonable to attempt to define art?[A]. in CARROLL, NOËL (ed.). theories of art today[C]. Madison: the University of Wisconsin Press, 2000: 45.

③ RANTA, MICHAEL. Art: on the evolutionary foundations of art and aesthetics[A]. DUNER DAVID, SONESSON, GORAN, (ed.). Human lifeworlds: the cognitive semiotics of cultural evolution[C]. New York: Peter Lang. 2016: 123

④ [美]理查德·舒斯特曼. 实用主义美学[M]. 彭锋，译. 北京：商务印书馆，2002.

⑤ LEDDY, THOMAS. The socratic quest in art and philosophy[J]. The Journal of Aesthetics and Art Criticism, 1993(51): 399-410.

的论据，所以作者认为艺术史不能在丹托概述的条件下结束。①

　　一些文章具体到对他的舞蹈定义、电影定义的研究，讨论不同于现代主义艺术的新现象是否应该属于艺术阵营。1997 年《关于贝恩斯和卡罗尔的舞蹈定义》②和 1998 年《超越比厄兹利：回复卡罗尔和贝恩斯》③这两篇文章，讨论了卡罗尔和萨莉·贝恩斯对比厄兹利舞蹈定义的拒绝，他们宣称《客房服务》并不具有表现力，因此超出比厄兹利所认为的舞蹈，文章作者的结论是：《客房服务》可能是一种舞蹈，给比尔兹利提供了一个反例，从而再次印证了卡罗尔对舞蹈的新的定义。2011 年,《为什么剧本不能是艺术品？》参考卡罗尔的立场，研究电影剧本是否可以被视为独立艺术作品的美学问题，通过重点关注剧本对电影制作的依赖性，从而与戏剧剧场中的剧本形成鲜明对比，作者不同意卡罗尔的观点，认为电影剧本可以是独立的艺术作品。④2014 年,《影像的数字秘密》认为遵循卡罗尔的电影定义和本体论条件，数字编码的电影影像最终既是类型的艺术又是个别的艺术，作者认为通过阐明电影类型和数字类型之间的关系，将电影定义为指定像素的时空分布的类型艺术，可以解决卡罗尔定义所带来的矛盾和难题。⑤

　　此外，有些研究围绕着卡罗尔大众艺术的定义和本体展开。2000 年,《关于困难理论的困难》这篇文章以卡罗尔大众文化的本体论为靶子，认为卡罗尔大众文化的第三个条件是不成立的，因为大众文化并非一直是容易的、不需要特殊训练的，并且并不与纯粹形式的艺术判然而别的。⑥2004年,《论卡罗尔将大众艺术作为艺术的释放论》中，约翰·费什指出卡罗尔通过大众媒介对大众艺术进行定义，根据这一大众艺术理论，现场的摇滚音乐会可以成为大众艺术，作者认为这是有问题的。⑦2013 年,《大众娱乐之前的大众娱乐》论述了以技术中心概念强加的大众娱乐的历史，认为在

①　BACHARACH, SONDRA. Can art really end?[J]. Journal of Aesthetics & Art Criticism, 2002(60): 57-66.

②　SCOTT, GREGORY. Banes and Carroll on defining dance[J]. Dance Research Journal, 1997 (29): 7-22.

③　SCOTT, GREGORY. Transcending the beardsleyans: a reply to Carroll and Banes[J]. Dance Research Journal, 1999 (31): 12-19.

④　NANNICELLI, TED. Why can't screenplays be artworks?[J]. Journal of Aesthetics & Art Criticism, 2011(69): 405-414.

⑤　TERRONE ENRICO. ESTETIKA. The Digtal Secret Of the Moving Image[J]. The Central European Journal of Aesthetics. 2014(51): 21-41.

⑥　DAVID, NOVITZ. The difficulty with difficulty[J]. Journal of Aesthetic Education, 2000(34): 5-14.

⑦　FISHER, JOHN ANDREW. Discussion on Carroll's enfranchisement of mass art as art[J]. Journal of Aesthetics & Art Criticism. Winter, 2004(62): 57-61.

瓦尔特·本雅明的《机械复制时代的艺术作品》中，大众娱乐被视为双重技术的结果，但卡罗尔淡化了印刷品的色彩，因为它破坏了现代大众娱乐的历史独特性。①这三篇文章分别从易接近性、大众媒介的角度对卡罗尔的大众艺术定义给予了审视，具有一定的价值，但也存在曲解，卡罗尔在大众艺术的定义中给出的易接近性、大众媒介、多实例艺术这三个条件，是大众艺术的必要条件，而非充分条件，因此三个条件共同构成大众艺术的充要条件，如果剥离原语境对每一个条件一一进行审查，势必推导不出大众艺术的定义，这种论证的前提和过程本存在一定的片面性，本文在第六章会详细论述。

卡罗尔理论中的艺术与叙述的关系也是某些研究的主题。2007年,《诺埃尔·卡罗尔的叙述终结理论研究》通过考察卡罗尔的叙事终结及其与叙述联系之中的因果关系的主张，借用心理联系的观念对卡罗尔叙述终结中的充分必要条件进行挑战，建议用迈克·布拉特曼关于心理联系的概念来解释人类代理人在叙述中扮演的特殊角色。②2008年,《进与出：参与叙述的想象的动力学》一文围绕小说、电影、戏剧中的叙述的核心内容，评估了卡罗尔和马修·基兰的叙述参与的"参与者观点"。③

除了对卡罗尔的艺术定义、艺术本体方面的研究，很多研究针对卡罗尔的艺术经验论展开，包括对艺术与审美、艺术与情感、艺术与道德、艺术与认知方面的关系的审视。2016年,《康德式的混合批评理论：对通用理论的排他主义的上诉》一文中，作者针对卡罗尔的通用理论提出反对意见，将卡罗尔的这一批评理论与被他排除的康德趣味理论相结合，提倡康德式的混合批评理论。④下面来看在艺术与审美、情感、道德、认知方面，卡罗尔的相关研究是如何被论述的。

艺术与审美的关系集中于审美经验的概念，卡罗尔在对传统审美经验的反思基础上建立了内容导向的审美经验，这为一些研究提供了具体的辩

---

① KNAPP, JEFFREY. Mass entertainment before mass entertainment[J]. New Literary History. 2013(44): 93-115.
② FEAGIN, SUSAN. On Noël Carroll on narrative closure[J]. Philosophical Studies. 2007(135): 17-25.
③ GIOVANNELLI, ALESSANDRO. In and out: the dynamics of imagination in the engagement with narratives[J]. The Journal of Aesthetics and Art Criticism, 2008(66): 11-24.
④ TUNA, EMINE HANDE. A kantian hybrid theory of art criticism: A particularist appeal to the generalists[J]. Journal of Aesthetics & Art Criticism, 2016(74): 397-411.

论对象。1986 年《对诺埃尔·卡罗尔的回应》通过解析卡罗尔对休谟趣味标准理论的批判，作者认为卡罗尔的论证是不够充分的。[①]2006 年,《哥特式金属：对卡罗尔的回应》的作者支持审美经验的价值论，支持艺术家在创作艺术品时具有审美经验的观点，但卡罗尔对价值论等传统审美经验的超越使他趋于内容导向的审美经验论。[②]2006 年，罗伯特·斯特克的《卡罗尔的骨骼》一文，回应了卡罗尔对他的审美经验论和温和道德主义的批评，其中关于审美经验，斯特克认为他们之间存在巨大的差异，并且再次对他的审美经验论进行解释，以证明卡罗尔内容导向的审美经验论不可信。[③]2013 年，阿兰·戈夫曼《审美经验的宽泛观念》，认为卡罗尔的内容导向的审美经验理论缺乏与认知和道德的联系，但认知和道德评价在形式和表现力的评价中与经验是不可分割的，这一观点得到卡罗尔的反驳。[④]2016 年,《艺术作品的评价与分析中的无功利：卡罗尔与斯特克的审美经验》一文，对卡罗尔和斯特克的审美经验争论进行论述，通过分析他们的方法论假设，进一步发展了对消极、冷漠的审美经验的理解，为斯特克的立场辩护。[⑤]可见在艺术的审美经验方面，对卡罗尔内容导向的审美经验论的批驳，主要是立于无功利的审美经验的立场而形成的观点，这正是卡罗尔想要超越的对象。

在艺术与情感的关系方面，相关研究包括电影、音乐、文学等艺术与恐惧、幽默等情感之间的关系。1997 年,《怪物与恐怖悖论》一文，批判性地研究了卡罗尔的恐怖哲学，认为卡罗尔的好奇心理论无法解释恐怖的吸引力，因为恐怖小说通常提供的信息很少，因此这篇文章的结论是修正后的好奇心理论可以成立，这涉及我们对怪物的想象带来的愉悦。[⑥]

除此以外，很多研究主要是借助卡罗尔的恐怖悖论、幽默悖论等相关

---

① SPECK, STANLEY. A reply to Noël Carroll[J]. The Journal of Aesthetics and Art Criticism, 1986(44): 405-406+410.
② LIVINGSTON, PAISLEY. "Utile et dulce": a Response to Noël Carroll[J]. British Journal of Aesthetics, 2006 (46): 274-281.
③ STECKER, ROBERT. Carroll's bones british[J]. Journal of Aesthetics, 2006(46): 282-286.
④ GOLDMAN, ALAN H. The broad view of aesthetic experience[J]. The Journal of Aesthetics and Art Criticism, 2013(71): 323-333.
⑤ DURÀ-VILÀ, VĹCTOR. Attending to works of art for their own sake in art evaluation and analysis: Carroll and Stecker on aesthetic experience[J]. British Journal of Aesthetics, 2016(56): 83-99.
⑥ VOROBEJ, MARK. Monsters and the paradox of horror[J]. Dialogue: Canadian Philosophical Review, 1997(36): 219-246.

理论对电影、小说等文本进行具体分析，缺乏对卡罗尔理论的具体辨析和批判。2000 年出版的《语言艺术：文学和文学经验的哲学》中的《文学与情感》章节运用了卡罗尔的情感和虚构悖论的关系；①2005 年，《拉丁学习和英语知识（卷一和二）：在盎格鲁-撒克逊文学中学习迈克尔·拉普吉》中的部分章节运用了卡罗尔的恐怖艺术理论；②2008 年，《科幻电影哲学》一书中的章节运用到卡罗尔的恐怖艺术的虚构悖论等理论；③2012 年，《恐怖的悖论：恐惧作为一种积极情感》中，作者引用卡罗尔的理论探讨了如何将恐惧视为一种积极情绪，探讨了恐怖的刺激物如何具有脱敏作用；④2013 年，《娱乐喜剧中的恐怖与幽默》，根据卡罗尔的恐怖-幽默混合理论讨论了 EC 喜剧的叙述风格和吸血鬼、狼人和僵尸等超自然元素在其中的应用；⑤2014 年，《爱尔兰哥特式小说的出现：历史，起源，理论》同样涉及卡罗尔的恐怖美学；⑥2016 年，《荷兰战后小说中的幽默与讽刺》运用了卡罗尔的幽默美学；⑦2017 年，《滑稽：早期有声闹剧以及经济大萧条期的大众文化》涉及卡罗尔幽默美学在电影中的应用。⑧

对于卡罗尔的音乐与情感的相关理论，彼得·基维 2007 年的文章《情绪立论：对于诺埃尔·卡罗尔和马格利特·摩尔的回应》⑨和《情绪与音乐：对诺埃尔·卡罗尔的一些回应》⑩是就卡罗尔对他音乐中的情绪问题的反驳的回应，总体上他与卡罗尔在音乐艺术中都认同情绪唤起理论。同年另一篇文章《人与音乐中的情绪：对基维与卡罗尔的回应》对卡罗尔和基维的

① PETTERSSON, ANDERS. Verbal art: a philosophy of literature and literary experience[M]. Kingston: McGill-Queen's University Press, 2000.
② KATHERINE, O'BRIEN O'KEEFFE. latin learning and english lore (volumes i & ii): studies in anglo-saxon literature for michael lapidge[M]. Toronto: University of Toronto Press, 2005.
③ AEON J, SKOBLE. The philosophy of science fiction film[M]. University Press of Kentucky, 2008.
④ BANTINAKI, KATERINA. The paradox of horror: fear as a positive emotion[J]. Journal of Aesthetics & Art Criticism, 2012(70): 383-392.
⑤ HOLMES, ERIC A. The horror and humor of entertaining comicsinternational [J]. Journal of Comic Art, 2013(15): 450-455.
⑥ JJARLATH, KILLEEN. The emergence of irish gothic fiction: history, origins, theories[M]. Edinburgh University Press, 2014.
⑦ FOSSATI, GIOVANNA. Humour and irony in dutch post-war fiction film[M]. Amsterdam: Amsterdam University Press, 2016.
⑧ KING, ROB. Hokum!: The early sound slapstick short and depression-era mass culture[M]. California: University of California Press, 2017.
⑨ KIVY, PETER. moodophilia: A response Noël Carroll and Margaret Moote[J]. Journal of Aesthetics & Art Criticism. 2007(65): 323-329.
⑩ KIVY, PETER. Mood and music: some reflections for Noël Carroll[J]. Journal of Aesthetics & Art Criticism. Spring2006(64): 271-281.

情感理论进行反驳，这篇文章的立论前提是情绪唤起理论和形式主义两派在音乐为何能引发情感中存在争论，为了解决争论卡罗尔引入情绪来与情感区分，认为二者的不同在于前者不具有指向性，但作者认为情绪与我们对音乐的欣赏没有直接的关联，这一结论缺乏可信的根据。①这篇文章尽管提出了不同的见解，但情绪与音乐欣赏之间没有关联的结论是不符合常理的。情绪和情感在音乐中的差异，借助实验心理学最终能获得科学客观的解释，2013 年的文章《音乐，情感，方法，数据：对卡罗尔和基维争论的思考》便基于实验心理学家的方法和数据，就卡罗尔和基维之间争论进行了一些思考，这篇文章的目的是阐明实验心理学和哲学这两个学科之间共有的广泛背景，最终在哲学和心理学意见基本一致性的基础上，可以形成一个新的概念基础。②

　　在艺术与道德的关系方面，杰罗尔德·列文森编著的《交叉的美学与道德论文集》收录了卡罗尔的文章，并且就其审美与道德之间的关系进行了论述，作者认为卡罗尔所处理的是自柏拉图和亚里士多德开始就有的问题。③2001 年，《叙述艺术与道德知识》一文的作者针对卡罗尔在《艺术，叙述和道德理解》中所得出的澄清主义观进行论述，卡罗尔认为艺术有能力澄清我们先前存在的道德知识，而不是为我们提供新的道德知识，但本文作者否认这是与道德相关的唯一方式，并且认为卡罗尔的例子主要涉及政治而不是个人道德，所以使得这个结论偏向于他。④2017 年的一篇研究《艺术与陌生工具之间的纠缠：回应诺埃尔·卡罗尔，A. W. 伊顿以及保罗·居里》，主要针对卡罗尔的艺术在宗教、政治、道德、伦理等方面发挥的文化功能进行论证，作者反对将这些功能称作"纯粹的功能"，因为艺术功能和实用功能在我们的生活和文化中时常纠缠。⑤2018 年，《相互竞争的道德主义》对卡罗尔等人捍卫的相对温和的艺术道德进行论述，提倡一种不道德

① SIZER, LAURA. Moods in the music and the man: a response to Kivy and Carroll[J]. The Journal of Aesthetics and Art Criticism, 2007(65): 307-312.

② KONECNI, VLADIMIR J. Music, affect, method, data: reflections on the Carroll versus Kivy debate[J]. American Journal of Psychology. 2013(126): 179-195.

③ LEVINSON, JERROLD, ed. Aesthetics and ethics essays at the intersection [M]. Cambridge: Cambridge University Press, 1998.

④ CONOLL, OLIVER, Haydar, Bashshar. Narrative art and moral knowledge[J]. British Journal of Aesthetics, 2001 (41): 109-124.

⑤ NOË, ALVA. Art and entanglement in strange tools: reply to Noël Carroll, A. W. Eaton and Paul Guyer[J]. Philosophy & Phenomenological Research. 2017(94): 238-250.

的道德观，即将善的艺术所灌输的道德知识类型视为一种竞争技巧，而不是感知或推理的结果，作者认为这种观点避免了一些弱点。①可见相关研究并不否认艺术与道德之间存在的关系，但与卡罗尔不同的是，他们认为道德与艺术之间仅存在卡罗尔所称的一种关系，除了道德澄清，艺术与人们的道德还有其他关系。

艺术与认知的关系研究，包括对卡罗尔的意图主义和电影认知理论的考察，就作者意图而言，既有反对卡罗尔意图主义的立场，也有支持这一立场的观点。乔治·迪基在 1997 年《对诺埃尔·卡罗尔的回应》②一文和2006 年《意图：会话与艺术》③一文中主张意图谬误，认为艺术家的意图与艺术作品的解释不相关，从而与卡罗尔的意图主义主张形成争论。1997 年，《对微弱的反意图主义的忏悔：自我暴露》中，肯特·威尔逊同意卡罗尔的意图主义理论，认为发言者的意图在会话交换理论中发挥着核心作用。④2014年《意义、表现和文学解释》一文认为文学意义包括非自然意义和自然意义，这就为实际的意图主义提供支持，从而有助于解决卡罗尔指出的明显困难。⑤2018 年《理论和实践中的意图》一文，根据卡罗尔的意图主义，认为适度的实际意图主义是必要的，主张音乐学研究可以介入对作曲家的工作文件和通信的解释。⑥

对卡罗尔的研究中，认知主义电影理论的研究占据很大的比例，可分为四个部分。第一部分是对卡罗尔对拉康、阿尔都塞等精神分析理论和安德烈·巴赞等经典电影理论的批判的回应。1997 年，《电影与物质幽灵》讨论电影批评和理论，认为卡罗尔和大卫·鲍德维尔的"后理论"旨在重新解读拉康、阿尔都塞之后的后现代电影研究，认为卡罗尔等人所倡导的认知主义受到"共性感觉"的影响。⑦2001 年，《黑暗中的阅读：认知主义、

① SILCOX, MARK. Agonistic moralism[J]. Contemporary Aesthetics, 2018(16): 2.
② DICKIE, GEORGE. Reply to Noël Carroll[J]. Journal of Aesthetics & Art Criticism. 1997(55): 311.
③ DICKIE, GEORGE. Intentions: conversations and art[J]. British Journal of Aesthetics, 2006 (46): 70-81.
④ WILSON, W. KENT. Confession of a weak anti-intentionalist: exposing myself[J]. Journal of Aesthetics & Art Criticism. 1997(55): 309.
⑤ TAYLOR, PAULA. Meaning, expression, and the interpretation of literature [J]. Journal of Aesthetics & Art Criticism. 2014(72): 379-391.
⑥ PENNER, NINA. Intentions in theory and practice[J]. Music & Letters, 2018(99): 448-470.
⑦ PEREZ, GILBERTO. Films, the material ghost[J]. Raritan, 1997(16): 106-126.

电影理论和激进的解释》认为卡罗尔等倡导的电影认知主义理论避开了本质主义，但依然在继续使用哲学论证来区分电影的媒介和语言，相对来说，唐纳德·戴维森的激进解释理论模糊了认知主义者对电影和语言的区分，提出的语言哲学不仅挑战了认知主义的哲学假设，而且还提供了更好的对文学和电影的解释。①2005 年，《安德烈·巴赞关于摄影和电影图像的本体论》回应卡罗尔对电影评论家安德烈·巴赞的"摄影图像的本体论"的批评，认为卡罗尔未能注意到巴赞摄影表现理论的心理取向。②2009 年，《阶级抗争与位移：齐泽克与电影理论》从对早期电影理论的考察、对卡罗尔和鲍德维尔等认知主义电影理论的批评开始，研究了齐泽克对电影的解释性使用，提出一种全新的精神分析的批评模式。③

第二部分是对卡罗尔的电影理论与现象学家梅洛-庞蒂的比较和分析。2007 年，《承诺的感知：梅洛-庞蒂，卡罗尔和伊朗电影》利用伊朗电影中的例子，对观众与表演之间的关系进行论述，认为相对卡罗尔，梅洛-庞蒂的具身主体性是一种更有效的体验表演艺术的方式。④2016 年，《梅洛-庞蒂和卡罗尔关于电影的力量》，对卡罗尔和梅洛-庞蒂理论中的电影力量的来源进行分析，指出卡罗尔虽然对梅洛-庞蒂的理论有所借鉴，但作者认为梅洛-庞蒂对电影知觉和日常知觉之间的对比更具说服力。⑤

第三部分是对卡罗尔理论中电影角色与观众之间的关系的研究。2010 年，《电影中的同情与认同》提供了作者对图像识别的见解，即电影观众经常将自己投射为角色并对其产生同情，因此他反对卡罗尔的同化论观点，不认同卡罗尔将观众只是作为人物困境的外部观察者，将认同、同理心和同情心区分开来。⑥

第四部分是对纪录片题材的电影的虚实问题的研究。2000 年，格雷戈尔·库里《保卫痕迹：对诺埃尔·卡罗尔的回应》中，对卡罗尔的纪录片

① VESCIO, BRYAN. Reading in the dark: Cognitivism, film theory, and radical interpretation. Style[J]. 2001(35): 572-591.
② FRIDAY, JONATHAN. André Bazin's ontology of photographic and film imagery[J]. Journal of Aesthetics & Art Criticism, 2005(63): 339-350.
③ FLISFEDER, MATTHEW. Class struggle and displacement: Slavoj Žižek and film theory[J]. Cultural Politics (Bloomsbury Publishers), 2009(5): 299-326.
④ Erfani, Farhang. Committed perception: Merleau-Ponty, Carroll, and iranian cinema[J]. Philosophy Today, 2007(51): 320-329.
⑤ ROUSSE, B. SCOT. Merleau-ponty and carroll on the power of movies[J]. International Journal of Philosophical Studies. 2016(24): 45-73.
⑥ GAUT, BERYS. Empathy and identification in cinema[J]. Midwest Studies In Philosophy, 2010, (45): 136-157.

理论做出回应，反对根据卡罗尔的假定断言理论的痕迹内容，来断定纪录片是否虚构，库里认为纪录片的本质在于其叙述主要由摄影图像的痕迹内容组成，卡罗尔认为库里的定义过于狭窄。①2001 年，崔珍熙《格雷戈尔·库里的纪录片理论的回应》针对库里的纪录片理论进行回复，认为库里和卡罗尔之间的分歧之一来自他们在论证中使用的"叙述"一词含糊不清，澄清了与纪录片有关的叙述概念。②2018 年，《你为足球做好准备了吗？》以《周一晚间足球》节目为例，考察卡罗尔和当代典型的纪录片理论，提出他们都忽略了一个重要元素，即被作者称为"技术见解的解释"，认为纪录片主要是解释的，这更贴近日常实践的分类标准。③

可见国外学者对卡罗尔的研究在主题上较为分散，分布于艺术定义、艺术本体、艺术经验等领域，往往是就具体领域中的某一个小问题提出自己的观点和看法，涉及的问题主要包括电影、音乐等艺术中的定义、本体、叙述、虚构悖论，以及艺术与恐惧和幽默情感的关系，艺术与审美、道德、认知的关系等问题。很多研究者的观点在某种程度上有一定的道理，但是不可否认的是相当一部分观点为了确立自己的立论合法性，有以偏概全之嫌。在分析美学良性论争的环境中，许多研究建立在对卡罗尔理论的批评上，卡罗尔对其中的许多论争和批评都有回应，值得注意的是，在这种相互切磋和争辩的过程中，一些文章的作者被说服，改变了自己的原初观念，卡罗尔本人也在这种论辩当中对自己的研究和理论进行反思与修正。

二、国内研究综述

相比国外对卡罗尔艺术哲学的研究，国内在这方面的研究相对而言显得较为薄弱，数量上较国外少，研究内容也较国外的范围小。目前卡罗尔的著作被翻译进来的仅有三本，编著的书有两本，比起他的全部著作，当前的译介远远不够。除此以外，国内对卡罗尔的研究主要涉及艺术本质、艺术经验、电影理论等问题域，且常常将卡罗尔的相关理论作为分析美学研究中的一部分给予考察。

---

① CURRIE, GREGORY. Preserving the traces: an answer to Noël Carroll[J]. Journal of Aesthetics & Art Criticism. 2000(58): 306.
② CHOI, JINHEE. A reply to Gregory Currie on documentaries[J]. Journal of Aesthetics & Art Criticism, 2001(59): 317-319.
③ PRATT, HENRYJOHN. Are you ready for some football? a monday night <italic> documentary</italic>?[J]. Journal of Aesthetics & Art Criticism. 2018 (76): 213-223.

　　刘悦笛是国内研究者中研究分析美学较为全面的学者。2006年出版的《艺术终结之后》这部专著分若干章节对艺术终结、艺术史终结、审美终结等问题进行论述，其中艺术终结部分论述了卡罗尔对阿瑟·丹托艺术终结论的评价和争论。[①]2009年出版的《分析美学史》是在国内出版的分析美学史方面的专著，这部专著对20世纪英美分析美学史的研究重点主要在两个方面，一方面是重点哲学家和美学家的重点思想研究，另一方面是分析美学对艺术哲学基本问题的理解，这些问题包括艺术定义、审美经验、美学概念、意图和解释、艺术评价等。这一著作对国内分析美学的研究起到了关键作用，并且填补了中国美学研究领域对分析美学的缺失，在本书中对卡罗尔的研究在审美经验章节占据一定篇幅，作者着重对其审美经验四概念说进行了阐述，认为卡罗尔在审美经验的复兴中起到关键作用。[②]2015年，刘悦笛出版了《当代艺术理论——分析美学导引》，以专题的形式分别从艺术本质观、非西方定义、艺术本体论、艺术形态学、艺术再现观、艺术表现论、艺术经验观、审美经验论、艺术批评学、艺术价值论这十个门类，论及分析美学的核心成果，对卡罗尔艺术哲学的相关阐述分布在本书的艺术本体、审美经验等章节。[③]

　　彭锋2011年在《美学导论》一书中的第九章，用少量篇幅论及卡罗尔的审美道德价值理论，并从美与善的维度与儒家美学做了横向对比。[④]另外，他的文章《从分析哲学到实用主义——当代西方美学的一个新方向》认为分析美学阻碍着美学的发展，美学的真正复兴必须首先将其从分析哲学中解救出来，通过对丹托、迪基、卡罗尔等分析美学家的艺术定义的批评，作者主张实用主义美学的优势更为明显。[⑤]

　　黎萌曾在纽约城市大学跟随卡罗尔做过访问学者，研究范围主要为卡罗尔的认知主义电影理论，其2006年发表的《电影感知的心理机制》这篇文章陈述了认知电影学派的主要观点，肯定了卡罗尔对电影艺术的理论研

① 刘悦笛. 艺术终结之后[M]. 南京：南京出版社，2006.
② 刘悦笛. 分析美学史[M]. 北京：北大出版社，2005.
③ 刘悦笛. 当代艺术理论——分析美学导引[M]. 北京：中国社会科学出版社，2015.
④ 彭锋. 美学导论[M]. 上海：复旦大学出版社，2011.
⑤ 彭锋. 从分析哲学到实用主义——当代西方美学的一个新方向[J]. 国外社会科学，2001（4）：34-40.

究的确有着一定的影响力。①其 2008 年发表的《卡罗尔的电影悬念理论》主要是对卡罗尔悬念理论的解读，②2010 年发表的《审美情感与认知主义立场——当代分析美学中的情感问题》主要论及审美情感的问题，作者在文章中描述了卡罗尔的情感导向理论及乔治·迪基和纳尔逊·古德曼的理论，认为审美经验观念从现象主义到认识论的转向导致审美情感观念的认识论转向，于是审美情感与以认知为中心的日常情感有诸多相同之处，审美情感包含认知成分，情感在我们对作品进行审美时塑造、组织我们对作品的知觉或注意力。③此外，2018 年的《因果解释与叙事：诺埃尔·卡罗尔的叙事联系理论及其争论》提出在当代哲学中，对叙述区别于其他再现形式的独特之处有三种不同的看法：一是叙事的独特之处在于其再现的内容，例如各种具体事件及其关系；二是叙事的独特之处也在于其再现的独特方式，因而"叙事"不是一个范畴，而是有程度的或等级性的；三是事件之间的因果关系对叙事来说是不必要的，因而叙事不具有真正的因果解释效力。卡罗尔的叙事联系理论及其引起的争论揭示出了叙事的复杂性。④

国内另一位跟随卡罗尔做访问学者的是刘弢，在2015年出版的著作《幻像的视觉秩序：电影认知符号学概论》中，对卡罗尔的认知主义电影理论与欧洲认知符号学的电影理论进行对比，该书作为认知主义的电影理论在国内的传播，主要是对电影认知符号学的研究，具有一定的开创意义，但是由于卡罗尔所占篇幅不多，因此也未将其理论更加深化。⑤

彭水香于 2018 年出版的著作《美国分析美学研究》建立在其 2012 年的博士论文《〈美学与艺术批评杂志〉与美国分析美学》之上，本书主要对分析美学成员的艺术定义，以莫里斯·维茨、纳尔逊·古德曼、比厄兹利、丹托、迪基、卡罗尔、舒斯特曼等的理论为主，其中卡罗尔的历史叙述理论占据第四章的一个小节，值得注意的是，该书借布尔迪厄对分析美学的

① 黎萌. 电影感知的心理机制[J]. 电影艺术，2006（9）：91-96.

② 黎萌. 卡罗尔的电影悬念理论[J]. 长沙理工大学学报（社会科学版），2008（1）：33-38.

③ 黎萌. 审美情感与认知主义立场：当代分析美学中的情感问题[J]. 文艺研究，2010（4）：43-52.

④ 黎萌. 因果解释与叙事：诺埃尔·卡罗尔的叙事联系理论及其争论[J]. 北京电影学院学报，2018（1）：50-58.

⑤ 刘弢. 幻像的视觉秩序：电影认知符号学概论[M]. 上海：华东师范大学出版社，2015.

批评，提出这些分析美学家的艺术理论缺乏社会学的维度。^①

其他相关研究包括几篇论文，如《诺埃尔·卡罗尔：历史叙事与艺术辨别——艺术分析美学的第三种选择》主要对卡罗尔的艺术识别理论进行论述，认为这对后分析时代的艺术哲学提供了可操作性的具体建构方法和灵活的策略，使其艺术哲学得以应对日益多变的丰富的艺术实践；^②《从"适度的实际意图主义"到"适度的反意图主义"——对诺埃尔·卡罗尔的意图主义论辩的批判性思考》则对卡罗尔的意图主义理论进行分析和扬弃，提出适度的反意图主义理论。^③

综上可见，国外对卡罗尔的艺术哲学研究停留在局部研究，对具体问题的关注比较多，对卡罗尔的诸多问题都有一定的反思，但是由于很多研究者的视角局限于细节，忽视了细节背后相反相成的整体思想，因此对卡罗尔的评价未必客观全面，存在以偏概全的可能。国内对卡罗尔的研究取得了一定的进展，不仅对其主干理论的把握比较精准，而且留意到了卡罗尔思想与中国古典美学思想之间的关系，但是在局部细节问题上的探索不如国外研究涉及的范围广泛，数量也不及国外研究多。由于国内外的艺术实践和艺术哲学发展存在一定错位，国内外目前对卡罗尔的艺术哲学相关理论的研究在数量和范围上存在一定的差异，但是国内外的研究各具特色和视角，在卡罗尔的研究上贡献了各自的价值。

但从目前的整体研究来看，尚未出现俯瞰卡罗尔艺术哲学全貌、以提纲挈领的关键词语对其艺术哲学进行观照的总体性研究，这与卡罗尔在当代艺术哲学的贡献和地位是不相称的，因此对卡罗尔艺术哲学进行系统研究很有必要。

本文通过对卡罗尔的所有著作的通读和细读，对他的艺术哲学思想经过梳理和思考，认为大众性是卡罗尔艺术哲学的一个核心特性，且至今被人忽略。在卡罗尔看来大众艺术与先锋艺术是大众社会的两种主导艺术，尽管先锋艺术的接受者相对大众艺术较少，但二者的创作主体和接受主体都是大众，一种数字意义上的民众，因此二者都是属于大众的艺术，不同

① 彭水香. 美国分析美学研究[M]. 北京：科学出版社，2018.

② 张巧. 诺埃尔·卡罗尔：历史叙事与艺术辨别——艺术分析美学的第三种选择[J]. 文艺评论，2018（1）：61-68.

③ 张震. 从"适度的实际意图主义"到"适度的反意图主义"——对诺埃尔·卡罗尔的意图主义论辩的批判性思考[J]. 南京师范大学文学院学报，2017（1）：149-155.

于以往自律艺术是属于天才或小众的。建立在这两种艺术批评基础上的艺术哲学便是大众的艺术哲学，这种大众性体现在他借助大众理论背景而形成的多元性和整体性，卡罗尔艺术批评的对象先锋艺术和大众艺术具有多元性和整体性，理论建构下的艺术识别、艺术本质、艺术本体、艺术经验具有多元性和整体性，因此从大众视角对卡罗尔艺术哲学思想进行梳理和研究，是本文在已有研究的基础上做出的补充。需要注意的是，这里所说的大众的艺术哲学或大众艺术哲学（A Mass Philosophy of Art）与大众艺术的哲学（A Philosophy of Mass Art）属于两个层次。既然先锋艺术和大众艺术都是具有大众性的艺术，那么先锋艺术的哲学与大众艺术的哲学同属"大众的艺术哲学"或"大众艺术哲学"。

第三节　研究思路、创新点与价值

一、研究思路

全文分三个层次、六个章节，对卡罗尔的艺术哲学思想进行论述。第一个层次考察卡罗尔对艺术哲学的定义和他大众艺术哲学的理论背景，主要分布在第一章。第二个层次考察卡罗尔的具体艺术哲学思想，包括艺术本体、艺术识别、艺术本质、艺术经验四个方面，主要分布在第二章、第三章、第四章和第五章。第三个层次考察作为卡罗尔艺术哲学批评对象的先锋艺术和大众艺术的大众性，分布在第六章。其中先锋电影和大众电影作为卡罗尔艺术哲学的主要来源，呈现的电影理论与卡罗尔的艺术哲学理论互相交叠和呼应，无法与具体的艺术哲学思想断然分离，因此在本文中，卡罗尔的电影理论作为案例被分散于相关章节中，并未形成单独的一章。下面就具体章节的研究思路进行说明：

第一章开门见山，考察卡罗尔对艺术哲学的定义，以及他的大众艺术哲学的理论背景，对卡罗尔艺术哲学思想的学科范畴和理论特性进行梳理。卡罗尔的艺术哲学思想，建立在他对"艺术哲学"这一学科的分辨和定义之上，因此本章第一节对他的艺术哲学定义进行考察，辨析他对艺术哲学和美学学科混淆的历史与原理的梳理和辨别，卡罗尔明确美学与艺术哲学的学科边界，将艺术哲学从美学的禁锢中解放出来，为独立的艺术哲学学科建立合法性。卡罗尔为艺术哲学正名的原因，主要是他认为先锋艺术与大众艺术是大众社会的主导艺术形式，传统康德美学对这两种艺术不再具有阐释力度，必须寻找新的框架才符合实际，因此本章第二节对卡罗尔大众艺术哲学背后的理论背景进行考察。艺术形式的变化促使艺术哲学向后现代发生转向，也促使分析美学向实用主义发生转向。在向后现代和实用主义转向的过程中，卡罗尔的艺术哲学成为大众艺术哲学，具有后现代的整体性和实用主义的多元性特征，以回应先锋艺术和大众艺术所带来的新的艺术问题。

第二章承上启下，考察卡罗尔大众艺术哲学中的重要部分，即多元而整体的艺术本体论。第一节考察作为艺术本体的文化实践具有的多元性和整体性，文化实践的多元性体现在文化实践具有历史性、公众性、复数性特征，整体性表现在文化实践包括艺术、道德、认知、科学、宗教等所有人类生活。第二节考察艺术家和接受者作为艺术实践主体的大众，在文化实践中的具体表现。艺术家和接受者作为艺术实践的主体，是不具有褒义或者贬义的大众，即数字意义上的民众，是具有认知能力的理性主体，不同于非理性的乌合之众和反抗性的边缘群体。艺术家作为了解艺术知识的大众，通过创新进行艺术实践，而非天才式的完全独创。接受者不是为艺术而艺术的资产阶级和引领趣味标准的理想批评者，而是具有理性认知能力的大众，经历了从小众趣味到大众艺术经验的转变。

第三章和第四章紧接第二章，从艺术家的角度考察卡罗尔的艺术识别理论和艺术本质观。卡罗尔的艺术识别理论建立在他对本质主义艺术定义的分析和批评之上。因此第三章主要考察卡罗尔对本质主义艺术定义的分析与批判。卡罗尔经过对本质主义艺术定义的分析，指出使用充分必要条件的艺术定义是本质主义的，不能为先锋艺术和大众艺术提供有效的辨别手段，不能完成艺术哲学的潜在的基本任务，因此他抛开为艺术下定义的方法，转向非定义的艺术识别方法，提出以历史叙述法对艺术候选者进行识别。

第四章对卡罗尔反本质主义的历史叙述法和历史性的艺术本质观进行考察，这是卡罗尔艺术哲学中的核心问题。本章第一节主要对卡罗尔的历史叙述法进行考察，这一艺术识别方法主要是"叙述"而非"定义"，因此是反本质主义的；第二节考察艺术具有的历史性本质，历史性的艺术本质能够保证历史叙述的准确性和真实性，使它区别于虚构性叙述，且因为历史性不是艺术所独有的，不是艺术的充要条件，因而也是反本质主义的。历史性作为艺术的一个本质，显示了艺术实践具有的历史性维度和艺术家对传统的历史叙述。

第五章从接受者的角度对卡罗尔大众艺术哲学中的另一个重要部分——大众艺术经验论进行考察。卡罗尔对艺术审美理论的超越，使他认为艺术经验包括认知、情感、道德、审美，并且在认知主义的立场上，他主张认知主义的艺术经验论。本章第一节论述再现、意图主义与大众认知的关系，第二节论述叙述、表现与情感认知的关系，第三节论述卡罗尔对审美经验的反思和认知性重构。卡罗尔认为认知、情感、道德、审美作为受众与艺术互动的方式，也是对艺术外在社会功能的恢复，参与这些艺术经验的想象力、注意力、情感等元素，都属于人类的本性。

第六章收束全文，聚焦卡罗尔大众艺术哲学的批评对象先锋艺术和大众艺术，对这两种艺术的大众性进行具体考察。本章第一节论述先锋电影、舞蹈、演出、音乐为主的先锋艺术的大众性表现，即通过反幻觉的再现手段，形成艺术与生活相结合的形态，成为整体主义的先锋艺术。第二节论述大众电影电视为主的大众艺术的大众性，表现为大众艺术将图像再现和叙述基础建立在人类固有的认知习惯上，使大众容易识别和认知，因此在创作阶段具有易接近性，借助大众媒介能够使不同地点的人同时接受，形成的多实例艺术，区别于独一无二的单数艺术品。第三节论述先锋艺术和大众艺术存在的辩证关系，卡罗尔反对康德式的先锋派理论对大众艺术的抵制，认为先锋艺术与大众艺术并不是截然对立的，二者在艺术形式、题材、技法、媒介方面相融合，构成大众社会中多元而整体的主导艺术。

二、研究创新点与价值

（一）研究创新点

比起已有研究，本文的创新点主要有两点。

一是材料全面。本书对卡罗尔艺术哲学的相关专著、文献充分搜集、整理，掌握最全面的一手资料，因此相较已有研究，材料更新、更全。目前国内翻译进来的三本著作和两本编著在他的总体著作中占据很小的比例，因此全面搜集卡罗尔的英文原著，并对所有英文文献进行细读和精读，这不仅是非常重要的论文前期工作，也贯穿在对卡罗尔艺术哲学的系统研究当中。

二是视角创新。本书通过细读卡罗尔的所有作品和国内外现有的研究文献，发现"大众性"作为卡罗尔艺术哲学的一个核心特征尚未得到应有的关注，因此本书聚焦卡罗尔艺术哲学的大众性，在大众视角下对文献进行挖掘、梳理、整理，进而对他的艺术哲学思想进行系统研究，这不同于前人所做的局部研究工作，并且在已有研究外提供了一个新的视角。

（二）研究价值

对卡罗尔艺术哲学的研究，在理论和实践上都具有非常重要的意义和价值。

首先，研究卡罗尔的艺术哲学对中西方的艺术理论具有非常重要的意义和价值。卡罗尔的艺术哲学思想建立在对鲍姆嘉通、康德等传统美学的超越之上，因此他的艺术哲学背后是对传统美学的分析和反思，在反思的基础上重建具有多元性和整体性的大众艺术哲学，这既对走向黄昏的康德美学产生刺激作用，促动传统美学打破故步自封的限制，走向多元的艺术哲学，也对艺术定义、艺术本体等诸多关键问题具有促动作用，激发它们打破传统理论的束缚，走向更多的可能。因此，在中西方超越美学、加快美学走向艺术哲学的呼声和潮流中，卡罗尔的艺术哲学思想对此做出了积极的回应，具有重要的影响。对他的艺术哲学思想的研究，既能使我们在纵向上了解西方美学和艺术哲学的历史与未来，为我们认识中国艺术学的缘起提供了路径。

其次，对卡罗尔艺术哲学的研究，具有一定的实践意义。全球化使得东西方艺术在保证一定地域特色的前提下生发出许多类型化艺术，反观中国当下的艺术生态，与美国在20世纪七八十年代时有很多相似的地方。因此，对卡罗尔艺术哲学的研究，将会对当下艺术的实践产生重要的启示意义，主要表现在两个方面。一是对艺术家的艺术实践具有指导价值，即艺术家既要将艺术视为具有历史性本质的艺术实践，在对传统进行历史叙述的基础上进行创新，也要看到艺术实践与日常生活的紧密联系，从生活世界通往艺术世界，以艺术之光照亮平凡的日常生活。二是对受众的艺术接受起到一定的指导作用，引导受众面对先锋艺术与大众艺术，能够从认知、情感、道德、审美进行全方位的欣赏，从而脱离审美主义带来的褊狭与困惑。

综上所述，随着先锋艺术和大众艺术这些新的艺术现象的出现，艺术出现不同于传统艺术与现代主义艺术的新形式，这使得艺术的身份在新的艺术语境中发生危机。这一危机促使艺术哲学在艺术识别、艺术本质、艺术本体、艺术经验等方面出现争论和更新。在这一语境中，诺埃尔·卡罗尔的艺术哲学不像阿瑟·丹托精于对某个大问题的持续叩问，而是精于对许多重要的小问题进行回答。在宏大的理论视野之下，卡罗尔将参与式观察付诸先锋艺术和大众艺术的实践，在对电影、舞蹈、表演、音乐等艺术的批评中，他将艺术哲学理论落实在具体问题的研究上，从而构建了具有鲜明特色的大众艺术哲学体系。

　　电影、舞蹈、表演、绘画等理论组成他的大众艺术哲学，同样，大众艺术哲学理论也通向他的电影、舞蹈、表演等理论。尤其是先锋电影和大众电影作为卡罗尔艺术批评的主要艺术体裁，对他的艺术哲学提供了重要的案例支撑。本书在详细阅读梳理卡罗尔的著作和相关文献基础上，尽可能地全面考察卡罗尔的大众艺术哲学思想，将其艺术哲学体系分为艺术本体、艺术识别、艺术本质、艺术经验四个部分，在对具体理论进行论述之前，有必要先对卡罗尔的艺术哲学定义和他的大众艺术哲学背后的理论背景进行探析。

第一章
卡罗尔的艺术哲学定义及大众理论背景

卡罗尔的大众艺术哲学思想，建立在他对"艺术哲学"这一学科的分辨和定义之上。艺术哲学作为一门学科，从产生源头来说源于美学，因此很多分析美学家将二者视为同一学科，将美学和艺术哲学作为可以相互化约的术语使用。但卡罗尔认为，尽管艺术哲学与美学学科之间有着密切的关系，但艺术哲学与美学应该是两个存在交叉实则相互独立的领域。两个学科之间的交叉点为艺术的审美理论，主要形成于美学向艺术哲学演变的过程中，无功利的审美作为美学学科的核心与艺术本质的结合，这使得艺术哲学和美学之间形成长久的混淆状态。卡罗尔通过对二者之间的混淆的辨析，旨在澄清艺术哲学的含义和结构，在此范畴内建构他的艺术哲学思想。

因此本章第一节考察艺术哲学与美学相混同的历史和原理，探究卡罗尔对二者的区分和对艺术哲学的定义。卡罗尔通过辨别，指出艺术哲学研究范畴比美学宽广，包括核心问题艺术本质，以及与艺术本质相关的艺术定义、艺术本体、艺术经验、审美经验等多个重要问题。艺术哲学的潜在的基本任务是将正在出现的新作品，尤其革命性的作品，归为艺术家族而提供理论手段。

本章第二节对卡罗尔艺术哲学思想的大众理论背景进行梳理：以现代主义艺术为反抗目标的大众艺术与先锋艺术是大众社会的主导艺术，尤其20世纪下半叶，反审美的先锋艺术和大众艺术大范围出现，大众作为数字意义上的民众，一种具有认知能力的理性个体，既是大众社会的主体也是先锋艺术与大众艺术的实践主体。不同于自律艺术属于天才和小众资产阶级，先锋艺术与大众艺术是属于大众的艺术，在这种艺术语境下，艺术哲学转向大众艺术哲学，具体的理论背景为艺术哲学向多元化的后现代转向，分析美学向整体性的实用主义转向。在艺术哲学的后现代转向和分析美学的实用主义转向中，卡罗尔的大众艺术哲学具有多元性和整体性特性，从而与一元性和区分性的传统美学形成鲜明对比。

第一节　艺术哲学与美学的辨别

卡罗尔指出，在分析美学的传统中有一种将艺术哲学与美学相互等同的观念："艺术理论和美学理论在概念上拼接在一起，以至于前者可以化约为后者；也就是说，二者不是一般意义上相互独立的哲学研究领域，而是处于一个单一的领域。因而，我们或被称为艺术哲学家，或被称为美学家，原因是在多数具有任何意义的语境中，那些称呼标志着对相同问题的关注。"①他在理论中对这种混同持反对态度，本节主要考察卡罗尔理论中艺术哲学与美学混同的相关论述，探究二者混同的历史和原理，跟随卡罗尔对这一混同的辨析，厘清艺术哲学的学科含义和内容。

一、艺术哲学和美学混淆的历史与原理

学科意义上的"艺术哲学"与"美学"紧密相连，且从产生时间而言，美学早于艺术哲学，因此艺术哲学的产生得益于美学学科。卡罗尔对艺术哲学学科的界定，伴随着艺术哲学与美学核心问题的分析，因此有必要先对美学的历史做简单梳理。

汉语中的"美学"是 20 世纪初，借由日本学者中江兆民之手将 Aesthetics 翻译过来，再经过近代思想家的介绍传入国内的。这一美学学科和观念作为欧洲现代性和全球化的产物，之后随着王国维、朱光潜、宗白华等一众贯通中西的美学大家进入大众的视线，且与中国古典文化中原有的美学思想并不对等。在中国古典美学思想中，"美"最开始与感官层面的美味、伦理层面的美德相连，就"为艺术而艺术"这一意义上的审美范畴而言，"美"并不属于其间，相反最高的审美境界主要为妙、神、神韵、气韵生动、意境、象外之象等。"美学"在 20 世纪初的引进，使得"美"在感官和伦理范畴之外，具有了审美范畴。可见，美学在中国是外来词，它的词源是西语 Aesthetics，即"原本来自希腊语 aisthesis，意思为'感觉'或'感性认

---

① CARROLL, NOËL. Beyond aesthetics: philosophical essays[M]. Cambridge: Cambridge University Press, 2001: 20.

识'"①。

1735 年，亚历山大·戈特利布·鲍姆嘉通（Alexander Gottlieb Baumgarten）采纳了术语 Aesthetics，在《对诗的哲学沉思》一书中造出了"美学"这个词，为一门专门学科的研究命名。"在这部著作以及他未完成的《美学》（Aesthetica，1750，1758）中，鲍姆加登试图依据笛卡尔的原理和理性主义的演绎方法，用形式上的定义和推导，建立一门（主要与诗有关，但也可扩展到其他艺术之中）美学的理论。"②《美学》的出版，标志美学学科的诞生。

按照德国理性派为西方美学确立的原则，人的心理活动包括知、情、意三个部分，知对应科学，意对应伦理学，美学学科的设立终于将"情"这一部分进行弥补，因此美学在它的源头之初，是与感性与情感联系在一起的。卡罗尔也指出鲍姆嘉通将 Aesthetics 作为学科名称，是因为他认为"艺术品诉诸感觉这种低级的认识方式，这种观念导致鲍姆嘉通一开始就从艺术诉诸受众的接受方式这一角度来设想艺术"③。因此审美（aesthetic）作为修饰接收者的词语，在审美经验、审美感知、审美态度等概念中，将重心指向受众而非审美对象，表示受众在对审美对象的反应中所经历的某种心灵状态，从而使审美对象的属性成为依赖于人类感知和审美经验的属性。

那么这一学科是如何最终演变成艺术哲学的呢？卡罗尔在《美与艺术理论的谱系》《启蒙美学的死胡同：艺术的元哲学》等文章中，从无利害的审美经验这一美学的核心问题出发，考察了这一核心是如何在夏夫兹博里、弗兰西斯·哈奇生、鲍姆嘉通、康德、克莱夫·贝尔、比厄兹利、伊瑟明格的谱系中，从美学逐步运用于艺术哲学，进而使美学一步一步演变为艺术哲学的。

卡罗尔认为"无利害观"（the Notion of Disinterestedness）作为审美理论的重要成分，最初来自夏夫兹博里的介绍。④夏夫兹博里是英国经验主义理论家，其美学思想对美学的形成产生了很大的影响。"美的经验的心理分

① CARROLL, NOËL. Philosophy of art: a contemporary introduction[M]. New York: Routledge, 1999: 157.
② [美]门罗·C. 比厄斯利. 西方美学简史[M]. 高建平，译. 北京：北京大学出版社，2006：133.
③ CARROLL, NOËL. Philosophy of art: a contemporary introduction[M]. New York: Routledge, 1999: 157.
④ CARROLL, NOËL. Les culs-de-sac of enlightenment aesthetics: a metaphilosophy of art[J]. Journal compliation, 2009 (02): 157-179.

析，或用今天的说法，美感经验的心理分析，由英国的夏夫兹博里所创始，接着由艾迪生和哈奇生所推行……时至 18 世纪中叶，'美学'这个名词和'美感的'这个形容词才双双进入近代的语言之中。"①

卡罗尔将无利害观追溯至夏夫兹博里，虽然在源头上没有问题，但这一判断有失准确，因为夏夫兹博里尽管是在美学史上最早提出"内在感官""内在眼睛"或"第六感官"的人，但在他这里，审美还是功利的，真善美还是统一的，"凡是既美而又真的也就在结果上是愉快的和善的"。②

哈奇生作为夏夫兹博里的门徒，美学思想主要是为其老师的"内感官"进行辩护。卡罗尔基于哈奇生的《有关美、秩序、和谐、结构的研究》对其美学理论进行考察，认为："哈奇生的计划是双重的：一方面对美下定义，另一方面探究引起美的原因。他通过对洛克经验主义心理学的扩展，将美看作一种感觉，我们用来接受它的官能，叫作趣味感官。"③这种通过趣味感官接受到的感觉是一种直接的、无利害的快感，"并不起于对有关对象的原则、原因或效用的知识，而是立刻就在我们心中唤起美的观念"④，拥有寓杂多于统一（Uniformity amid Variety）的综合性质的对象可以引起这种感觉。于是，哈奇生通过趣味感官接受到的美感与利益和认知相脱离，这在卡罗尔看来不经意地播下了艺术与无功利审美经验相结合的种子。

鲍姆嘉通虽然在哈奇生之后创立了美学，但他的贡献是在大陆理性主义占主流的情形下突出感性认识，且以此创立了美学学科，最终并未将这种感性认识看作无利害的认识，真正将这种感性认识看作无利害的人，当属鲍姆嘉通美学的继承者康德。如果说鲍姆嘉通对感性认识在认识论中的地位还比较游移不定的话，康德则非常明确地表达了感性认识在认识论中核心位置的思想，并在 1790 年发表的《判断力批判》中提出审美判断力，为无利害的审美立法："每个人都必须承认，关于美的判断只要混杂有丝毫的利害在内，就会是很有偏心的，而不是纯粹的鉴赏判断了。我们必须对事物的实存没有丝毫倾向性，而是在这方面完全抱无所谓的态度，以便在

① [波]瓦迪斯瓦夫·塔塔尔凯维奇. 西方六大美学观念史[M]. 刘文潭，译. 上海：上海译文出版社，2006：329.

② 北京大学哲学系美学教研室编. 西方美学家论美和美感[C]. 北京：商务印书馆，1982：94.

③ CARROLL, NOËL. Beyond aesthetics: philosophical essays[M]. Cambridge: Cambridge University Press, 2001: 25.

④ 北京大学哲学系美学教研室编. 西方美学家论美和美感[C]. 北京：商务印书馆，1982：99.

鉴赏的事情中担任评判员。"①

卡罗尔通过分析康德自由美的"X 是美的"这一审美判断的定义，以充分必要的方式将其定义转换为以下公式：

> 当且仅当 X 是以下判断时，它才是一个真正的趣味判断（或审美判断）：（1）主观的，（2）无利害的，（3）普遍的，（4）必然的，以及（5）单数的，与（6）每个人都应该获得的静观愉悦（Contemplative Pleasure）有关，这种愉快来自（7）认知和想象的自由活动，这种活动涉及（8）合目的的形式（Forms of Finality）。②

卡罗尔分析，康德无功利的审美来自"合目的的形式"，合目的的形式引起主观的、无利害的静观愉悦，同时这种愉悦又是必然的、单数的，每个人都可以得到的。这"在很大程度上相当于哈奇生理论中寓杂多于统一和贝尔论点中有意味的形式所起的作用。"③卡罗尔指出，此时美学理论在康德这里还没有被化约为艺术哲学，因为这种合目的的形式被康德更多地用于艺术以外的事物，但康德和哈奇生的美学理论为之后的艺术审美理论提供了一种范式和框架，使得"美变成艺术定义的基本原则，美的理论的词汇和概念框架引入艺术理论并发生巨大影响，实质上艺术理论自此开始成为美学（它被认为是趣味的哲学）的一个分支"④。

康德美学在 20 世纪主要由形式主义者克莱夫·贝尔（Clive Bell）和分析美学家门罗·C. 比厄兹利和盖里·伊瑟明格（Gary Iseminger）发扬光大。在卡罗尔看来，贝尔和比厄兹利是继康德之后，将艺术理论与无功利的审美理论联系起来的关键人物。

克莱夫·贝尔上承罗杰·弗莱的思想，认定艺术作品的本质属性即有意味的形式。通过将贝尔与哈奇生和康德进行比较，卡罗尔发现贝尔的艺术理论与哈奇生审美理论存在明显的相似之处，但贝尔为了产生更多影响将康德理论中的要素添加进来。"粗略地说，有意味的形式（Significant Form）充当的角色相当于哈奇生理论中的寓杂多于统一，只是贝尔用审美

---

① [德]康德. 判断力批判[M]. 邓晓芒，译. 北京：人民出版社，2002：39.
② CARROLL, NOËL. Beyond aesthetics: philosophical essays[M]. Cambridge: Cambridge University Press, 2001: 29.
③ CARROLL, NOËL. Beyond aesthetics: philosophical essays[M]. Cambridge: Cambridge University Press, 2001: 30.
④ CARROLL, NOËL. Beyond aesthetics: philosophical essays[M]. Cambridge: Cambridge University Press, 2001: 31.

情感（Aesthetic Emotion）代替美的感受（Feeling of Beauty）。"①艺术作为有意味的形式，能够引起并且只能引起无利害的审美情感，因此，"对康德和哈奇生而言，无利害是这种状态的一种标志，而对于贝尔来说，无利害关系的或超脱的经验似乎是全部审美经验的关键。"②在贝尔这里，审美经验从其他领域转向艺术，成为艺术的唯一本质，艺术"以某种独特方式组合起来的线条、色彩、特定形式和形式关系激发了我们的审美情感"③。审美理论与艺术本质的交叉，使艺术的审美理论既成为美学的关键，也成为艺术哲学的主要内容。

比厄兹利的理论是贝尔理论的一个非常完备的发展。卡罗尔认为比厄兹利的著作《美学》实则是要建立艺术哲学，审美理论是他构建整个艺术哲学的支点。比厄兹利在《什么是艺术》一文中对艺术的审美经验给出五个特征：指向对象（Object Directedness）、感觉自由、超脱的情感（Detached Affect）、积极的发现与作为人的整体感。④与哈奇生寓杂多于统一、康德合目的的形式、贝尔有意味的形式引起审美情感一样，比厄兹利也认为这种超脱的审美情感是由具有某种特征的艺术品的形式引起的，"超脱的情感是审美互动的结果，是组成经验价值的一个要素，而不像在哈奇生和康德那里，仅仅作为审美的一个标志或检验"⑤。

所以比厄兹利和贝尔都是从艺术的审美理论出发，从艺术的审美功能（the Aesthetic Function of Art）角度界定艺术的本质，构建自身的艺术哲学，这一点在伊瑟明格的理论中也表现明显。伊瑟明格主张艺术的审美功能，原因在于："（1）艺术世界比其他实践世界在审美功能的产生方面做得更好并且（2）在实践世界的所有功能中，审美功能比其他的功能更好。"⑥可见与贝尔和比厄兹利一样，伊瑟明格也从审美功能界定艺术的本质，将艺术的审美理论作为艺术哲学的支撑点。

① CARROLL, NOËL. Beyond aesthetics: philosophical essays[M]. Cambridge: Cambridge University Press, 2001: 31.
② CARROLL, NOËL. Beyond aesthetics: philosophical essays[M]. Cambridge: Cambridge University Press, 2001: 33.
③ [英]克莱夫·贝尔. 艺术[M]. 薛华，译. 南京：江苏教育出版社，2005: 4.
④ CARROLL, NOËL. Beyond aesthetics: philosophical essays[M]. Cambridge: Cambridge University Press, 2001: 8.
⑤ CARROLL, NOËL. Beyond aesthetics: philosophical essays[M]. Cambridge: Cambridge University Press, 2001: 35.
⑥ CARROLL, NOËL. Les culs-de-sac of enlightenment aesthetics: a metaphilosophy of art[J]. Journal compliation, 2009 (02): 157- 179.

以上内容考察了卡罗尔对美学和艺术哲学混淆的历史与原理的梳理，具体体现于作为美学核心的无利害的审美，通过夏夫兹博里、哈奇生、康德、贝尔、比厄兹利、伊瑟明格这条英美哲学的谱系，逐步与艺术理论相连，作为艺术的本质，形成艺术的审美理论，这一交叉点使得美学与艺术哲学最终同化。卡罗尔身处英美分析美学阵营，看到的主要是分析美学内部存在的艺术哲学和美学的混淆状况，因此对康德之后美学走向艺术哲学的历史叙述，主要选择了英美理论家的理论作为考察对象。

若跳出英美美学的框架进入欧洲大陆美学的领域，则可知德国古典美学亦能提供从美学到艺术哲学转变的叙述路径。其中谢林和黑格尔在这种转变中起主要作用，他们在康德之后弱化了对自然的审美理论，将美学研究的对象限制在人为的艺术领域。从欧陆美学的角度来看，"无论是康德还是鲍姆嘉通，都没有建立起完整的艺术哲学体系。直到谢林的出现，学科意义上的艺术哲学才真正确立起来。在谢林和黑格尔的思辨哲学中，艺术是他们包罗万象的哲学体系中不可或缺的部分"[1]。

谢林以《艺术哲学》作为自己的著作名称，黑格尔认为由心灵美产生的艺术美比自然美高级。因为"只有心灵才是真实的，只有心灵才涵盖一切……自然美只是属于心灵美的反映，它所反映的只是一种不完全、不完善的形态，而按照它的实体，这种形态原已包含在心灵里"[2]。艺术在谢林和黑格尔美学体系中所占据的无上地位，使得鲍姆嘉通创立的美学在此时转化为关于艺术的哲学。

因此，受哈奇生、鲍姆嘉通、康德的影响，英美美学和欧陆美学都发生了美学到艺术哲学的趋向运动。这种运动开始于18世纪，在英美美学中形成于20世纪，在德法美学中形成于19世纪，主要由康德之后的美学家将无利害的审美判断集中运用于艺术本质而形成。美学的无利害审美一旦将对象和范畴集于艺术中，艺术便将审美功能作为本质，从而形成艺术的审美理论，这使得美学逐步等同于艺术哲学。

二、卡罗尔对艺术哲学的辨别与定义

卡罗尔认为，尽管艺术的审美理论可以作为美学和艺术哲学二者之间

---

① 彭锋. 艺术学通论[M]. 北京：北京大学出版社，2016：13.
② [德]黑格尔. 美学（第一卷）[M]. 朱光潜，译. 北京：商务印书馆，2009：5.

的交叉点存在，但是除此以外，美学与艺术哲学之间的区分是显而易见的，视二者为相同的学科是一种混淆已久的做法。因此卡罗尔反对艺术哲学与美学的含混局面，在他看来，这种混淆使艺术狭隘化为美的一个附属品，艺术哲学被降格为美学的分支，而原本艺术哲学应该是比美学更加宽泛的学科。因此卡罗尔试图通过反向的清理，将艺术哲学重置于它本该所在的位置，厘清它本该具有的含义和结构。

卡罗尔指出，艺术哲学降格为美学的核心原因在于艺术品的功能与审美经验密切相连，从而使得艺术理论与审美理论、艺术哲学与美学紧密联系。但"以美的理论为典范的审美方法只是思考艺术的错误框架，因为美的理论只有在对自然的关注中才能获得最大的合理性"[1]。也就是说，艺术的功能不仅限于审美，审美对象应该是自然而非艺术，卡罗尔通过对艺术审美理论的源头哈奇生和康德进行反思，以澄清以上观点。

在卡罗尔看来，哈奇生分析的是美而不是一般意义上的艺术，卡罗尔似乎并不认为二者是同时延伸的，这不仅是因为自然界的对象和几何定理也包含在美的事物之中，而且也因为他似乎并不主张美是艺术唯一的甚至本质的特征。[2]而在康德自由美的"合目的的形式"这一概念中，错落有致的中世纪城堡塔楼也能作为审美对象引起美感，可见康德美学思想可以应用于自然。因此卡罗尔指出，哈奇生和康德的审美理论建构基础并不是艺术，而是包含了艺术以外的广泛的自然，他们的理论属于美学理论，还算不上是艺术哲学，在他们这里艺术哲学和美学还未发生混淆。

比厄兹利的艺术审美理论也站不住脚。因为"比厄兹利将哈奇生式的美的理论转换成艺术理论的一个标志，是先锋派艺术常常被他排除在艺术范畴之外"[3]，比厄兹利的艺术审美理论也排除了艺术的审美经验以外的其他经验。更重要的是，卡罗尔认为比厄兹利给出的艺术的审美经验的五个条件，并不能将艺术经验与其他经验完美地区分开来：

> 首先，可能没有满足这些说明的经验，或者即使有满足这些条件的经验出现，有可能也会是其他非审美的经验，如非应用性数学中的定理就可能适合它。但是最重要的是，如果严格按照比

---

① CARROLL, NOËL. Beyond aesthetics: philosophical essays[M]. Cambridge: Cambridge University Press, 2001: 39.
② CARROLL, NOËL. Beyond aesthetics: philosophical essays[M]. Cambridge: Cambridge University Press, 2001: 28.
③ CARROLL, NOËL. Beyond aesthetics: philosophical essays[M]. Cambridge: Cambridge University Press, 2001: 38.

厄兹利的准则，我们对艺术的许多典型反应就因为不属于审美反应而无法立足，其结果是支持某种典型的但非审美的艺术互动的对象不能视为艺术。①

既然比厄兹利的审美经验与普通经验无法通过这五个条件而得以区分，那么艺术的审美经验或审美功能这一命题在很大程度上站不住脚。因此卡罗尔不赞同这种区分，对这种区分的效度表示怀疑。首先，艺术除了审美经验外，还有政治、宗教、道德、认知、情感等互动方式。"虽然艺术的认知意义和道德意义在分析的理论中鲜少被讨论，但它在非分析的艺术理论家那里却占据着核心位置；并且艺术史的相关性一直被认为是黑格尔和马克思思想中的重要因素。"②其次，不能将艺术的本质简化为美。在艺术之外，自然界的对象、人造的数学公式等其他事物，虽然也是美的但并没有被认为是艺术。而许多古典艺术尽管与美相关，但也有许多反审美的先锋艺术是丑陋的、恐怖的、滑稽的，将艺术简化为美，缺乏实际经验支撑。

因此，尽管艺术哲学的产生时间晚于美学，产生原因也与美学有紧密的关系，但通过对美学化约为艺术哲学的历史和原理的反思，卡罗尔阐释了二者混淆的具体原因，最终将自己的立场明晰化：艺术哲学不能被简化为美学，二者是以艺术的审美理论为交叉点，但实则独立存在的两个不同领域。

简单地说，艺术哲学偏向艺术，美学偏向接受。具体来说，"艺术的理论领域主要关于某些对象（如艺术再现论对艺术本质的界定），而美学的理论领域主要是关于接受经验、感知或者关于依赖于反应但并非艺术所独有的审美属性"③。因此，"艺术哲学是关于艺术对象的本质问题，审美理论主要涉及艺术经验的审美范围（并且也涉及对自然的某些特性的经验）。"④对此，卡罗尔给出一个相对粗略的判断："艺术理论的问题更多地落在文化这一边，而美学的问题则更多落在自然这一边。"⑤

---

① CARROLL, NOËL. Beyond aesthetics: philosophical essays[M]. Cambridge: Cambridge University Press, 2001: 8.
② CARROLL, NOËL. Beyond aesthetics: philosophical essays[M]. Cambridge: Cambridge University Press, 2001: 41.
③ CARROLL, NOËL. Philosophy of art: a contemporary introduction[M]. New York: Routledge, 1999: 185.
④ CARROLL, NOËL. Beyond aesthetics: philosophical essays[M]. Cambridge: Cambridge University Press, 2001: 20.
⑤ CARROLL, NOËL. Beyond aesthetics: philosophical essays[M]. Cambridge: Cambridge University Press, 2001: 41.

卡罗尔使用分析哲学的概念分析方法，对美学与艺术哲学的概念进行区分与辨别，使艺术哲学学科挣脱美学的桎梏，获得独立的领地。他指出，艺术哲学未被普遍公布的、潜在的基本任务（Underlying Task）是，"为先锋艺术实践带来的突变归为艺术家族提供理论手段。也就是说，事实上，艺术哲学的经常性任务（Recurrent Task）是将正在出现的新作品，尤其是革命性的作品识别为艺术而提供手段"[1]。在这一潜在的基本任务下，艺术哲学的核心问题是"艺术本质"，重要问题包括与"艺术本质"相关的"艺术定义""艺术本体""艺术经验"等，基本概念包括艺术再现、艺术表现、艺术形式、审美经验，以及艺术解释、艺术批评、艺术评价、艺术价值、艺术形态等。在此可以看出在卡罗尔的理论体系中，艺术哲学的研究对象、范围大于美学。

卡罗尔对艺术哲学学科的复兴，超越了传统美学的学科范畴，身处大众社会的艺术和理论背景下，卡罗尔的艺术哲学转向大众艺术哲学，旨在履行艺术哲学在新的艺术语境中的潜在的基本任务，为先锋艺术和大众艺术带来的艺术问题提供理论工具和哲学阐释。从艺术哲学到大众艺术哲学，背后的主要理论语境为先锋艺术与大众艺术作为大众社会的主导艺术，促使艺术哲学向多元性的后现代转向，分析美学向整体性的实用主义转向。

第二节　从艺术哲学到大众艺术哲学

卡罗尔认为他所处的社会是大众社会，这一社会是随着资本主义、城市化和工业化的演变而出现的社会结构，大众社会存在着许多艺术形式，包括古典艺术、高雅艺术、先锋艺术、大众艺术、民间艺术等。其中主导的艺术形式为先锋艺术和大众艺术两种，并且先锋艺术与大众艺术的实践主体为大众，即社会上大多数的民众，具有认知能力的理性个体。在这一理论下，先锋艺术与大众艺术都是属于大众的艺术，参与艺术创作和欣赏的大众主体，既不是天才艺术家，也不是为艺术而艺术的小众资产阶级。为了对新的艺术进行回应，艺术哲学转而为大众艺术哲学，背后的理论背景为多元性的后现代和整体性的实用主义。身处其间的卡罗尔的大众艺

---

① CARROLL, NOËL. Beyond aesthetics: philosophical essays[M]. Cambridge: Cambridge University Press, 2001: 102.

哲学具有多元性和整体性的特征，从而超越一元性和区分性。

一、大众社会的主导艺术与大众主体

（一）大众社会的主导艺术：先锋艺术与大众艺术

出生于二战后期的卡罗尔将其所处的社会称为大众社会（Mass Society），尽管准确判断这一社会结构出现的时间是困难的，但卡罗尔指出这一社会是"随着资本主义、城市化和工业化的演变逐渐出现的"①，大约开始于工业革命，在信息时代继续发展。大众社会的艺术除了先锋艺术、大众艺术，还有传统艺术、现代主义艺术、民间艺术等，但先锋艺术和大众艺术是卡罗尔最为关注的两种艺术，也是大众社会的主导艺术。

现代主义艺术与康德、克莱夫·贝尔、比厄兹利的艺术审美理论是相互共生的关系。卡罗尔基于克瑞斯特勒（Paul Oscar Kristeller）的《艺术的现代体系：一种美学史研究》，提出 18 世纪是艺术的现代体系（the Modern System of the Arts）的诞生时期，大写的艺术（Art）是现代观念的产物，在此之前，艺术尚未获得独立自律的地位。艺术自律地位的确立得益于法国理论家夏尔·巴托（Charles Batteux）在 1747 年发表的《内含共同原理的美的艺术》，该著作提出以艺术家对自然中的美的模仿为标准，将共享这一原理的音乐、诗歌、绘画、雕塑、舞蹈划分为"美的艺术"，从而将艺术与古希腊以来的技艺相区别。但很多先锋艺术和大众艺术具有非审美和反审美特征，这和以审美为本质的自律艺术有极大的不同。

作为大众社会的历史性产物，大众艺术随着最早的大众信息技术印刷机的问世，形成最早的大众艺术形式——长篇小说，随着信息技术的发展，摄影、录音、电影、无线电、电视等大众艺术形式开始占据支配力量，不同于现代主义艺术以审美为根本目标，大众艺术往往承担着审美情感以外的功能，以使最大数量的接受者从中获得基本的情感刺激。卡罗尔将大众艺术视为大众时代的核心艺术，"至少在统计学意义上，大众艺术是我们时代最具主导性的艺术，因此应该获得艺术哲学家的关注"②。不同于许多艺术哲学家对大众艺术视而不见或直截了当的敌视态度，卡罗尔对大众艺术

---

① CARROLL, NOËL. A Philosophy of mass art[M]. New York: Oxford University Press, 1998: 3.
② CARROLL, NOËL. A Philosophy of mass art[M]. New York: Oxford University Press, 1998: 173.

具有极大的包容和兴趣，在他看来这主要因为"囊括他本人在内的二战之后的婴儿潮群体相比先前任何一代人而言，都对大众、流行艺术的兴趣更大"①。20世纪下半叶是大众艺术的巅峰时期，随着工业化程度的加剧，媒介技术和艺术观念的变化，大众艺术的生产范围和传播速度都超过从前，但卡罗尔也指出随着媒介技术在未来社会的高度分化和个性化，大众艺术在未来社会未必会继续存在。

先锋艺术作为大众社会的另一种主导艺术，也成为20世纪的主流艺术，但它们并不是在刚一出现时就受到艺术史的接受，在人们看来，先锋艺术是以挑战既有艺术史的姿态横空出世的。比如杜尚的《泉》作为现成品艺术的源头，这一作品现在被艺术史视为珍品，但在1917年刚出现在展览中时，却被主办方丢在仓库中。安迪·沃霍尔的《布里洛盒子》在感官上更是毫无美感可言，打破了人们对艺术的惯常认知。

先锋艺术的合法化必然伴随着艺术史观的变化，法国理论家贡巴尼翁梳理了"先锋"一词从军事上的先行部队，经过1848年革命的政治化之后，最终美学化的历史："先锋艺术首先是服务于社会进步的艺术，然后在美学意义上成为先于自身时间的艺术。"②他认为存在两种先锋艺术，一种是"想利用艺术改造世界，而另一种是想要改造艺术，认为众人一定会跟随他们"。③利用艺术改造世界的先锋主义思想在彼得·比格尔那里得到延续，比格尔将自律的现代主义艺术与他律的先锋主义艺术相对立，认为自律艺术是资产阶级的意识形态，先锋艺术作为打击资产阶级意识形态，主张艺术重新介入社会的进步艺术，在艺术史中具有不可替代的重要意义："它所否定的不是一种早期的艺术形式（一种风格），而是艺术作为一种与人的生活实践无关的体制。"④

先锋艺术与大众艺术在20世纪下半叶被称为"后现代艺术"，从而区分出两种形式的后现代主义。后现代的先锋艺术作为20世纪六七十年代的后现代主义，拒绝和批判了现代主义的形态，"它反对前几十年已经被神圣

① CARROLL, NOËL. Minerva's night out: philosophy, pop culture, and moving pictures[C]. Malden: Blackwell Publishing, 2013: 1.
② [法]安托瓦纳·贡巴尼翁. 现代性的五个悖论[M]. 许钧，译. 北京：商务印书馆，2013：38.
③ [法]安托瓦纳·贡巴尼翁. 现代性的五个悖论[M]. 许钧，译. 北京：商务印书馆，2013：41.
④ [德]彼得·比格尔. 先锋派理论[M]. 高建平，译. 北京：商务印书馆，2002：120.

化了的盛现代主义，力图复兴欧洲先锋派的遗产，并依照一种人们所说的杜尚—凯奇—沃霍尔轴心来赋予一种美国特色"①。后现代的大众艺术作为20世纪70年代以后的后现代主义，"虽然走的是一条'流行主义'的路子，但它正是通过这种'流行主义'来对抗制度化了的现代主义"②。

两种后现代艺术的分化显示了先锋艺术与大众艺术的二元对立："在我们这个时代中，大众艺术和先锋艺术已经形成相互对照的发展形势，从历史角度看，当代艺术观中最重要的界限都与这一划分方式有关，它们将许多艺术天才划分为两个清晰可见的、相反的种类。"③但卡罗尔反对这种二元对立的区分，在他看来这两种艺术并不是决然区分和对立的，而是在题材、技法以及大众媒介的使用方面互相融合，存在着交叉地带。

卡罗尔对先锋艺术和大众艺术的关注，使阿瑟·丹托称其为底层艺术世界的狄德罗，"卡罗尔的文章没有描绘出艺术和生活之间的区分，是人类学家所称的参与式观察者。"④在为卡罗尔《生活于艺术世界：关于舞蹈、演出、戏剧、美术的评论集》写的前言中，丹托用上城区美学（Uptown Aesthetics）和闹市区美学（Downtown Aesthetics），来形容现代主义的艺术世界与卡罗尔所处的后现代的艺术世界的区别，包括先锋艺术与大众艺术在内的闹市区美学，将上城区美学置于边缘地带，从而成为大众社会的主导艺术：

> 上城区美学很大程度上如以往沙龙美学所做的那样，主要将艺术看作为绘画和雕塑，但是这些传统上的优势媒介在卡罗尔以摄影、戏剧舞蹈、电影以及表演为中心艺术的闹市区美学中，处于防御状态。此外，以此为例的艺术概念也自20世纪60年代，在我开始哲学地思考艺术之前发生改变。从现代主义出现到狄德罗时代之间的两个世纪，现代主义因自身发展的停止和艺术的持续性革命，而将卡罗尔经常用以比较的传统媒介的艺术置于边

---

① HUYSSEN, ANDRESS. Mapping the postmodern[A]. in WOOK--DONG KIM (ed.). postmodernism: an International anthology[C]. Seoul Hanshin: Wook-Dong Kim, 1991: 83.

② 周宪. 审美现代性批判[M]. 北京：商务印书馆，2005：284.

③ CARROLL, NOËL. A Philosophy of mass art[M]. New York: Oxford University Press, 1998: 207.

④ CARROLL, NOËL. Living in an artworld: reviews and essays on dance, performance, theater, and the fine arts in the 1970s and 1980s[M]. Louisville: Evanston Publishing, 2012: 12.

缘地带。①

（二）大众主体：数字意义上的民众和理性个体

大众作为大众社会的主体，也是先锋艺术和大众艺术的创造主体和接受主体。卡罗尔视大众（mass）为数字意义上（Numerical Sense）的民众（masses）②，"数字的大众（Numerical Masses）不能被缩减为社会阶层意义上的群众（masses），不能缩减为无产阶级、工人阶级、蓝领工人、流氓无产阶级或社会下层"③。所以相对于大众在我们一贯理解中所具有的贬义色彩，卡罗尔没有对大众进行褒义或贬义的定性，而是从数字意义上给出了一种定量的界定，在他看来大众是具有认知能力的理性个体。随着全球化的扩张，不同阶层、不同收入、不同文化的大众都可以创造和消费大众社会的大众艺术和先锋艺术。

从创作角度看，先锋艺术与大众艺术的艺术家都不再是具有独创性的天才，而是对传统进行创新的大众。从接受角度看，这两种艺术的接受者都不是为艺术而艺术的小众资产阶级，而是数字意义上的大众，尽管先锋艺术的接受者相对大众艺术较少，但并不必然是专业艺术人员，在关注艺术的普通大众之中也存在，"他是在某些常规基础上关注艺术的人，是一个见多识广的观者，一个不需要成为专业批评家或教授就能'跟进'艺术的人……这个人或许一年读上一本小说，偶尔听上一场音乐会，并且当她参观纽约时顺便看上一场艺术展览"④。

因此大众作为先锋艺术与大众艺术的创作主体和接受主体，是数字意义上的民众，也是具有认知能力的理性个体，不同于非理性的乌合之众，也不同于反抗主流的边缘群体。下面从西方理性个体的产生历史进入对卡

---

① CARROLL, NOËL. Living in an artworld: reviews and essays on dance, performance, theater, and the fine arts in the 1970s and 1980s[M]. Louisville: Evanston Publishing, 2012: 11.

② 此处将 mass 分别翻译为大众、民众、群众，参考了卡罗尔这本书的中译本，由严忠志翻译的《大众艺术哲学论纲》，但该译本将 numerical 翻译为数值或许有待商榷，因为数值具有更加精确的含义，比如"3 个"为数量，"3"就为数值，numerical 作为大众的形容词，目的是突出人数众多，不一定需要精确到数目，因此理解为更加中性的数字或许更为合理。

③ CARROLL, NOËL. A Philosophy of mass art[M]. New York: Oxford University Press, 1998: 187.

④ CARROLL, NOËL. Beyond aesthetics: philosophical essays[M]. Cambridge: Cambridge University Press, 2001: 18.

罗尔"大众"的具体考察。

古希腊时代，西方人的个体意识已经在萌生。苏格拉底崇尚的辩论术实则是怀疑精神和批判性思维的源头，但是那个时期的人们还不能像之后所出现的那样，可以完全凭借理性认识和掌控外界。理念世界作为一种数的科学，被希腊人认为是永恒而完美的，现实世界只是这个理念世界的投影，人的存在是对理念世界的模仿。所以这个时候，即使理性能够使人辨别外在事物，但理念世界犹如达摩克利斯之剑高悬头顶，使个体与世界尚未分离。中世纪时期，基督教的至高无上地位，使人更加无法独立行事，个体在世界中的存在完全依靠基督教的教义进行。

经历了文艺复兴、宗教改革、科学发展、启蒙运动等一系列现代事件，17—18 世纪的人逐渐走出中世纪的神本主义氛围，开始意识到人可以依靠自身的先验理性成为自己的主人。17 世纪，笛卡尔"我思故我在"再次开启怀疑主义的大门，使得世界作为主体的对象和客体，与主体形成二元对立的关系，主体逐渐从世界之中独立出来。

启蒙运动为世俗时代立法，也为大写的人立法，对理性的高扬，最终使主体性与理性等同。康德的三大批判作为这一时期的集大成者，充分显示了启蒙时代知识分子的理想人格，在康德看来，人是目的不是手段，可以在道德、认知、审美等诸多自律的领域，依靠自身的理性树立和遵守该领域的法则。黑格尔认为，现代性的本质即主体性的分化力量，在全面世俗化的过程中，个人从群体中分离，理性主体也与感性主体发生对立，在主体性的持续分化和世俗化过程中，现代主体向后现代主体发生转型。

19 世纪和 20 世纪之际，启蒙时代的人本主义蓝图一再遭到反对，启蒙运动以来的乐观主义的基调一再遭到批判，后现代对绝对主体的质疑和消解，呈现出破碎的主体观。弗洛伊德揭示了文明对人的本能和欲望的压抑作为进步的代价，直指被文明和理性所压抑的非理性、无意识的另一面的"本我"才是快乐的源泉。弗洛伊德对潜意识本我、无意识自我的发现，使后现代主体的结构从绝对理性的一元转向理性和非理性的混合体，在弗洛伊德的本我—自我—超我观中，感性和理性彻底分裂、主体与客体严重错位。福柯自尼采"上帝死了"的论调之后，称"人死了"，在他看来，现代社会无处不在的微观权力时时刻刻监视和控制着个体，在这种权力的制造下，根本就没有独立自主的个体的存在。

在精神分析的影响下，法国电影理论家麦茨首次将符号学与电影相结合，视电影为一种符号系统，进而拉康与阿尔都塞在马克思主义-精神分析的符号学框架下，形成结构主义的电影符号学理论。受惠于索绪尔的结构主义符号学，这些电影理论家都认为电影的能指在场、所指不在场，必须通过表层的图像、叙述去寻找深层的意识形态结构。因此在阿尔都塞的召唤理论和拉康的镜像理论中，蕴含着"主体定位"（Subject Position）的预设，即人是被动的、无意识的，主体是被意识形态所塑造的，因此没有加工处理信息的认知能力。卡罗尔认为阿尔都塞的马克思主义理论和拉康的精神分析理论，是1968年欧洲新左派反抗遭遇失败后的产物，它们成为运用于电影的意识形态方法，是因为可以用来解释和回应这种失败。

精神分析的电影理论即是将非理性的人作为预设和前提，破坏了理性的认知过程，但是卡罗尔并不认同这种将观众作为被动接收的理论，在他看来电影并不受制于非理性的过程，主体的统一与主体的被构造并不必然矛盾，"即使我未意识到自己被构成的过程，我也是一个统一体"[1]，因此在对电影的接收中观众可以进行主动和理性的认知。因此，卡罗尔对认知主义心理学的肯定，以及对弗洛伊德和拉康的精神分析的反对，表明大众不是非理性的行尸走肉，大众面对大众社会的艺术时并不是完全是被动地接受，而是可以进行主动认知。因此，卡罗尔认为大众既不是奥尔特加定义的消极被动式大众，也不是约翰·菲斯克描述的反抗性大众。

在鄙视大众文化和大众阶层的精英看来，大众主要由工人阶级和社会下层构成，西班牙理论家奥尔特加曾在《大众的反叛》中将大众描述为"既不应该亦无能力把握他们自己的个人生活，更不用说统治整个世界了"[2]，可见在占据精英立场的传统知识分子看来，非理性的"大众"是没有主观能动性的，他们以满含担忧和恐慌的心理将大众时代的来临看作欧洲面临的巨大的危机，显然这与卡罗尔对大众的定义截然不同。费斯克作为英国伯明翰学派的代表，认为边缘化的大众不是被流行文化被动塑造的，而是通过对流行文化的创造和使用表达一种对立和反抗，但在卡罗尔看来"菲斯克的理论问题在于通过这种非现实的方式对差异过于迷恋……这一理论对经验性的实际研究形成歪曲，误导人们去寻找对这类产品假定为抵制的不同反应"[3]。

---

① CARROLL, NOËL. Mystifying movies: fads and fallacies in contemporary film theory[M]. New York: Columbia University Press, 1988: 80.

② [西]奥尔特加·加塞特. 大众的反叛[M]. 刘训练，佟地志，译. 长春：吉林人民出版社，2011: 3.

③ CARROLL, NOËL. A Philosophy of mass art[M]. New York: Oxford University Press, 1998: 240.

因此，先锋艺术与大众艺术的创作主体和接受主体都是数字意义上的大众，是具有认知能力的理性个体，而不是具有独创性的天才和为艺术而艺术的小众资产阶级，因此先锋艺术与大众艺术都是大众的艺术。在这种大众语境中，艺术哲学转向大众艺术哲学，背后的理论背景是艺术哲学的后现代转向和分析美学的实用主义转向。在向多元性的后现代和整体性的实用主义的转向中，卡罗尔形成具有多元性和整体性的大众艺术哲学，以此对先锋艺术和大众艺术带来的新的艺术问题进行回应。

二、大众艺术哲学具有后现代的多元性

后现代这一概念由查尔斯·詹克斯于 20 世纪 70 年代最先在建筑领域提出，在 70 年代晚期和 80 年代早期，"后现代主义不光包括在各种艺术形式中的发展，而且与哲学、科学、经济、社会的发展相关联。后现代主义成为一个具有表现性的总体的称"①。可见文化、社会、政治、经济、生活等各个方面，共同构成后现代转向的系统工程，艺术哲学的后现代转向发生在文化领域，确切地说是在哲学领域。

20 世纪西方哲学从流派上被归纳为社会-文化批判理论、现象学-存在主义哲学、实证-分析哲学三种，相互作用形成批判理论转向和语言学转向，"两个转向最终又汇合于'后现代转向'之中"②。与卡罗尔同时期的理论家哈尔·福斯特在他编著的文集《反美学：后现代文化论文集》前言中提出一系列疑问：后现代主义存在吗？如果存在，它会是一个概念还是一种实践，是一种地域性风格还是一个全新的阶段？它们的形式、效果、趋势是什么，我们该如何界定？我们真的超越了现代，从而处于一个后工业时代吗？③

后现代哲学理论简而言之，可以说是对以上问题的回答，归结起来，哲学家对后现代有绝对肯定、绝对否定、局部肯定三种态度。对后现代绝对肯定的态度，指赞成后现代是一个新的时期，与现代主义断然不同，这属于后现代的断裂观；反之，对后现代主义绝对否定的态度，指当前阶段

---

① CARROLL, NOËL. Living in an artworld: reviews and essays on dance, performance, theater, and the fine arts in the 1970s and 1980s[M]. Louisville: Evanston Publishing, 2012: 338.

② 周宪. 20 世纪西方美学[M]. 北京：高等教育出版社，2004：2.

③ FOSTER, HAL. The anti-aesthetic essays on postmodern culture[C]. Washington: Bay Press, 1983: ix.

与此前的现代主义阶段具有延续性，属于后现代的延续观；居于两者之间的，则是后现代的局部肯定观。

后现代的断裂观代表有斯高特·拉什、戴维·哈维、齐格蒙·鲍曼、詹姆逊、哈尔·福斯特等，他们绝对肯定后现代的存在，主张后现代主义与现代主义的断裂。拉什以解分化作为后现代的标志，认为"如果说现代主义是文化诸领域进行分化（differentiation）的过程，那么后现代主义就是一个解分化（de-differentiation）的过程。"①戴维·哈维集中关注后现代的差异化，认为后现代主义是"对差异的关注，对交流困难的关注，对利益、文化、场所及类似东西的复杂性与细微差别的关注，它在这些方面发挥了一种积极的影响。"②鲍曼赋予后现代不安全和不确定的诸多维度："1. 新的世界无序；2. 普遍的非规则化；3. 自我编织与维持的其他安全网曾经是邻里或家庭提供的第二道防线，在此，人们可以治疗由市场竞争留下的创伤，然而，这些安全网现在却受到了相当程度的弱化。"③

詹姆逊将文化分为三个阶段，从国家资本主义阶段、垄断资本主义到晚期资本主义阶段，这三个阶段分别对应现实主义、现代主义、后现代主义的文化阶段。在对现代主义和后现代主义的比较中，他指出现代主义和后现代主义各有自己的病状，现代主义的病状是彻底的隔离、孤独、苦恼、疯狂和自我毁灭，"后现代的特征是'零散化'，已经没有一个自我的存在了"④。因此，后现代主义是晚期资本主义的文化逻辑，是一个崭新的、与前面各阶段根本不同的新时代，大众和文化工业的各种文本都身处其中。

福斯特对后现代主义的描述在卡罗尔看来，是来自于鲍德里亚和阿尔都塞等经典马克思主义的分析，以符号和拟象作为后现代的主要特征，从而将后现代的"文本"观与现代主义"作品"观针锋相对，因此卡罗尔将福斯特视为激进的后现代主义者：

> 对于福斯特来说，历史已经进入了新的后现代时期。经济方

---

① LASH, SCOTT. Sociology of postmodernism[M]. New York: Routledge, 2013: 5.

② [英]戴维·哈维. 后现代的状况——对文化变迁之缘起的探究[M]. 阎嘉，译. 北京：商务印书馆，2003：151.

③ [英]齐格蒙·鲍曼. 后现代性及其缺憾[M]. 郇建立，李静韬，译. 上海：学林出版社，2002：21-24.

④ [美]杰姆逊. 后现代主义与文化理论[M]. 唐小兵，译. 北京：北京大学出版社，1997：196.

面的一个特征为跨国资本主义处于国家资本主义之上，资本主义系统的关键形成新的文化结构，即后现代时期向着消费主义的转换，尤其通过图像和符号作为消费主义的媒介。……后现代的世界是充满符号的环境，有时被称为拟象。于是，经验被符号再现体通过媒介展现出来。粗率地说，后现代"真实"是一个巨大的电视节目，消费对象即文化景观的再现体，被非真实地呈现和描述，以至我们与符号一起受难。①

相较而言，后现代的延续观主张现代主义与后现代主义的连续性，是一种温和的后现代主义观，代表有查尔斯·詹克斯、安东尼·吉登斯、哈贝马斯、利奥塔等。在最早提出后现代概念的詹克斯看来，这一概念表示"一种处于自我批判阶段的现代主义，正如在 20 世纪 60 年代它曾是忠实而又爱唱反调的反对派"②。在吉登斯看来，"我们实际上并没有迈进一个所谓的后现代性时期，而是正在进入这样一个阶段，在其中现代性的后果比从前任何一个时期都更加剧烈化更加普遍化"③。哈贝马斯也认为现代性是一项未完成的方案，所谓的后现代仅是现代的一个阶段。利奥塔尽管将后现代看作对启蒙时代以来精英主义的元叙述的解构，但他最终还是将后现代归于现代性的初始阶段。

不同于片面的断裂观和延续观，卡罗尔既看到后现代主义并非一个全新的统一的阶段，但也看到后现代主义与现代主义之间相对的不同。首先，他认为因为后现代主义中的构成成分呈不连续、不同步的转向，所以无法成为一个统一的后现代主义阶段。在卡罗尔罗列的时间线中，后现代这一概念最先出现在 20 世纪三四十年代，然后在五六十年代出现在文化、建筑、舞蹈等各种艺术运动中，"后现代建筑运动出现在 50 年代，以装饰主义和表现性反对现代建筑所谓的'国际风格'的极简功能主义，后现代舞蹈出现在 60 年代，加入平常动作以反对现代舞蹈的表现性，后现代绘画再现对现代主义绘画的反拨——将对绘画本质的探索作为它合适且独有的关注领

---

① CARROLL, NOËL. Living in an artworld: reviews and essays on dance, performance, theater, and the fine arts in the 1970s and 1980s[M]. Louisville: Evanston Publishing, 2012: 315.

② [美]查尔斯·詹克斯. 现代主义的临界点：后现代主义向何处去？[M]. 丁宁，等，译. 北京：北京大学出版社，2011：22-23.

③ [英]安东尼·吉登斯. 现代性的后果[M]. 田禾，译. 南京：译林出版社，2011：3.

域”①，70 年代“后现代主义”成为形容雕塑、表演艺术的标签。

　　因此卡罗尔认为，后现代主义的所有构成成分不同步，无法形成统一而连续的后现代主义阶段，许多理论家对统一的后现代主义的追求，实则是对正在衰落的美国霸权的隐性焦虑，而实际上统一的后现代主义是幻象（Illusions of Postmodernism）：

　　　　如果尼采是第一个后现代哲学家，那么后现代舞蹈不可能直到 1962 年才出现。……也许后现代主义暂时会因在主题上的极度不连续而无法使我们相信它会是一个独立的分期，被我们称为“后现代”的东西也许仅仅只是现代主义内部的一个阶段（增加另外一个阶段已使其成为令人困惑的混合物）。②

　　卡罗尔主张后现代主义的局部肯定观，“在严格的使用中，后现代和后现代主义应该被当作局部风格（Local Style）的制作者，应用于特定艺术形式的独立实践中，而不能将此标签用于统一的超艺术（trans-art）运动”③。

　　尽管不认同统一的后现代主义阶段的存在，但卡罗尔并不否认后现代主义与现代主义之间存在的差异，在《后现代分期？》（*Periodizing Postmodernism?*）一文中，他指出现代主义与后现代主义之间存在诸多公认的不同，但值得注意的是卡罗尔的辩证思维使其既看到现代主义和后现代主义之间的差异，又在反例的举证中看到这些差异并非绝对清晰和稳定的，因此卡罗尔在承认现代主义与后现代主义存在一定差异时，始终不排除二者之间具有的相似性和连续性：

　　　　如果说现代主义艺术是统一的、为艺术而艺术，远离社会功利，与流行艺术和市场对立，那么后现代主义艺术是破碎的，它们承担社会功能，吸引流行艺术。如果说现代主义艺术是纯粹的，后现代主义艺术就是不纯的，不仅混合高雅艺术和通俗艺术，还陶醉于历史的平面化之中。如果说现代主义艺术是致力于探索真

---

① CARROLL, NOËL. Living in an artworld: reviews and essays on dance, performance, theater, and the fine arts in the 1970s and 1980s[M]. Louisville: Evanston Publishing, 2012: 337-338.

② CARROLL, NOËL. Living in an artworld: reviews and essays on dance, performance, theater, and the fine arts in the 1970s and 1980s[M]. Louisville: Evanston Publishing, 2012: 322.

③ CARROLL, NOËL. Living in an artworld: reviews and essays on dance, performance, theater, and the fine arts in the 1970s and 1980s[M]. Louisville: Evanston Publishing, 2012: 21.

实的自我，后现代主义艺术则主张去中心化或多元化的主体。如果现代主义艺术与消费主义对抗，那么后现代主义艺术与市场是同谋。①

综上，断裂观将后现代主义与现代主义之间的区别看作显而易见的，如果说现代主义是精英话语权占据主流位置，进而导致文化诸领域的分化，那么后现代就是对文化诸领域进行解分化，打破中心压制边缘、精英压制大众的局面，追逐差异化、不确定、零散化的特点。延续观认为后现代主义在反思程度上比现代主义更加剧烈，但这并不足以将后现代主义与现代主义严格区分开来，反之，后现代主义被视为现代主义的一个特殊阶段。在卡罗尔的局部肯定观看来，后现代主义与现代主义具有明显的不同，但所有构成成分的后现代转向的不同步，使得后现代难以成为统一的阶段，后现代仅仅适用于局部艺术的风格。尽管这三者对待"后现代"概念和分期持不同态度，但三种后现代主义观都认识到，艺术、文化、社会、政治、经济、生活等诸多方面都发生了相应的转向，转向差异化、多元化、零散化的状态。

艺术哲学随着各个领域的转向，也向着多元性的后现代发生转向。在康德的哲学体系中，认知理论理性、道德实践理性、审美表现理性等文化诸领域被"现代性"加以分化，真、善、美成为三个各自独立、有一定联系的领域。以审美判断力为标志的美学尽管与道德理性和认知理性区分开来，但还未彻底断裂。康德以降，贝尔为代表的理论家，在艺术审美理论的原则下，将美学禁锢在艺术对象中，与认知理性、道德理性相隔离，文化诸领域间的分化愈加明显。贝尔的艺术哲学将无利害的审美作为艺术的唯一功能，从而排除了道德、认知等其他功能。

在向后现代的转向中，传统一元性的美学吸收后现代哲学的多元性特征，理论形态发生转变，卡罗尔的"超越美学"和哈尔·福斯特的"反美学"（Anti-Aesthetic）都是艺术哲学向着后现代转向的结果，旨在解构康德、贝尔、比厄兹利的传统美学，寻求差异化、零散化和多元化的艺术哲学。在这种理论背景下，卡罗尔的艺术哲学转向多元性的大众艺术哲学。而当分离性的分析美学转向美国本土的实用主义，卡罗尔的大众艺术哲学又具有了整体性的实用主义色彩。

---

① CARROLL, NOËL. Living in an artworld: reviews and essays on dance, performance, theater, and the fine arts in the 1970s and 1980s[M]. Louisville: Evanston Publishing, 2012: 339.

三、大众艺术哲学具有实用主义的整体性

分析哲学（Analytic Philosophy）的主流可以分为"逻辑分析哲学"与"语言分析哲学"。"从弗雷格到罗素等早期分析哲学家，他们所确立的逻辑分析的方法的确取代了传统哲学的玄学式思辨。"[1]按照这种观点，分析哲学属于对逻辑进行分析的语言哲学。维特根斯坦于1921年出版的《逻辑哲学论》指出全部哲学都是一种"语言批判"，他对传统形而上哲学的解构和对语言哲学的建构，旨在从语言逻辑分析的角度为哲学重新定位，从而被认为是语言学转向得以完成的标志：

> 哲学的目的是从逻辑上澄清思想。哲学不是一门学说，而是一项活动。哲学著作从本质上来看是由一些解释构成的。哲学的成果不是一些哲学命题而是命题的澄清。可以说，没有哲学，思想就会模糊不清：哲学应该使思想清晰，并且为思想划定明确的界限。[2]

同维特根斯坦一样，卡罗尔将分析哲学视为一种哲学分析的基本工具，称为"概念分析"（Conceptual Analysis），认为分析哲学分析的对象是人类实践活动中的概念和推理方式，"与社会科学家不同，分析哲学家不在那些实践中寻找重复出现的社会行为模式，而是试图理清相关领域中的概念"[3]。以概念分析为基本工具，卡罗尔指出分析哲学在20世纪的大部分时间里，成为"二级的"研究形式，被用于物理学哲学、经济学哲学、艺术哲学等人类实践领域。分析哲学家可以将这一遗产追溯到苏格拉底，"苏格拉斯在雅典的街道上徘徊，总是问'什么是知识？''什么是公正？'，他问问题的方式将这些司空见惯的自鸣得意的答案瓦解。分析哲学家或许会说（带着些许自得的腔调），苏格拉底为更加严格的分析铺平了道路"[4]。

因此，从方法论的角度，分析哲学以概念的语言和逻辑分析为主，"主张应用现代逻辑对语言进行分析，通过对语言的逻辑分析而得到本体论和

① 刘悦笛. 分析美学史[M]. 北京：北京大学出版社，2009：7.
② [奥]维特根斯坦. 逻辑哲学论[M]. 贺绍甲，译. 北京：商务印书馆，1996：48.
③ CARROLL, NOËL. Philosophy of art: a contemporary introduction[M]. New York: Routledge, 1999: 4.
④ CARROLL, NOËL. Philosophy of art: a contemporary introduction[M]. New York: Routledge, 1999: 3.

认识论等方面的结果，从而解决哲学的根本问题"①。在这种新的哲学观念和方法下，分析哲学实则追求"一种绝对的、纯然的真理，一种元语言的、元逻辑的真理"②。

20 世纪 40 末至 50 年代初，分析哲学的相关方法应用于美学，分析美学（Analytic Aesthetics）崭露头角。20 世纪中叶过后，康德以降的传统美学在后现代主义艺术面前受到冲击而有所衰落，本质上是批判哲学的分析美学开始兴盛，自此分析美学在英美及欧洲诸国占据主流位置，同时也是 20 世纪历时最长的美学思潮，世界美学中心逐渐从欧洲大陆转向英美。

按照刘悦笛的分法，从 20 世纪至今，整个分析美学史大致可分为五个阶段：

第一阶段：20 世纪 40—50 年代。利用语言分析来解析和厘清美学概念，属于解构的分析美学时期，维特根斯坦为此奠定基础，此后阶段都属于建构的阶段。

第二阶段：20 世纪 50—60 年代。分析描述艺术作品所用的语言的阶段，形成所谓的艺术批评的元理论，比尔兹利是代表。

第三阶段：20 世纪 60—70 年代。运用分析语言的方式直接分析艺术作品的阶段，最高成就为古德曼，他通过分析方法直接建构了一整套艺术语言理论。沃尔海姆则通过考察艺术功能的社会条件来补充艺术分析的语言方法，在视觉艺术哲学领域获得丰硕的成果。

第四阶段：20 世纪 70—80 年代。直面艺术概念，试图给艺术以一个相对周延的界定，这也是后分析美学的焦点问题，丹托、迪基、卡罗尔、列文森的理论在这时期广受热议。

第五阶段：20 世纪 90 年代至今。分析美学的反思期，在美国形成分析美学与新实用主义合流的新趋势，走向日常生活与回归自然界成为分析美学衰退之后的两个最引人瞩目的美学生长点。③

可见分析美学从早期到晚期，贯穿着从"解构"到"建构"的思路。以维特根斯坦为代表的前期分析美学可称为解构的分析美学，后期的分析

---

① 王路. 走进分析哲学[M]. 北京：中国人民大学出版社，2009：导论.
② 彭锋. 从分析哲学到实用主义——当代西方美学的一个新方向[J]. 国外社会科学，2001（4）：34-40.
③ 刘悦笛. 分析美学史[M]. 北京：北京大学出版社，2009：21-22.

美学称为建构的或重构的分析美学。尽管这两个阶段大体上可以被划分为两个阶段，但是之间必然具有一定的连续性。

1987 年，理查德·舒斯特曼在《美学与艺术批评杂志》刊发了"分析美学专号"，其中的一些文章在 1989 年被他编成一本名为《分析美学》的论文集，收录了马戈利斯、古德曼等著名分析美学家的文章。舒斯特曼在序言中对分析美学进行了回顾和展望，罗列了分析美学的诸多特征：

（1）如其名称清晰显示，分析美学是哲学上的分析方法在美学上运用的结果（也许并不仅是副生现象）。至少有两种非常不同的分析模式，一种是将概念、事实、假定性的本质，还原并分解为构建其充要条件的基础成分和特性。另一种分析形式为澄清模糊和有问题的观念，区别这一观念的复杂性和不同使用方法，即使不能对其本质条件进行精确的定义。

（2）对已有美学背景的尖锐批评和成功反叛，是除分析背景外理解分析美学的另一个要点。以超越性和唯心论为特点的传统美学代表有克罗齐的直觉说、贝尔的有意味的形式以及浪漫主义的美学等。

（3）艺术的反本质主义（anti-essentialism）和对明晰的要求（尤其是对语言的密切关注）或许是分析美学最通常和最有特色的特征。

（4）分析美学基本上将自己看作是对艺术和艺术批评进行澄清和批评性澄清的二级学科，艺术哲学可谓是对艺术批评的哲学。

（5）一个压倒性的后果是分析美学对艺术的关注远超自然之美。

（6）分析美学将自身看作二级学科或者元批评的一个强烈倾向是避免对艺术的评价，一般将这一问题归于第一级的艺术批评。

（7）分析美学的另一个显著特征是对艺术受社会语境影响的忽视。

（8）另一个相似的观点是分析美学缺乏历史的维度。

（9）摩尔的理论与分析美学有很大不同。

（10）回到分析美学元批判的这一概念，分析美学也难逃本质主义的遗迹。①

从上述分析可见，分析美学是有关美学的元美学。与逻辑分析相比，

---

① SHUSTERMAN, RICHARD, ed, Analytic aesthetics[C]. New York: Basil Blackwell Ltd, 1989: 4-15.

包括还原和澄清的语言分析是分析美学的主要分析方法。通过语言分析和逻辑分析，分析美学旨在对传统康德美学进行解构，从而表现出区分性这一思维特征。这一特征使分析美学将艺术与其他领域进行区分，从而缺乏对自然之美、艺术的社会和历史语境的重视，从而决定了分析美学面对不同于现代艺术的艺术，无法跳出自身的局限而给予新的艺术实践以有力的理论支撑。于是后期分析美学家在20世纪七八十年代转向分析美学外部寻找新的理论资源，美国本土的实用主义思想重新被重视，成为这一转向的主要目的地。

20世纪80年代中期，舒斯特曼从分析美学阵营明确转向实用主义，并成为实用主义美学（Pragmatist Aesthetics）的代表人物。除此之外，阿瑟·丹托、乔治·迪基向社会学寻求理论支撑，纳尔逊·古德曼向符号学转向，沃尔海姆向心理学寻求资源，安东尼·萨维尔（Anthony Savile）向着大陆哲学的马克思主义和后结构主义寻求资源，列文森、卡罗尔向着历史学维度转向。

分析美学的外部转向印证了国际美学协会第一副主席柯提斯·卡特对维特根斯坦之后的第二代和第三代分析美学家做出的评价："新一代分析美学家们在20世纪后半叶开始出现并跨入21世纪，他们更明确地做理解到了分析方法与其他哲学发展相结合的必要。"①除了与欧陆理论的结合，卡特还提到部分分析美学家从艺术媒介的深度知识中去探求分析哲学，比如古德曼、沃尔海姆与丹托之于视觉艺术，卡罗尔之于电影和媒介艺术，列文森之于音乐。在舒斯特曼看来，"这些都与传统的分析哲学相反，而与实用主义一致"②。因此后期分析美学的种种转向说到底是朝着实用主义的转向。这一转向显示"我们正在进入一个'后分析哲学'（Post-analytic Philosophy）的时代，而且正跨上'后哲学文化'的门槛。"③

实用主义的传统本身就存在美国哲学之中，在20世纪50年代以前的美国有很大的影响。20世纪50年代，后分析哲学在美国哲学界站稳脚跟，也逐渐在美国哲学舞台上占据主导地位，实用主义在它的排挤下退居次要地位，一度受到压制。到了20世纪末，走出分析美学的呼声日强，实用主

---

① 刘悦笛. 分析美学史[M]. 北京：北京大学出版社，2009：序.

② [美]理查德·舒斯特曼. 实用主义美学[M]. 彭锋，译. 北京：商务印书馆，2002：17.

③ SHUSTERMAN, RICHARD, ed, Analytic aesthetics[C]. New York: Basil Blackwell Ltd, 1989: 2.

义被分析美学借用，许多分析美学家借此走向实用主义美学。此时的实用主义也从皮尔斯、詹姆斯、杜威和米德的古典实用主义过渡到理查德·罗蒂、舒斯特曼等的新实用主义。

舒斯特曼通过对实用主义美学谱系的考察，指出实用主义美学（尽管无疑受杜威启发）作为艺术哲学的新方向，本质上是新实用主义思想的产物。这一术语是经由他"在自己的著作《实用主义美学》（1992年）和其他文章中（从1988年开始直到现在）系统地使用和推介后，才获得了广泛的国际性的认可"①。在《分析美学》中，舒斯特曼对分析美学给出的十条特征中包含了分析美学缺乏自然审美、历史和社会语境维度等缺陷。相较而言，他在《实用主义美学》中通过对杜威美学思想的特征分析，看到了实用主义美学对分析美学缺陷的克服：

（1）对杜威而言，"所有艺术都是生命机体和它的环境之间交互作用的结果，是一种包含能量、行动和材料的重新组织的经历与活动"，从而弥补了分析美学对自然之美的分析的缺失。

（2）康德的无利害观念在很多分析哲学中都有体现，成为与实用主义美学的第二个反差。

（3）杜威对艺术的全面功能性的认可，同另一个他与分析哲学家明显不同的观点——艺术和审美的文化首要性和哲学中心性——联系起来了。

（4）与分析哲学相对（也许再一次反映出康德/黑格尔之间的对立），杜威热衷于进行联结而不是区分。

（5）分析美学的目的是分析、澄清已经确立的批评概念和实践，不在任何实质意义上对它们做出修正……杜威的美学则完全相反，它对为真理而真理不感兴趣。

（6）在分析美学遵循浪漫和现代主义，以将艺术概念等同于"高级"艺术概念（与崇高和天才联系起来）来界定艺术的价值和自主的时候，杜威则痛恨这种精英主义传统。

（7）杜威强调没有对艺术的社会-历史层面的了解，艺术和审美就不能被理解。

---

① [美]理查德·舒斯特曼. 实用主义美学的发明：对一个术语和命名的谱系学考察[J]. 胡莹，译. 山东师范大学学报（人文社会科学版），2018（5）：102-113.

（8）杜威对分析美学中占统治地位的假定的反对，非常有希望地与当代欧陆哲学中的强大潮流汇聚起来了。①

舒斯特曼作为从分析美学阵营明显转移到实用主义美学阵营的理论家，对分析美学和实用主义美学之间的差异做了详细的对比。他的本意并不是以二元对立的眼光和思维对这两种美学进行划分，而是通过这种对比，显示分析美学在新的历史语境下的穷途末路，实用主义能够成为分析美学的未来：分析美学在承认存在客观真理的前提下，以区分性思维对艺术与非艺术、高雅艺术与通俗艺术、审美与非审美进行区分，而实用主义美学正好相反，主要以整体性思维对艺术与非艺术、高雅艺术与通俗艺术、审美与非审美等进行联结和整合。

因此，分析美学的实用主义转向表面上看来似乎会使分析美学走向终结，实则随着这一转向，分析美学在新的阶段将会继续迸发活力。舒斯特曼认为"由于处于分析美学和欧陆美学之间，结合了后者的洞察和广泛关涉与前者的经验主义精神和落实到底的见识，实用主义美学在帮助我们重新定位和复兴艺术哲学上，占有很好的位置"②。如果说分析美学背后的理论资源是分析哲学，那么实用主义背后的理论资源则被舒斯特曼具体划分为以下五条：

（1）杜威的经验性美学和哲学的重构主义视野；

（2）新实用主义关于意见、阐释和同一性的理论；

（3）马克思主义向艺术自律及精英主义倾向提出的挑战及其为这些特点所做的辩护（阿多诺和布尔迪厄的理论）；

（4）对流行艺术的建构性研究（包括我自己对流行音乐进行美学分析的努力和对嘻哈音乐歌词的解读）；

（5）由福柯和罗蒂提出的将伦理视为一种生活艺术的后现代视角。③

---

① [美]理查德·舒斯特曼. 实用主义美学[M]. 彭锋，译. 北京：商务印书馆，2002：20-44.

② [美]理查德·舒斯特曼. 实用主义美学[M]. 彭锋，译. 北京：商务印书馆，2002：17-18.

③ [美]理查德·舒斯特曼. 实用主义美学的发明：对一个术语和命名的谱系学考察[J]. 胡莹，译. 山东师范大学学报（人文社会科学版），2018（5）：102-113.

对比舒斯特曼的理论，可以发现卡罗尔的艺术哲学在始终使用分析哲学方法的基础上，具有明显的实用主义特征。比厄兹利作为艺术的审美功能的倡导者，主张无利害的审美是艺术独一无二的功能，从而为主张为艺术而艺术的现代主义艺术提供理论支撑，显示为区分性的艺术哲学。不同于比厄兹利对艺术与非艺术、审美与非审美之间的断然区分，卡罗尔对艺术与生活、先锋艺术与大众艺术、审美经验与道德经验的弥合，给予艺术和生活同等的身份合法权，审美与非审美同等的趣味等级，从而使自己的大众艺术哲学具有实用主义的整体性特征。

综上，先锋艺术与大众艺术的出现打破美的艺术的范畴，使传统美学和受其影响的艺术哲学陷入危机和困境，这一危机促使传统艺术哲学挣脱美学的禁锢转向后现代，分析美学冲破自身局限向实用主义资源寻求自身突破。在多元性的后现代转向和整体性的实用主义转向下，康德、贝尔、比厄兹利区分性的、非功利的传统美学式艺术哲学逐渐受到质疑。作为后期分析美学家，卡罗尔借助分析方法对艺术哲学与美学进行区分、为艺术哲学正名和重新定位，实则是对将艺术本质与审美理论相结合的美学家的反叛，目的是打破艺术哲学在传统美学的禁锢下所形成的立场，显示了卡罗尔超越一元性和区分性的传统美学，转向具有多元性和整体性特征的大众艺术哲学的努力。作为卡罗尔艺术哲学的关键特性，多元性和整体性的大众性始终贯穿在他的艺术哲学体系中，体现在艺术本体、艺术识别、艺术本质、艺术经验以及对先锋艺术与大众艺术的批评中。卡罗尔的大众艺术哲学同时也是一种"复数的艺术哲学"[①]（Philosophies of The Arts），这种艺术哲学观与康德、贝尔、比厄兹利的一元性和区分性的美学观形成鲜明对照。

本章梳理了卡罗尔对艺术哲学与美学之间的区分，以及在此区分中对艺术哲学学科的辨析与定义。卡罗尔针对分析美学领域内对艺术哲学和美学的混同现象，论述了美学演变为艺术哲学的历史和原理，认为艺术哲学和美学在艺术的审美理论这一点上存在交叉，但本质上应该是互相独立的两个领域。在卡罗尔看来，艺术哲学不应该局限在艺术的审美经验这一狭隘的美学范围内，艺术哲学的范畴应该大于美学，主要问题包括艺术本体、艺术识别、艺术本质、艺术经验、审美经验、艺术解释、艺术价值等问题和概念。

---

① CARROLL, NOËL. Les culs-de-sac of enlightenment aesthetics: a metaphilosophy of art[J]. Journal compliation, 2009 (02): 157-179.

相比分析美学家斯蒂芬·戴维斯和当代美学家李普斯对美学和艺术哲学的划分来说，可以看出卡罗尔将美学与艺术哲学之间的不同区分得更加清晰。戴维斯认为美学与艺术哲学之间存在着冲突："前者将艺术作为艺术来欣赏，仅仅考虑艺术中审美的东西就够了。对作品艺术属性的考虑与对正确理解作品无关。后一种观点则否认这一点。事实上，后一种观点认为，了解艺术的艺术属性不仅对理解作品至关重要，对辨别其是不是艺术作品也是至关重要。"①戴维斯的理论指出艺术哲学的艺术属性与美学中的审美属性是不同的，前者对后者有包含的关系，但是却忽略了艺术经验在艺术哲学中所占的比重。

李普斯认为："对艺术的整个人类活动中的位置——例如艺术与政治、宗教、文明或自我的关系——的探讨应划归艺术哲学的领域，而对艺术领域内的一些哲学问题的探究——例如对艺术品的本质、对我们的创造、欣赏和评判艺术品的方式的探究——则构成了美学。"②李普斯虽然考虑了艺术经验在艺术哲学中占据的重要地位，但将艺术本质划归到美学范畴，是与常识相悖的。

所以相比戴维斯和李普斯，卡罗尔对美学和艺术哲学的区分，为厘清美学和艺术哲学混淆已久的状况，提供了一条更加全面和清晰的路径。但是卡罗尔的论述也具有一定的矛盾性，他认为从比较狭窄的理论意义上来说，艺术哲学和美学是独立的研究领域，这两个术语起码从原则上来说表示两种主要而不同的关注，但从较为宽泛的理论意义上说，艺术哲学与美学之间不必有区别，艺术哲学与美学可以被用作两个能够互换的名称，表示研究艺术的哲学分支。

这种模棱两可的态度出现在卡罗尔的相关论述中，往往导致两种论述之间的互相抵消。不过从中可以看出，卡罗尔对待美学持超越态度而非反对态度，艺术哲学对美学的超越，既是对自身学科身份的复兴和重新确立，也是对美学学科身份危机的回应和重构，旨在推动西方传统美学走出鲍姆嘉通和康德的影子，走向更加广阔的生活世界，对大众社会新出现的艺术问题进行回应。

大众社会是随资本主义和工业化的发展而形成的社会结构，包括古典

① [美]斯蒂芬·戴维斯. 艺术哲学[M]. 王燕飞，译. 上海：上海人民美术出版社，2008：58.

② [美]M. 李普斯. 当代美学[M]. 邓鹏，译. 北京：光明日报出版社，1986：1.

艺术、高雅艺术、民间艺术、先锋艺术、大众艺术等许多形态的艺术，其中先锋艺术与大众艺术作为两种虽然不同但有交叉的主导艺术，是卡罗尔艺术批评的主要对象。大众作为大众社会的主体，被卡罗尔从数字意义上给予界定，而非从褒义或贬义的角度进行定性，大众作为具有认知能力的理性个体，打破社会阶层的既有划分方式，成为先锋艺术与大众艺术的创造主体和接受主体，因此不同于自律艺术属于天才和小众资产阶级，先锋艺术与大众艺术是属于大众的艺术。在这种艺术语境下，艺术哲学转向大众艺术哲学，具体的理论背景为艺术哲学向多元性的后现代转向，分析美学向整体性的实用主义转向，身处其间卡罗尔的大众艺术哲学具有后现代的多元性和实用主义的整体性，从而超越一元性和区分性的传统美学。

至此，卡罗尔在对传统美学的超越基础上，复兴了艺术哲学，建构了大众的艺术哲学。这种具有多元性和整体性的大众艺术哲学，实则也是一种复数的艺术哲学。如彼得·基维所言，卡罗尔相比丹托更是一个狐狸型的学者，在广博的兴趣和视野下涉猎艺术哲学的很多细小问题，但同时又缺乏建构宏大体系的动力和兴趣，所以在他的大众艺术哲学下也囊括了艺术哲学的各个分支和各个门类艺术的具体问题，本书将其归结为艺术本体、艺术识别、艺术本质、艺术经验这四个基本分支，及先锋艺术与大众艺术两类艺术中的具体问题。

以上具体的艺术哲学思想都贯穿了多元性和整体性的大众观，这是卡罗尔在超越美学复兴艺术哲学学科之后所形成的大众艺术哲学观的主要内容，也是卡罗尔艺术哲学的核心和亮点所在，主要目的既是搭建具体的艺术哲学思想框架，也是践行艺术哲学的潜在的基本任务，对大众社会新出现的先锋艺术与大众艺术进行识别。

第二章
多元而整体的艺术本体：文化实践观

本章考察卡罗尔艺术哲学中的重要问题——艺术本体。第一节考察作为文化实践的艺术本体。文化实践作为艺术的本体，包括艺术创作和艺术接受两个部分，具有多元性和整体性。多元性体现在文化实践将艺术的范围限定于人类文化领域，而非超出文化领域的自然领域，是具有历史性、公众性、复数性特点的人类生活实践。文化实践的整体性表现在：文化实践中的艺术实践与认知、道德等其他文化实践之间既有不同又有关联，共同构成整体的文化实践。

本章第二节考察卡罗尔理论中艺术实践的主体，数字意义上的大众作为艺术实践的主体，是具有认知能力的理性个体，包括艺术家和接受者两个群体，艺术家不是独具原创性的天才，而是对传统进行创新的大众，接受者不是为艺术而艺术的资产阶级和理想批评者，而是人人都可以的大众，因而小众趣味转向大众艺术经验。艺术家与接受者作为艺术实践主体的观点显示了卡罗尔艺术哲学的大众性。

第一节　文化实践作为艺术本体

文化实践作为艺术本体，包括艺术创作和艺术接受两个部分，将艺术的范围限定于人类文化领域，而非超出文化领域的自然领域，具有历史性、公众性、复数性的特点，这三个特性归结起来体现了文化实践的多元性。在卡罗尔看来艺术实践属于文化实践，与文化实践中的认知、道德等实践具有密切相关性，因此文化实践还具有整体性。

一、文化实践具有多元性

卡罗尔认为，"在最简单的意义上称某物为一项实践，就是将它看作一项习俗性或习惯性从事的活动；在此意义上，文化实践就是适应于文化的习俗性活动"①。具体而言，文化实践为"一个相互关联的人类活动的复杂实体，这些人类活动是由理性所支配，这种理性内在于活动的形式及这些形式之间的合作。实践旨在达到适合于构成它们活动形式的善，而这些理性和善部分地确立了实践在文化生活中的位置，这样的实践提供了人的力量得以展开和扩展的框架"②。

从中可以看出文化实践（Cultural Practice）这一框架具有"文化"和"实践"两个核心词语。英国学者雷蒙·威廉斯通过考察"文化"（culture）一词的演变谱系，将文化的含义扩展到：

（1）普遍的人类发展与特殊的生活方式以及两者间的关系；（2）上述两者与艺术作品、智能活动的关系。格外有趣的是，在考古学与"文化人类学"里，"文化"或"一种文化"主要是指物质的生产，而在历史与"文化研究"里，主要是指"表意的"或"象征的"生产两者间的关系。③

威廉斯对文化的定位范围很广，在此定位下，文化与人类生活之间的密切关系是其最基本的特征，超出人类生活以外的行为便是非文化的、自然的。因此文化实践将艺术限制于人工的范畴，所隐含着的一个预设便是：艺术属于人类生活范畴，不存在于自然世界中。

"实践"作为"文化实践"的另外一个关键词，与"静态物"形成对照。从艺术存在的形态，也就是艺术本体（the Ontology of the Art）的角度来说，存在艺术对象是精神对象还是物质对象的分歧。在精神对象的阵营中，哈奇生、科林伍德认为艺术是心理对象，萨特认为艺术是想象对象，茵伽登将艺术对象看作纯粹意向性对象，在杜夫海纳看来艺术是感性对象，艺术符号学理论认为艺术符号处于心物之间。艺术的精神对象和物质对象都是

---

① CARROLL, NOËL. Beyond aesthetics: philosophical essays[M]. Cambridge: Cambridge University Press, 2001: 66.
② CARROLL, NOËL. Beyond aesthetics: philosophical essays[M]. Cambridge: Cambridge University Press, 2001: 66.
③ 雷蒙·威廉斯. 关键词：文化与社会的词汇[M]. 刘建基，译. 北京：三联书店，2005：153.

静态的，可以看作艺术实践的结果，卡罗尔的艺术实践观不仅包括静态的艺术品，也包括艺术实践的动态过程。

在文化实践这个动态过程中，卡罗尔指出文化实践的必备成分为习俗、传统、先例，实践者通过对习俗、传统和先例的革新和修正，使文化实践始终处于动态之中。卡罗尔对文化实践的描述展现出这一实践具有的历史性、公众性、复数性特征，属于文化实践的艺术实践也具备上述特征。

文化实践具有历史性。艺术是一个动态的概念，从前现代到现代再到后现代，艺术的内涵和外延都发生了很大变化，但每个阶段之间都与前一个阶段有着一定的联系。在这种历史中，文化实践需要一定的方式方法来推动创新，同时要保证在同一文化实践的范畴内进行，也就是说文化实践进行自我更新，却不会变成另一个不同的实践，对传统的修正使过去与现在连接起来。

文化实践具有公众性。卡罗尔认为艺术制作者和接受者必须被联系在一起，双方的互相理解和交流能使艺术世界的文化实践连贯起来。"为了使观者能理解一部给定的艺术品——艺术家和观众必须共用基本的交流框架：共同习俗、策略的知识以及对现存制作和反映模式进行合理详述的方式。"①也就是说，制造者要具有一定知识去进行创新和拓展，观众要具有同样的知识才能对新的艺术实践产生有效接收。

文化实践具有复数性。卡罗尔认为将文化实践称为单数的一项实践会令人产生误解，艺术是一组互相关联的复数实践。复数的实践不仅因为艺术形式具有的多样性，而且也因为艺术界中不同主体所扮演的角色各不相同。

综上，可以看到包含了艺术实践的文化实践具有历史性、公众性、复数性的特征，包括艺术家与先前实践者、艺术品与先例、接受者与传统、新的实践与先前实践之间的对话，从而体现出文化实践具有的多元性特征。

乔治·迪基认为卡罗尔的文化实践理论，是由他的艺术制度理论的核心概念构成的，只不过"卡罗尔识别艺术的理论是从消费者的角度进行研究，制度理论则是从艺术家的角度出发"②。对于迪基的评价，卡罗尔大抵是赞同的，"尽管我背离了迪基的方法，我仍然受其精神的影响，特别是其

---

① CARROLL, NOËL. Beyond aesthetics: philosophical essays[M]. Cambridge: Cambridge University Press, 2001: 66.
② DICKIE, GEORGE. The institutional theory[A]. in Carroll, Noël (ed.). Theories of Art Today[C]. Madison: the University of Wisconsin Press, 2000: 104.

对语境核心性地位的强调的影响"①。迪基制度论的一个长处，是它强调了艺术家与受众在共同的艺术圈内相互理解，文化实践也假定了艺术家和受众必须有某些共同理解，即一种关于艺术史知识的了解和具有一种共同的历史意识。作为迪基的高徒，卡罗尔对老师的理论非常推崇，但他并不是完完全全跟在迪基身后复制理论，对艺术制度论的合理性的怀疑，使得卡罗尔跳出"社会制度"这一框架，进入"文化实践"的框架对艺术进行界定，文化实践几乎等同于人类生活，范围相比社会制度无疑更加宽广。

从迪基艺术制度到卡罗尔的文化实践，充分显示了二者的艺术观不具有生物学的维度，而具有社会学的维度。彭水香借布尔迪厄的评价，指出迪基、卡罗尔等的理论"虽然被贴上'后现代'的标签，但常常是以否定的形式对待深深地植根于实践之中的社会科学和历史哲学的发现；他们的哲学在提供'经久不息'的方法时却遮蔽了其从社会学等学科借用的知识；这种通过排斥借用知识而使理论合理化的遮蔽性处理方式成为他们反对社会学及其由以建基的相对主义的一个强大策略"②。

这一评价或许太过严苛。丹托、列文森对艺术史的强调，迪基的社会制度，卡罗尔的文化实践，都将艺术设定为人工品，强调了艺术是社会性和历史性的产物，体现了一种文化主义和历史主义的态度。虽然他们没有像社会学家布尔迪厄深入到艺术场域对艺术的生产和接受进行实证分析，但后期分析美学已在实用主义的转向中脱离美学的禁锢，将艺术从审美领域转移到更加宽广的社会学、历史学等维度，从而在根本上具有社会性的维度。

彼得·基维的评价可以在此作为补充："卡罗尔美学和艺术哲学著作的主题是一种具有常识的健康的多元主义：它避开告诉我们艺术完全只是一个事物或不是其他事物，这一狭隘的理论倾向，而是更恰当地指出，或许它不只是一种事物。在支持实践高于理论这一点上，它是亚里士多德式的，而不是斯宾诺莎式的"③。

二、文化实践具有整体性

艺术即文化实践，展示了艺术实践与其他文化实践在卡罗尔理论中所

---

① CARROLL, NOËL. Beyond aesthetics: philosophical essays[M]. Cambridge: Cambridge University Press, 2001: 76.

② 彭水香. 美国分析美学研究[M]. 北京：科学出版社，2018：201.

③ CARROLL, NOËL. Beyond aesthetics: philosophical essays[M]. Cambridge: Cambridge University Press, 2001: xiv.

呈现的辩证关系。也就是说，在文化实践中，艺术实践与其他文化实践之间既有区分又有关联，有的评论家看到区分的一面，有的看到关联的一面。

站在实用主义美学的角度，舒斯特曼在其《实用主义美学》中出于证明自己实用主义美学理论的目的，对卡罗尔和杜威的观点一定程度地片面化，看到卡罗尔"艺术即文化实践"与杜威"艺术即经验"之间的相同点，认为二者都在实践或经验的范畴中区分性地理解艺术的审美经验，他所要做的正是通过艺术与生活的弥合将艺术与其他实践重新勾连。所以在舒斯特曼的理论中，他将卡罗尔的"实践"与"生活"作为一组对立范畴，认为这一观点在忠实表现艺术对象和行为是怎样被识别以及怎样被从总体上区别开来上，都最好地实现了精确的反映和分割性的区分，从而对它给予了高度评价：

> 实际上，就理论的传统目的来说，艺术作为一个历史限定的社会-文化实践的定义，或许和我们能够得到的定义差不多一样好。由于它的范围、灵活性以及潜在的艺术-历史的实质，这个定义凭借它充分把握艺术概念的内容以及将艺术从其他事物中区分出来，似乎达到了哲学对艺术进行理论化的努力的顶点。①

与舒斯特曼将文化实践观误读为区分性定义相反，另一种观点认为卡罗尔的艺术观太过宽泛，这一理论中的艺术实践与其他实践毫无区隔："它很少具有自己的特殊性，因为任何人类活动都可以放到实践中来解释。艺术是实践，科学也是实践，宗教、政治、经济等更是实践。如此宽泛的定义实际上等于什么也没说。"②

舒斯特曼的评述侧重于卡罗尔的艺术实践观中艺术实践与其他实践之间存在的区隔，另一种观点则认为艺术实践与其他实践在卡罗尔的理论中毫无区隔。事实果真如此吗？卡罗尔认为文化实践作为相互关联的人类活动的复杂实体，艺术实践与道德、认知等其他实践同属于文化实践，且各种实践之间关系紧密相连，具有整体性的特征，但他并非将艺术实践与其他实践完全等同。所以在卡罗尔的理论中，艺术实践与其他文化实践既有区别又有关联，具体表现为艺术实践与道德、认知等其他实践作为文化实

---

① [美]理查德·舒斯特曼. 实用主义美学[M]. 彭锋，译. 北京：商务印书馆，2002：67-68.

② 彭锋. 从分析哲学到实用主义：当代西方美学的一个新方向[J]. 国外社会科学，2001（4）：234-40.

践的不同部分，使文化实践呈现出整体性特征。

18 世纪中期，音乐、诗歌、舞蹈、绘画、雕塑这几种艺术由于对美的自然的模仿而形成美的艺术，这种艺术的现代体系形成以来，艺术便脱离其他技艺在现代社会占据特殊地位。19 世纪中期，由于现代主义艺术的出现，这种情况尤为明显。在审美与艺术的结盟下，很长一段时间内，艺术充当了宗教退隐之后的另一个上帝。自律艺术是 18 世纪以来天才艺术家在为艺术而艺术的目的下的创造，"自律论者通过宣称艺术与人类实践的任何其他领域完全相反，就实现了保护本质主义的要求，即通过否定，大胆地声称艺术与其他事物无关。它是独一无二的活动形式，有自己的目的和评价标准"①。

当先锋艺术和大众艺术在 20 世纪下半叶大范围出现时，艺术的神圣地位开始动摇，艺术与生活之间的关系再次变得密切。此时，大众社会的艺术从"美的艺术"转向"生活艺术"中的认知、道德、社会等诸领域。在此先锋艺术与大众艺术合流，艺术与生活的关系由现代主义时期的疏离走向后现代时期的亲密。西班牙艺术理论家奥尔特加认为疏离于日常生活的现代主义艺术是一种"去人性化"的艺术，阿多诺处于精英主义立场也支持艺术的自律性存在，但是先锋艺术和大众艺术对生活的介入，召唤着艺术的人性化和他律性，艺术与生活的距离逐步缩小。

艺术与生活距离的缩小昭示了本属于"思维意义世界"的艺术向"实践意义世界"的跨界。艺术与幻想本属于思维意义世界，筹划属于实践意义世界。"幻想与艺术的文本意图，是不跨界进入实践意义世界，因此它们是'无目的'的意义活动，而筹划的目标就在于跨界创造而进入实践世界。"②但艺术实践观借由"实践"，使艺术从无目的的意义活动成为有目的筹划，从而从思维意义世界进入实践意义世界。

本着为大众社会的艺术提供理论辨别手段的目的，卡罗尔将其艺术哲学观建立在对传统康德美学的超越上，为了区分美学和艺术哲学，他不遗余力地对艺术审美理论进行超越，明确表示怀疑艺术自律论。艺术实践要做的就是超越自律的艺术，让艺术重回文化实践，与人类其他实践相关。

卡罗尔对自律艺术的批评和对审美理论的超越，并不说明他对艺术审美论的反对，而是表明审美只是艺术的其中一个功能，除此以外，艺术具

① CARROLL, NOËL. Beyond aesthetics: philosophical essays[M]. Cambridge: Cambridge University Press, 2001: 295.

② 赵毅衡. 哲学符号学: 意义世界的形成[M]. 成都: 四川大学出版社, 2017: 32.

有道德、认知等其他多元化的价值和功能。前现代的艺术等同于技术，与其他实践活动紧密相连，艺术的现代体系成立后，艺术实践尽管与其他实践分离，但是这一局面随着后现代艺术的到来而打破。所以艺术实践来自文化实践，决定了艺术实践与其他实践在构成人类生活的文化实践上的整体性。艺术作为文化实践，既包含以审美为目的的艺术，也包括非审美、反审美的诸多先锋艺术和大众艺术，甚至非西方的中国山水画、日本浮世绘、非洲木雕等都可被置于艺术实践的镜头下加以观看。这种理论将艺术的领地扩大至日常生活，展现了艺术实践与其他实践、艺术与生活的关联，从而表现了文化实践作为艺术本体所具有的整体性。

第二节　大众作为艺术实践的主体

艺术实践的主体包括艺术家和接受者两个群体，艺术家和接受者都是大众，即数字意义上的民众，具有认知能力的理性个体，而不是非理性的乌合之众和反抗性的边缘群体。大众艺术家不是独具原创性的天才，而是对传统进行创新的大众，大众接受者不是为艺术而艺术的资产阶级和理想批评家而是人人都可以的大众，小众趣味转为大众艺术经验。艺术家与接受者作为艺术实践主体，显示了卡罗尔艺术哲学的大众性。

一、艺术家：天才的独创到大众的创新

艺术作为文化实践，包括公众性艺术家、接受者两大实践主体，形成生产者和先前艺术实践者、生产者和接受者、接受者与传统的之间的对话，可见艺术家必然历史地处于与传统的对话之中：

> 正如对一场谈话有所贡献，艺术家的贡献必须与之前的谈话相关；否则，就不存在什么谈话。就与先行者的关系而言，艺术家们必须提出或者回答一些相关的问题，扩展某个别人提出的东西，或者反对或者修正——表明某种遭到忽视的选择是可能的。①

在《艺术，创新与传统》一文中，卡罗尔通过对艺术家在历史上的地位变化的梳理和论述，认为文化实践中的艺术家主体是对传统进行创新的

---

① CARROLL, NOËL. Philosophy of art: a contemporary introduction[M]. New York: Routledge, 1999: 255.

大众，这种观点昭示了对康德以来的"独创性"的天才界定的反驳，显示了艺术实践主体具有的大众性，下面以艺术家的"创造性"为主线进入卡罗尔的具体论述。

在艺术还是"技艺"的前现代阶段，柏拉图虽然也认为诗歌的灵感来自缪斯，但其著名的"三张床"比喻显示了艺术家与工匠一样，都是对理念世界的模仿：工匠模仿理念世界，艺术家模仿工匠。柏拉图认为工匠比艺术家更接近真理，因此在希腊时代，艺术家的地位并不高。

在中世纪，宗教的至高地位使一批艺术家从"工匠"的地位上升到"教廷艺术家"，他们一旦被教皇垂青，便有机会进入教堂，按教皇要求的各种宗教题材作画和塑像，艺术家与教皇之间是庇护和雇佣的关系。模仿的法则依然作为主导，几乎没有多少艺术家自由发挥的空间。达·芬奇、米开朗多奇、拉斐尔等文艺复兴三杰就是在这种氛围下创造了许多流传至今的盖世佳作，许多都是作为教堂的壁画、天顶画、装饰等而得以保存至今。但是这个阶段的艺术家"还是需要通过模仿才能成为艺术家，但这并不否认捐赠金额的多寡决定着他们得到的材料如何"[1]。

随着资本主义的出现，全面世俗化的时代逐渐拉开序幕，教廷艺术家转而成为为贵族和资产阶级服务的群体。预定制是宫廷画家创作的主要方式，他们按照买方要求创作人物肖像画，以此换取酬金，博得名声。一旦名声传开，便有大量的订单纷至沓来，一旦名声败坏，也有可能顷刻门可罗雀。在这种买卖双方并非绝对自由和对称的早期市场上，艺术家的创作也称不上绝对的自由。

只有到了启蒙运动时代，以表现自我、张扬个性为目的的"天才艺术家"才作为个体正式登场。康德对想象力和创造性的发现，和对天才的赞赏几乎可以看作一体的两面，他认为天才是"一个主体在自由运用其诸认识能力方面的禀赋的典范式的独创性"[2]。作为知性和想象力的结合，天才必然还拥有常人所不轻易拥有的"想象力"，这种个人化的独创性的情感使其能够摆脱常规，为自身创立法则，因此"天才"的核心是"独创性"，仅可以被其他天才模仿，但普通人即使经过学习和训练也无法企及。卡罗尔认为这种对艺术创新由来已久的偏见表明"艺术不能通过学习，艺术家是

---

① CARROLL, NOËL. Art in three dimensions[M]. Oxford: Oxford University Press, 2010: 61.

② [德]康德. 判断力批判[M]. 邓晓芒，译. 北京：人民出版社，2002：163.

天生的而非后天训练的"①。然而，从独创性定义天才，恰是卡罗尔反对的。

首先卡罗尔认为独创性不是天才的特权，大众艺术家受自身传统以及其他文化传统的激发，经过重复、扩展、混合等方式便可以做到艺术的创新，因此传统不是创新的障碍而是必要元素。

在这里，卡罗尔对"创新"一词赋予了新的含义，他所认为的艺术创新，是指新艺术品通过对传统的解释具有某些方面的价值。"当我们称一件最近的艺术品是'创新的'，我们指的是它重组了元素，并且以一种灵巧的、原创的或富有洞察力的方式对传统进行观照。"②卡罗尔认为相对于将创新视为天才的内心工作，他对艺术创新的定位更有弹性，"在我看来，艺术天才的定位似乎从对创造性工作的分离开始，然后再去寻找创新的心理过程，但我并不乐观地认为我们能从中发现与众不同的规则"③。

具有一定的艺术史知识和历史意识的艺术家对先前艺术史具有一种理解，通过对传统的创新形成自己的创作：

> 艺术家使用传统来决定哪一种创作对象是有活力的选择，评估其中的哪一个选项对他们所处的语境而言最有意义。没有传统的向导，就不会有艺术家的创新。这就是为什么传统对于艺术家的创新不可缺少且二者不会形成浪漫主义所称的尖锐对立。④

可见在他看来，传统和创新不是势不两立的，"传统对我们每日都能看到的创新和持续产生的新作品而言是不可缺少的"⑤。传统包括艺术家所在的传统，也包含艺术家所处传统之外的其他传统，艺术家可以通过重复、扩展对自身传统进行更新，也可以采用形式和风格的杂交与其他传统互相激励，或通过对传统的反抗照亮先祖的遗产。"艺术实践包含的这些方式处于持续性的时尚中，传统在其中扮演着一个组成部分。"⑥除了卡罗尔的艺

---

① CARROLL, NOËL. Art in three dimensions[M]. Oxford: Oxford University Press, 2010: 56.
② CARROLL, NOËL. Art in three dimensions[M]. Oxford: Oxford University Press, 2010: 70.
③ CARROLL, NOËL. Art in three dimensions[M]. Oxford: Oxford University Press, 2010: 72.
④ CARROLL, NOËL. Art in three dimensions[M]. Oxford: Oxford University Press, 2010: 72.
⑤ CARROLL, NOËL. Art in three dimensions[M]. Oxford: Oxford University Press, 2010: 72.
⑥ CARROLL, NOËL. Art in three dimensions[M]. Oxford: Oxford University Press, 2010: 67.

术实践主体对传统的创新，丹托、迪基的理论也证明了"艺术界""艺术圈"中具有一定艺术史和艺术理论知识的人，就可以成为对艺术身份的授权者和解释者。

从天才的独创性到大众的解释的过渡，显示了鲍曼所说的知识分子从立法者向后现代阐释者的转向。"现代主义者并不以可供选择的价值观和不同的世界观之名义，而以进步的名义，向现实宣战。"①不同于现代主义者的乐观主义和进步主义，后现代主义者"就它迫使艺术家和观众/听众从事理解/解释/意义形成的过程而言，后现代艺术不仅是一种批判力量，也是一种解放力量"②。

可见卡罗尔所认为的大众艺术家不是想象力超凡的天才，而是具备一定认知能力的理性个体，对艺术的创造可以通过对传统的解释和创新形成。尽管艺术家在与传统进行对话时，需要具备一定的艺术史知识，但是这种知识并不是高深莫测不可掌握的，只要接受一定的艺术制作训练便可以掌握。相比艺术家在前现代社会的教廷高位和宫廷高位，现代社会遥不可及的天才高位，艺术家在大众社会明显趋向一种大众性，类似古希腊时期的"工匠"，所以如今在很多时候，人人都可以是艺术家。

根据艺术社会家维多利亚·D. 亚历山大的援引，大众社会的艺术家可以是主流艺术家、独立艺术家、民间艺术家、素人艺术家，③也可以由市场、教育、关联以及自我和同行定义。④这一理论印证了大众艺术家的多元化，当艺术家阶层从工匠、教廷艺术家、宫廷艺术家以及天才艺术家中滑落至消费社会，艺术的"选择"和"创造"变得稀松平常，而这种经过训练就可以获得的专业技巧，确实无法像以往的天才那样，将普通大众排除在外。如果说以前是先有艺术家再有艺术品，那么现在不妨反过来说，先有艺术品后有艺术家。卡罗尔理论中，大众作为多元化的艺术家，体现了艺术实践主体的大众性。

---

① [英]齐格蒙·鲍曼. 后现代性及其缺憾[M]. 郇建立，李静韬，译. 上海：学林出版社，2002：114.
② [英]齐格蒙·鲍曼. 后现代性及其缺憾[M]. 郇建立，李静韬，译. 上海：学林出版社，2002：113.
③ [英]维多利亚·D. 亚历山大. 艺术社会学[M]. 章浩，沈杨，译. 南京：江苏美术出版社，2013：149.
④ [英]维多利亚·D. 亚历山大. 艺术社会学[M]. 章浩，沈杨，译. 南京：江苏美术出版社，2013：154.

二、接受者：小众趣味到大众艺术经验

接受者作为艺术实践的主体，包括大众艺术、先锋艺术的欣赏者和批评家。艺术的欣赏、批评与解释、评价都有关联，卡罗尔具体指出："艺术的关键不是评价而是批评，只要批评包含评价，就会出现没有解释的批判。"[①]因此在艺术批评中，评价要比解释更关键，批评的七大部分包括描述（description）、分类（classification）、语境化（contextualization）、说明（elucidation）、解释（interpretation）、分析（analysis）、评价（evaluation）。[②]可见批评者是解释者也是评价者，欣赏处于前批评的阶段，欣赏者是观赏者，未必是解释者和评价值，但不论欣赏者还是批评者都从以往的小众欣赏和批评转向大众艺术经验。

首先，欣赏者从资产阶级的为艺术而艺术转为跨国艺术制度的交流。

卡罗尔指出在柏拉图和亚里士多德的时候，愉悦是功利的，还不具有无功利的现代观念。在《大希庇阿斯篇》中，柏拉图讨论了与利益相关的愉悦，并且因为诗歌具有激发这种愉悦的能力，进而引起非理性的情感，他主张将诗人逐出理想国。亚里士多德在《诗学》中指出功利性的愉悦和形式特征所带来的愉悦这两种愉悦，他即使意识到后一种愉悦的存在，但觉得它无足轻重。

直到 18 世纪和 19 世纪，"资产阶级为了美化和愉悦生活，不仅寻找漂亮家具、花园等物件，也寻找精美的图画和文章。趣味成为新兴资产阶级社会资本的标记"[③]。随着新兴资产阶级的上升，此时的艺术尽管不再像前现代社会那样，担负历史记载、表达忠诚、增添皇室荣誉、宗教信仰、道德教化等社会公共功能，而是因其形式美能产生愉悦，成为有闲阶级打发时间和追求想象力愉悦的主要方式，奥斯卡·王尔德的为艺术而艺术便是一个显著的例子。卡罗尔将这种为艺术而艺术、为审美而审美的审美主义称为是对 19 世纪资产阶级文化炫耀的回应：

> 此时的主流被降低为工具和/或商业价值，资产阶级文化为每一样事物都标上价格，包括艺术。流行文化和大众市民社会的前后兴起贬低了艺术，使得它们变得既容易又便宜。此种语境中的

① CARROLL, NOËL. On criticism[M]. London: Routledge, 2009: 5.
② CARROLL, NOËL. On criticism[M]. London: Routledge, 2009: 84.
③ CARROLL, NOËL. Art in three dimensions[M]. Oxford: Oxford University Press, 2010: 127.

审美主义便成为与大众文化对抗的标志，它使艺术（有些时候被称为高雅艺术）成为谈资从而具有圈层价值，以区别于商业主义的日常价值、道德以及其他工具性的或实践性的目的，它试图将艺术封锁起来，宣称艺术是自律的，以使艺术与中产阶级周边的大众文化相隔离。①

在《审美经验：艺术和艺术家》一文中，卡罗尔总结了审美经验能够在这个时期生根的两个相互关联的原因：

> 一方面，是哲学要求下艺术的现代体系需要对其成员进行合理化，以及社会压力下美的艺术作为新兴资产阶级的消遣需要确立一定标准，另一方面艺术的审美理论对以上两个方面都能符合要求。因此审美经验概念成为任意艺术审美理论的基石，审美经验便深深地植根于传统中。②

卡罗尔看到了资产阶级从现代以来的生活方式的变化，但没有进一步指出公共机构和公共领域在 19 世纪的出现是他们重视趣味生活的一个主要社会原因。随着欧洲社会的全面世俗化，处于国家和个人之间的市民社会逐渐形成，图书馆、博物馆、咖啡馆、沙龙、俱乐部成为公共空间的特有形式在 18 世纪出现。这些社会领域的变革为艺术消费提供了独立的空间，支持艺术逐渐成为一个独立的阵营，与其他人类活动逐渐区分开来。法国大革命之后，卢浮宫由私家皇宫变为向公众开放的博物馆，成为世界上第一家收藏艺术品的公共空间。艺术博物馆从此成为一种重要的机构，"它们为我们提供了人人都能获得的审美愉悦"③。

如果说艺术博物馆成为隔离艺术与生活、供奉美的艺术的圣地，公共沙龙、俱乐部则为文学艺术的传播提供了足够的领地，在这种历史条件下文学艺术一度作为精英阶层的趣味对象而存在。哈贝马斯指出沙龙、俱乐部和图书馆的建立，使得阅读小说成为当时的风尚，"通过阅读小说，也培养了公众；而公众在早期咖啡馆、沙龙、宴会等机制中已经出现了很长时

---

① CARROLL, NOËL. Art in three dimensions[M]. Oxford: Oxford University Press, 2010: 237.
② CARROLL, NOËL. Art in three dimensions[M]. Oxford: Oxford University Press, 2010: 128.
③ [美]大卫·卡里尔. 博物馆怀疑论[M]. 丁宁，译. 南京：江苏美术出版社，2014：中文版序言.

间，报刊杂志及其职业批判等中介机制使公众紧紧团结在一起"①。

公共领域的形成使艺术家进一步市场化，同时更加理论化，"公共音乐厅（以及提前买票观看系列新作表演的开始）、画廊和公开展览、艺术学院和沙龙、艺术批评和评论、艺术史和传记、艺术理论以及文学作品版权从出版商手中转到作者手中等"②。这使相应的艺术理论的形成成为可能，对美的自然进行模仿的艺术的现代体系和美学学科便是对艺术的审美功能的理论回应。

但随着媒介技术的发展和交流方式的多样化爆发，艺术的小众欣赏在程度加剧的全球化过程中被打破，博物馆、画廊、大规模的展览之间的联系加强，使跨国艺术制度随之形成，"功能在于巩固跨国或全球的艺术世界——一个具有自身语言游戏和交流、分配、接受网络的文化景观"③。在跨国艺术世界中，大众艺术和先锋艺术被传播到许多其他非工业化世界中，甚至侵蚀和替代原生本土文化，所以卡罗尔认为地球上的所有人都无法避免接触大众时代的艺术，尤其是大众艺术。

再次，批评者从理想批评者转而为人人都可以的批评者。

主观的趣味是否具有客观而唯一的标准？休谟解决这一悖论的方法是提出理想批评者这一概念，提倡以少数的理性批评者的趣味作为客观的参照标准，而对于如何挑选理想批评者，休谟提出五个条件作为选择标准：具有敏感的趣味、具有熟练性、在艺术品方面持续地比较、缺乏偏见、对偏见具有良好的自察能力。④

卡罗尔反对休谟以理想批评者的趣味作为客观的趣味标准这一假设，基于两点原因，首先卡罗尔指出休谟给出的五个条件，是几乎人人都可以满足的条件，但人人都是批评者这一结论必然不会被休谟所认同。其次，卡罗尔认为休谟的理论并没有解决趣味的主客观之间的矛盾，假设批评者A向接受者X和Y推荐对象O，X相信O具有强烈艺术性，但Y觉得O

① [德]哈贝马斯. 公共领域的结构转型[M]. 曹卫东，等，译. 上海：学林出版社，1999：54-55.

② [美]斯蒂芬·戴维斯. 艺术哲学[M]. 王燕飞，译. 上海：上海人民美术出版社，2008：15.

③ CARROLL, NOËL. Living in an artworld: reviews and essays on dance, performance, theater, and the fine arts in the 1970s and 1980s[M]. Louisville: Evanston Publishing, 2012: 368.

④ CARROLL, NOËL. Hume's standard of taste[J]. The Journal of Aesthetics and Art Criticism, Vol. 43, No. 2 (Winter, 1984), pp. 181-194.

是一件失败的作品，那么 X 和 Y 就很难说服彼此来认同自己的理念。所以在这种情形下，趣味依然是主观的，理想批评者的趣味并不会作为一种客观趣味而生效。

所以卡罗尔认为"休谟所描绘的审美反应是消极的反应，他对艺术品的理想回应者的解释使审美反应比实际的更积极"①。卡罗尔对休谟理论的不认同，进一步说明他不认为理想批评者是提供趣味标准的唯一方式，而是倾向于认为人人都可以是批评者，趣味的客观性可以通过主体间（intersubjectively）对标准和方式的共享而达成。②

此时作为艺术实践的主体，欣赏者从资产阶级的为艺术而艺术转为跨国艺术制度的交流，批评者从理想批评者转而为人人都可以是的批评者，包括欣赏者和批评者在内的接受者从小众趣味转向大众艺术经验。因为艺术实践与道德实践、认知实践等实践组成多元而整体的文化实践，因此这一大众艺术经验不仅包括对艺术的审美经验，还包括艺术的道德、认知、情感等经验。

本章主要对卡罗尔艺术哲学中的主要问题艺术本体进行了考察，文化实践作为艺术本体，包括艺术创作和艺术接受两个部分，具有多元性和整体性。多元性体现在文化实践将艺术的范围限定于人类文化领域，而非超出文化领域的自然领域，是具有历史性、公众性、复数性特点的人类生活实践。整体性表现在，文化实践中的艺术实践与文化实践中的认知、道德等实践之间既有不同又有关联，共同构成整体的文化实践。

那么，这一文化实践的艺术本质观与马克思主义的实践美学之间的关系是什么呢？马克思在《1844 年政治经济学手稿》中，提出以"实践哲学"对欧洲形而上的先验哲学进行补救，认为"理论的对立本身的解决，只有通过实践方式，只有借助人的实践力量，才是可能的；因此，这种对立的解决绝对不只是认识的任务，而是现实生活的任务，而哲学未能解决这个任务，正是因为哲学把这仅仅看作理论的任务"③。布达佩斯学派延续马克思主义哲学的"实践"精神，形成交往美学、实践美学，通过比较可知，卡罗尔文化实践的艺术本体与以上艺术实践观的相同之处在于，它们将艺

---

① CARROLL, NOËL. Hume's standard of taste[J]. The Journal of Aesthetics and Art Criticism, Vol. 43, No. 2 (Winter, 1984), pp. 181-194.

② CARROLL, NOËL. Hume's standard of taste[J]. The Journal of Aesthetics and Art Criticism, Vol. 43, No. 2 (Winter, 1984), pp. 181-194.

③ [德]卡尔·马克思. 1844 年政治经济学手稿[M]. 北京：中共中央著作编译局，译. 2000：88.

术定位于人类文化领域中的对话活动，排除了非文化的自然领域。

卡罗尔文化实践观中艺术家/接收者之间存在的历史性、公众性与复数性的对话关系，与赫勒的交往美学相对应。康德美学中存在着特殊性与普遍性的结合，但传统现代美学多从天才和想象的角度研究审美判断力的个性，对普遍意义上的审美共通感有所忽略。赫勒重新挖掘了康德的交往美学思想，从审美共通感出发发展出交往美学思想，且这种交往行为主要存在于阐释者与过去的对话关系，"它接近过去不仅仅为了寻找意义、含义、历史行为、对象化和手段的价值，而且为了揭示它们与我们之间共同的东西"①。

卡罗尔艺术实践与其他文化实践的紧密关联，在布达佩斯学派的实践美学代表山多尔·拉德洛蒂的理论中可以找到对应。拉德洛蒂提出普遍的艺术和非普遍的艺术这组概念，前者等同于西方传统美学中的自律艺术概念，后者相对于自律艺术，包含大众化的艺术、实用艺术及民间艺术等，往往缺乏个性，充满陈词滥调，或者缺乏普遍性，本质上具有娱乐、说教等功能。拉德洛蒂认为，不能因为这些艺术不符合普遍的艺术概念就将它们剔除在外。"艺术概念不应该排除缺乏趣味的任何自律观念或形式的建构物，也不应该排除引导我们走向个体-普遍的艺术作品的宽广的文化领域。"②这一超越艺术自律论的观点表明艺术的"自治和自我维护的权利，不是切断与社会生活的联系，放弃影响社会生活进程的权利"③。

尽管没有确切的证据证明，文化实践作为多元而整体的艺术本体受到布达佩斯学派的影响，但从比较中可以看出大西洋两岸的两种文化的确产生了与精神实质相似的思想。这也是卡罗尔作为后期分析美学阵营的一员，在对自身所处的康德美学传统进行反思和对现代性发源地的文化在传播过程中所带来的西方中心主义进行反思的产物。艺术实践的主体也被卡罗尔烙上反思的印记。自律艺术的艺术家一贯被定义为具有独创性的天才，接受者往往是为艺术而艺术的小众资产阶级，并以理想批评者的趣味作为标准，但在卡罗尔看来，艺术实践的创造者应该是通过学习掌握规律、能够

① AGNES, HELLER. A theory of history. London: Routledge and Kegan Paul. 1982: 47.
② [匈牙利]山多尔·拉德洛蒂. 大众文化，见美学的重建——布达佩斯论文集 [A]. 付其林，译. 哈尔滨：黑龙江大学出版社，2014：98-99.
③ [英]齐格蒙·鲍曼. 后现代性及其缺憾[M]. 郇建立，李静韬，译. 上海：学林出版社，2002：121.

对传统进行创新的大众，接受者也应该是人人都可以的大众，小众趣味通过主体间性的共享可以达成趣味的客观性，进而形成大众艺术经验。

本书以下三章分别从艺术家和接受者的角度出发，对卡罗尔的艺术识别理论、艺术本质论和艺术经验论进行考察，其中艺术识别理论和艺术本质论是卡罗尔艺术哲学的核心问题，且这一核心问题的解决是建立在对历史艺术定义的批判之上的，因此第三章先进入卡罗尔对本质主义艺术定义的分析和批判。

第三章
对本质主义艺术定义的分析与批判

卡罗尔在《艺术的血统》一文中,提出以非自觉的本质主义(Unselfconscious Essentialism)、新维特根斯坦时期(Neo-Wittgensteinian Interlude)、自觉的本质主义(Selfconscious Essentialism)三个阶段来划分分析哲学视野中的艺术运动。[①]除了新维特根斯坦插曲,其他两者都是借助充分必要条件对艺术进行本质性的定义,因此在卡罗尔看来是一种本质主义的做法。

卡罗尔的划分与斯蒂芬·戴维斯的二元论划分有一定相关性。戴维斯认为,"人们定义一个被制造出来的东西,一方面根据程式、规则、公式、配方,或是任何与这个东西被生产出来相关的事物;另外一方面,也根据其功能上的重要性"[②]。因此,20 世纪 60 年代以来的艺术定义从根本上分裂为程序主义(procedural)阵营和功能主义(functional)阵营。卡罗尔非自觉的本质主义观基本等同于戴维斯的功能主义艺术定义,自觉的本质主义艺术观等同于程序主义艺术定义。

非自觉的本质主义包括艺术再现论、表现论、形式论和审美论等功能主义定义,形成于 18 世纪中期艺术的现代体系建立之后,其中形式论和审美论是与美学学科关系最紧密的两个定义。艺术的现代体系在 20 世纪下半叶遭遇冲击,艺术哲学领域相应地出现艺术世界理论、艺术制度论、历史性定义和历史性功能主义等程序主义定义,这是艺术哲学挣脱美学的框架,转向后现代和实用主义后所形成的艺术定义。卡罗尔将这两种阵营中的艺术定义都视为本质主义的定义,通过一一分析,他指出本质主义的定义法不能在具有普遍性阐释效力的前提下,为识别大众社会的艺术提供有效的

---

① CARROLL, NOËL. Art in three dimensions[M]. Oxford: Oxford University Press, 2010: 22.
② [新西兰]斯蒂芬·戴维斯. 艺术诸定义 [M]. 韩振华,赵娟,译. 南京:南京大学出版社,2014:62.

理论手段，因此不能完成艺术哲学的潜在的基本任务。

本章第一节考察卡罗尔对传统美学下出现的再现论、表现论、形式论、审美论这些非自觉的本质主义艺术观的分析和批判，第二节考察他对艺术哲学转向后出现的制度论、历史性定义、历史性功能主义和艺术世界、艺术终结论等自觉的本质主义艺术观的分析和批判。

第一节　对非自觉的本质主义艺术观的分析与批判

充分必要条件在本质主义的定义中必不可少，以 X 是一个单身汉为例。X 的必要条件（Necessary Condition）是指 X 所具有的特征，男性和未婚是单身汉的两个必要条件，二者结合便成为单身汉的充分条件（Sufficient Conditions），以此形成达成公式：X 是一个单身汉，当且仅当 X 是男性并且未婚的时候。

非自觉的本质主义阶段是"试图使用概念的古典理论来解释艺术的方式，在这种观念下，艺术概念按照充分必要条件被给予解释"[1]。也就是说，这一阶段并没有自觉地按照充分必要条件形式进行定义，而是在卡罗尔的还原和澄清中呈现出充分必要条件，因此被卡罗尔称为非自觉的本质主义，包含再现说、表现说、审美论、形式论等，与美学学科的形成和艺术的现代体系关系紧密。卡罗尔在分析过程中使用充要条件还原和概念澄清方法，厘清非自觉的本质主义艺术观的充分必要条件，然后举其反例指出定义中的概念和逻辑错误，对各个公式一一进行验证和反驳。

一、再现论不具有普遍性

卡罗尔对艺术再现论的分析，包括对模仿论、代表论、新再现论，以及再现的相似论、幻觉论、惯例论的分析。通过分析，他指出再现论对部分再现性的艺术适用，但对其他艺术不具有效力，因而不具有普遍性。

（一）模仿论、再现论、新再现论

模仿论是再现论的源头，之后的再现论变体与之有着非常紧密的关系。

---

① CARROLL, NOËL. Art in three dimensions[M]. Oxford: Oxford University Press, 2010: 22.

所以在进入艺术的模仿论之前，先有必要对古希腊时代的艺术观和艺术分类方式进行考察。

古希腊时代在使用"艺术"这个词的时候，范围比现代体系的艺术观宽广。"木艺、修辞术、医术、箭术、航海等都属于艺术的范畴，这种观念是从古希腊的 techne 延续到拉丁语中的 ars 而最终形成的。"[1]塔塔尔凯维奇也指出："Τέχνη 在古希腊，ars 在罗马与中世纪，甚至晚至近代开始的文艺复兴时期，都表示技巧，也即制作某种对象所需之技巧。"[2]

可见，在古希腊的时候，"艺术"是一种范围宽广的"技术"，与非人工的自然物形成对照。按照柏拉图在《理想国》中的划分，艺术可以分为"使用者的技术、制造者的技术和模仿者的技术"[3]三种。既然有从使用者、制造者、模仿者这三种划分标准而来的艺术，那么当时的艺术是如何与模仿紧紧相连的呢？卡罗尔认为"按照柏拉图和亚里士多德的理解，不会仅从模仿（imitation）去定义艺术。然而，清楚的是，当他们在讨论我们所谓的艺术（arts）——即像诗歌、戏剧、绘画、雕塑、舞蹈和音乐这样的东西时，柏拉图和亚里士多德认为它们分享一个共同的特征：它们都涉及模仿"[4]。具体而言，戏剧性诗歌主要涉及对行为的模仿，舞蹈和音乐作为戏剧的组成部分，服务于戏剧的模仿目的，绘画在本质上也是一件模仿的事情。这从柏拉图和亚里士多德的著作中依然能够得到证实。

柏拉图在《理想国》中，用三张床的比喻表示艺术模仿现实、现实模仿理念世界。比厄兹利将"模仿"看作柏拉图全部哲学的核心，指出模仿的图像（eidolon）与其原型之间的关系为："不仅是物体为它们的画像所模仿，而且本质为名称所模仿，现实为思想所模仿，永恒为时间所模仿。"[5]但是，柏拉图站在理性主义的高度，对艺术的模仿持贬低态度，他认为艺术与理念世界相隔甚远，所以"模仿者对于自己模仿的东西没有什么值得一

① CARROLL, NOËL. Art in three dimensions[M]. Oxford: Oxford University Press, 2010: 2.
② [波]瓦迪斯瓦夫·塔塔尔凯维奇. 西方六大美学观念史[M]. 刘文潭，译. 上海：上海译文出版社，2006: 13.
③ [古希腊]柏拉图. 理想国[M]. 郭斌和，张竹明，译. 北京：商务印书馆，2014: 401.
④ CARROLL, NOËL. Philosophy of art: a contemporary introduction[M]. New York: Routledge, 1999: 21.
⑤ [美]门罗·C. 比厄斯利. 西方美学简史[M]. 高建平，译. 北京：北京大学出版社，2006: 12.

提的知识。模仿只是一种游戏，是不能当真的"①。与之相反，亚里士多德看到艺术对现实的模仿有一定的能动性，"描述的人物要么比我们好，要么比我们差，要么等同于我们这样的人"②。

我们今天所称的艺术，在古希腊属于模仿者的技术而非使用者和制造者的技术。卡罗尔从柏拉图和亚里士多德的模仿论中得出，"模仿"是候选者成为艺术品的充分必要条件。想要一件物品成为艺术品，这件物品必须要对外在世界或外在自然的某个东西进行模仿，如果候选者不是对某个东西的模仿，那么它就不是艺术品。因此按照充要条件下定义的方式，他总结出模仿论的公式如下：

X 是一个艺术品，当且仅当它是一个模仿品。③

卡罗尔肯定了模仿论在柏拉图和亚里士多德的时代，与希腊艺术中最重要的例子相符，并且成功地做到了提醒同代的人在模仿性艺术中欣赏它的逼真性。但是模仿论显然并不具有普遍性。他举了马克·罗斯科（Mark Rothko）和伊夫·克莱因（Yves Klein）抽象画的例子，指出他们的绘画仅仅是纯粹的色块，并没有模仿任何外在的东西，因此这个反例足以证明模仿论与 20 世纪艺术不相适应。此外，历史悠久的地毯和瓷器装饰以及管弦乐也没有模仿外在的自然，更不用说后现代的戏剧和舞蹈对模仿行为的背离。因此，以上反例证明"一个东西要想成为艺术品，不必满足模仿性这样一个断定的必要条件，这种事情我们知道得太多了"④。

古希腊的艺术分类除使用、制造、模仿的标准外，塔塔尔凯维奇还提出崇尚辩论术和逻各斯的古希腊人按照劳心还是劳力，将艺术（技术）分为"自由的艺术"（liberales）和"粗俗的艺术"（vulgares），前者劳心，后者劳力。自由艺术的地位远高于粗俗的艺术，粗俗的艺术在中世纪被称为"机械的艺术"。卡罗尔指出艺术的这种分类方式是由于社会地位（Social Status）的分化而形成的：修辞和语法（扩展为诗歌）等自由艺术（Liberal Arts）与自由人相关，建筑、农艺等实用或机械艺术（Practical or Mechanical

① [古希腊]柏拉图. 理想国[M]. 郭斌和，张竹明，译. 北京：商务印书馆，2014：402.
② [古希腊]亚里士多德. 诗学[M]. 陈中梅，译. 北京：商务印书馆，1996：38.
③ CARROLL, NOËL. Philosophy of art: a contemporary introduction[M]. New York: Routledge, 1999: 21.
④ CARROLL, NOËL. Philosophy of art: a contemporary introduction[M]. New York: Routledge, 1999: 21.

Arts）与奴隶相关。①如果说自由艺术是脑力的和/或理论的，那么包括绘画、雕塑、建筑在内的机械艺术是体力的，并且因为这个原因不受尊敬。

绘画和雕塑在此时还属于机械艺术的阵营，在文艺复兴时期它们的地位有所上升。达·芬奇和阿尔贝蒂从视觉艺术与诗歌这一自由艺术之间的比较，发现绘画、雕塑等艺术不只是体力技术，也包含着一定的知识，且能明显提升实践它们的艺术家的符号资本，甚至在全面模仿事物这一角度来说，绘画和雕塑较音乐更胜一筹。绘画、雕塑与诗歌、音乐间的相同点的比较，打破了自由和机械的艺术阵营的绝对划分。于是到了18世纪，艺术的划分出现了新的方式。

1747年，法国理论家夏尔·巴托发表著作《内含共同原理的美的艺术》，为艺术的分类提供了一个不同以往的划分方式。巴托延续柏拉图和亚里士多德的艺术对自然的模仿论，看到音乐、诗歌、绘画、雕塑和舞蹈具有一个共同原理，即对"美的自然的模仿"（the Imitation of Beautiful Nature）。在这里"美"可以被理解为完美、完成或自然的理念，自然中的美是一种构想，即从最美的实体中选择出来的最为优秀的部分。卡罗尔指出"艺术家对自然中的美的模仿，也就是对理念的模仿，可以为我们提供对实在（reality）的一瞥。"②

卡罗尔引用巴托的原文对此进行说明："我们定义绘画、雕塑和舞蹈是通过色彩、浮雕和姿势，是对美的自然的模仿。音乐和诗歌是通过声音或者经过衡量的言语，也是对美的自然的模仿。"③音乐、诗歌、绘画、雕塑和舞蹈共享美的自然的模仿这一原理，组成"美的艺术的体系"（the System of the Fine Arts），即艺术的现代体系。因此相对于亚里士多德和柏拉图的模仿论，艺术的现代体系是一种理论发现。

卡罗尔认为对美的自然的模仿，虽然源于柏拉图-亚里士多德的自然模仿论（the Imitation of Nature），但由于模仿的对象从"自然"转换为"美的自然"，这一理论明显带有新柏拉图主义的色彩。依据对美的自然的模仿，音乐、诗歌、绘画、雕塑和舞蹈从其他艺术中被挑选出来，归为"美的艺术"（Fine Arts），其他则为非艺术，相对于此前的艺术分类，艺术的现代体

---

① CARROLL, NOËL. Art in three dimensions[M]. Oxford: Oxford University Press, 2010: 3.

② CARROLL, NOËL. Art in three dimensions[M]. Oxford: Oxford University Press, 2010: 4.

③ CARROLL, NOËL. Philosophy of art: a contemporary introduction[M]. New York: Routledge, 1999: 22.

系排除其他技术，范围变得极其狭窄。

为了对美的艺术的定义进行更加全面的分析，卡罗尔将艺术的代表（representation）论作为靶目标。Representation 在西语语境中，有"再现""代表"双重意思，在这一定义中卡罗尔兼顾了这两层意义。[①]在此前提下，卡罗尔总结出代表论的公式为：X 再现（represents）Y（Y 包括物件、人、事件和行为），当且仅当（1）信息发送者意在用 X（如一幅画）来代表（Stand for）Y（如一个干草堆），而且（2）观看者意识到 X 意在代表 Y。[②]

卡罗尔认为这一公式对有些再现性的艺术来说是适用的，但对大多数抽象艺术和管弦乐而已却不适用。这些艺术中的形式不代表也不再次呈现任何东西，其形式仅仅作为审美和感知的对象而存在。因此，代表并不是艺术的必要条件。

代表论在古典电影理论中属于安德烈·巴赞（André Bazin）的照相写实主义，被卡罗尔称为透明理论（the Transparency Thesis）[③]而受到批评。透明理论聚焦于电影形式，标举电影图像是透明的图像，是对所指的直接呈现，声称影像即现实，通过影像可以看穿现实。首先，它声称照片和电影的画面是独一无二的，区别于绘画等艺术；其次，在电影图像和其指称物之间存在着身份上的关联；再次，电影图像的产生直接来自它的指称物；最后，摄影画面还有单数的现实意义，因为引起它的指称物是现实存在的。因此巴赞的理论揭示了电影即现实，通过电影可以看穿现实。但卡罗尔对这一理论持不赞同态度，主要的反驳理由是并非所有电影都是现实主义的，存在着许多抽象的、非再现、非客观化的电影。

分析完代表论之后，卡罗尔又将此过渡到彼得·基维提出的新艺术再现论（Neo-representational Theory of Art），并对此进行分析。新再现论的定义为：X 是一个艺术品，当且仅当 X 具有一个主题，并对这个主题做出一些评论（说出某些东西，或者表达某种观察）。[④]

卡罗尔以最难处理的后现代艺术为试金石，来探测新再现论的涵盖面。最终发现，杜尚与寻常品看似一模一样的现成品艺术《泉》《断臂之前》能

① CARROLL, NOËL. Philosophy of art: a contemporary introduction[M]. New York: Routledge, 1999: 25.
② CARROLL, NOËL. Philosophy of art: a contemporary introduction[M]. New York: Routledge, 1999: 25.
③ CARROLL, NOËL. The philosophy of motion pictures[M]. Malden: Blackwell Publishing, 2008: 80-81.
④ CARROLL, NOËL. Philosophy of art: a contemporary introduction[M]. New York: Routledge, 1999: 26.

成为艺术，就是因为拥有"关于什么"的属性，即关于一个主题，它说出了某些东西，这是现实世界的寻常物所没有的。由此，卡罗尔认为新再现论解决了一个重要的当代问题。但是若要将"关于什么"推广为全部艺术的一个必要条件，卡罗尔却持反对意见，因为"关于什么"意味着需要"解释"：

（1）全部艺术品需要解释。

（2）如果任何事需要一个解释，那么它必定是关于什么的。

（3）因此，全部艺术品是关于什么事情的。[①]

卡罗尔指出，并非所有艺术都是需要解释的。许多作为装饰艺术的听觉艺术和视觉艺术，会因其形式美而对我们的感知器官产生愉悦的刺激，但并不需要我们做出解释，因为它们还没到解释的程度。因此，新再现论在卡罗尔的分析中，最终表现出比模仿论和再现论更宽泛的解释力，但并没有足够的涵盖力来解释全部艺术，在艺术中始终能找到不具有再现性的反例。在分析完模仿论、再现论、新再现论之后，卡罗尔以图像再现（Pictorial Representation）为例，进入再现的相似论、幻觉论、惯例论和新自然主义理论，继续探究艺术与再现之间的关系。

（二）相似论、幻觉论、惯例论、新自然主义理论

相似论（the Resemblance Theory）和幻觉论（the Illusion Theory）是图像再现的两种传统理论。相似论公式为：X 再现 Y，当且仅当 X 明显与 Y 相似。[②]可见在这个公式中，"相似"是再现的充分必要条件。卡罗尔以同卵双胞胎以及两辆一模一样的汽车为例，说明相似是一种对称关系，但再现并不是这种关系。我们可以说双胞胎之间互相相似，但并不能说他们彼此再现。两个东西之间的相似性，即使是非常严格的相似性，也不足以使我们说这两个东西中的一个再现另一个，于是相似不是再现的充分条件。

那么再现必然需要相似吗？卡罗尔对此也持反对态度。当 representation 表示代表这一含义时，并不需要代表者和被代表者之间相似，只需要它们之间是指示关系。如军事地图中，"一枚图钉可以代表一个装甲师，但不需

---

① CARROLL, NOËL. Philosophy of art: a contemporary introduction[M]. New York: Routledge, 1999: 29.

② CARROLL, NOËL. Philosophy of art: a contemporary introduction[M]. New York: Routledge, 1999: 34.

要相似。一枚图钉可以指示一个装甲师，也不需要明显地像这个装甲师"①。因此，相似作为再现的充分必要条件是不成立的。尽管卡罗尔的论证有一定道理，但是这里可以看到他在论证过程中有偷换概念的嫌疑，即用"代表"替换"再现"，来说明相似不是再现的必要条件，部分论证的不成立，说明相似与再现之间应该是存在一定关系的。

幻觉论的公式为：X 再现 Y，当且仅当 X 在观者那里引起关于 Y 的幻觉。②这一理论从经验论的立场出发，认为观者在看模仿得很逼真的艺术时，可能会认假作真。

但是卡罗尔指出理想的观看模式能够"看穿"（See Through）艺术表面的失真，因此不会被扮假作真的艺术欺骗。所以关于图像再现的幻觉论，也是不正确的。电影的幻觉理论（the Illusion Thesis）通常被认为是对真实的幻觉的营造和传递，让人分不清真实现实和虚假想象，或者像有些理论所称的让人有种身在其中的感觉。但是卡罗尔认为"再现品不是完美的复制品"③，所以电影制造的幻觉只是一种对现实的模仿和再现，并不真正等同于现实，观众不会被欺骗。

图像再现的惯例论（the Conventionalist Theory）也称为"符号论"，这一方法主张再现体是符号，凭借把视觉构形与对象联系起来的惯例，有系统地建立其所指。因此，惯例论的公式为：X 以图像方式再现 Y，当且仅当 X 按照某种已经建立起来的惯例体系来指示 Y。④

一般而言，图像再现的惯例体系为写实的体系，但在不同时期不同地域，这个写实体系的惯例是不同的。对埃及人来说，正面眼的惯例被认为是写实的，文艺复兴时期，透视法被认为是写实的，立体主义对透视法的解体也被毕加索等现代艺术家认为是写实的。因此，从惯例论出发，可以解释不同文化不同地域的不同再现风格，人们理解不同的惯例系统，需要凭借该文化中的代码和知识。但是卡罗尔从跨文化研究和发展心理学的研究出发，对此提出两点疑问。

首先，基于跨文化研究的证据，图像从一个社会到另一个社会的再现

---

① CARROLL, NOËL. Philosophy of art: a contemporary introduction[M]. New York: Routledge, 1999: 37.
② CARROLL, NOËL. Philosophy of art: a contemporary introduction[M]. New York: Routledge, 1999: 38.
③ CARROLL, NOËL. Mystifying movies: fads and fallacies in contemporary film theory[M]. New York: Columbia University Press, 1988: 95.
④ CARROLL, NOËL. Philosophy of art: a contemporary introduction[M]. New York: Routledge, 1999: 40.

和传播，远比惯例论者所认为的顺利，人们可以不需要特别的指导，就能理解一种与自己文化所不同的再现体系。卡罗尔举例：在看了一两幅"飘眼"（floating-eye）风格的日本画之后，一个西方人能够认出那种风格的任何绘画，这与图像再现的惯例论是相反的。

再次，发展心理学研究表明一岁半之前不曾见过任何图画的儿童，第一次看到画着自然对象（如猫和汽车）的图画，就能认得出来绘画中画的是什么，而不需要接受关于他们所在文化的图画风格的任何训练。这也与图像再现的惯例论是相反的。

这两点证据既反驳了惯例论，也展示了图像理解力这种自然能力的存在："这种能力能够单凭一眼就能认出（recognize）一幅图像是什么样的图像——也就是说，不需要调动阅读、解码或推断的程序——只要感知者熟悉图像中所画的对象。"[1]这种与语言习得完全不同的图像理解力导向图像再现的"新自然主义理论"（Neo-naturalist Theory），卡罗尔认为后者是一种比惯例论更加优越的理论。

新自然主义理论可以表述为：X 是对 Y 的一个再现体，当且仅当 X 激发感知者在 X 中认出 Y。[2]在这里，拥有图像理解力的感知者对对象的认出或识别，是再现成立的充分必要条件。卡罗尔认为必要条件是成立的，但充分条件却未必。他以我们在云彩中认出人脸，但云彩并非人脸的再现体为例，对此进行说明。

综上，卡罗尔用充要条件还原的方法和概念澄清法，分析了模仿论、再现论、新再现论、相似论、幻觉论、惯例论和新自然主义理论，就艺术与再现的关系而言，卡罗尔指出相当一部分的艺术是可以模仿对象、再现对象、与对象相似、引起幻觉或处在一定惯例中，但是也有许多艺术并不具有广义上的再现性，观念艺术、装饰艺术及纯音乐即反例，因此总体而言再现不是艺术独具的功能，再现论并非适应所有艺术的普遍理论。

二、表现论不具有普遍性

从古希腊到 18 世纪中期艺术的现代体系，艺术的再现论发挥了长期且十分重要的作用。随着 18 世纪过渡到 19 世纪，浪漫主义运动的涌现使艺

---

① CARROLL, NOËL. Philosophy of art: a contemporary introduction[M]. New York: Routledge, 1999: 44.
② CARROLL, NOËL. Philosophy of art: a contemporary introduction[M]. New York: Routledge, 1999: 46.

术家们从关注外在开始转向关注内心，在诗歌中以雪莱、华兹华斯、济慈为代表，音乐中以贝多芬、勃拉姆斯、柴可夫斯基为代表。在浪漫主义影响下的艺术表现论成为这一时期的主流，表现论的登场，使得再现论显得有点过时。此时，艺术从再现客观世界转向表现内心世界，"美学理论已经放弃原来的主张，不再注重逼真的艺术再现这个问题，即艺术中的错觉问题"①。

"表现"来自拉丁语词，意思是"往外挤压"。艺术表现论（the Expression Theory of Art）宣称："艺术在本质上涉及把感情带到表面上，带到外面，在这里可以被艺术家和受众感知到。"②卡罗尔对表现论的分析主要通过对传达论、独自表达论、隐喻性例示论的分析进行。

传达论和独自表达论基于克罗齐、柏格森、科林伍德（Robin George Collingwood）、列夫·托尔斯泰的理论。克罗齐和柏格森关注艺术的"直觉表现"，这一学说后来被科林伍德发展为情感说，关注艺术的情感表达功能："一位要在其听众（或观众）中制造一种情感的'艺术家'，并不是要制造一种特殊的情感，而是某一类情感。"③托尔斯泰认为艺术不光表达情感，还是人与人情感交流的重要方式。

基于以上理论，卡罗尔将艺术传达论（the Transmission Theory）的公式总结为：

> X 是艺术品，当且仅当 X 是（1）一个有意（2）向受众传达的行为，（3）传达的是同一的（同类型的）（4）个人化的（5）感觉状态（感情），（6）这种感情经过艺术家本人体验过（7）和澄清，（8）手段是线条、形状、颜色、声音、动作或语言。④

传达论的主体和受众是艺术家和接受者，对象是经过艺术家体验和澄清的同一的个人化情感，媒介是线条、形状、颜色、声音、动作、语言等。在以上公式中，卡罗尔以不适用于再现论的艺术形式作为试金石，发现纯

---

① [英]E. H. 贡布里希. 艺术与错觉——图像再现的心理学研究[M]. 杨成凯，李本正，范景中，译. 桂林：广西美术出版社，2015 第 2 版：4.

② CARROLL, NOËL. Philosophy of art: a contemporary introduction[M]. New York: Routledge, 1999: 61.

③ 北京大学哲学系美学教研室编. 西方美学家论美和美感[C]. 北京：商务印书馆，1982：193.

④ CARROLL, NOËL. Philosophy of art: a contemporary introduction[M]. New York: Routledge, 1999: 65.

粹的管弦乐可以被认为是借助声音向受众表现和传达感情的艺术，因而是表现性的。但这种表现论是否对所有艺术都适用？卡罗尔从表现论的充分必要条件出发，具体进行了分析。

首先，如果将条件（2）去掉，不在乎这种感情要传达给受众，这一定义就被改造为"独自表达论"（Solo Expression Theory），这一理论驳斥了"传达给受众"这一传达论的必要条件。但是卡罗尔认为艺术语言应该是一个公共的事件，独自表达论的案例中，如果某人因为不想被人理解而刻意制作太难或者太过私人的东西，那么这种达不到传达目的的艺术不能称为艺术品，但一幅未被公开展览的画在进入展览时还是同一幅画，卡夫卡和埃米莉·狄金森不想公开的作品也是艺术品，因为至少卡夫卡和狄金森在创作时心里有受众，原则上是带有传达意图的，这就显得比独自表达论更加可取，因此条件（2）成立。

条件（3）被卡罗尔称为等同条件。他认为传达者和受众不必处于相同的感情状态中，许多演员在表演时更加关注如何将恰当的情绪传达给受众，他自己未必会具有相同的感情，否则这种感情往往会毁了表演。如果一个表演和传达愤怒的演员只顾着对角色的愤怒，可能他多半会忘记台词，因此条件（3）不成立。

如此，条件（6）的体验条件也就不成立。艺术家不需要体验与受众同样的感情，也能够为受众传达那种感情，写恐怖小说的作家不必被他写的内容吓到，制造感动的艺术家也未必会把自己感动。

条件（7）的澄清条件，也没有足够的说服力。比如垮掉派诗歌和朋克艺术所传达的感情就不一定是经过澄清的，而是原始的、未加修饰的。有些作品中的情感也是模模糊糊、未定型的，但它们也不会被清晰地表达而是被模糊的暗示。

条件（4）中个人化的感情一说也可以找到反例。卡罗尔指出主张表达感情是艺术的一个必要条件根本站不住脚，因为在后现代艺术中有很多艺术不以表达感情为目的，而以展现认知性为目的。比如安迪·沃霍尔的许多现成品艺术，后现代编舞家依冯·瑞娜（Yvonne Rainer）与史蒂夫·派克斯顿（Steve Paxton）对舞蹈动作的编排，目的是引发观众的思考而非激起他们的感情。另外在传统艺术中也能找到相应的例子，漂亮的装饰艺术可以引起受众感知上的愉悦，但这种愉悦不是作品本身要表达的情感。

最后，条件（8）认为艺术品以线条、色彩、声音、形状、行动、语言来表达感情，说明艺术品必须具有一种物质媒介。卡罗尔认为这一条件同样也是不成立的，后现代的"观念艺术"可以作为反例对此进行说明。

卡罗尔通过——分析，认为以上条件作为艺术的必要条件是不成立的，同理，传达论的条件合在一起也不能说明，符合这些条件的就是艺术。因为还有很多事物，能够满足以上条件，但却不是艺术，比如，现实生活中失恋者对前情人写的饱含感情的长信。所以传达论的八个条件也不是成为艺术的充分条件。艺术的传达论和独自传达论都不是定义艺术的普遍性理论。

接下来卡罗尔对艺术表现论的另一个常见理论隐喻性例示论进行分析。这一理论最先是被纳尔逊·古德曼提出的，在其《艺术的语言》中，他将再现与表现看作符号表达的模式，表现与再现不同的是指谓方向相反，再现是从符号到对象，表现是从对象到符号。古德曼认为："被谓词直白地或隐喻地指谓的、且指称那个谓词或相应的特性，可以说是例示（exemplify）那个谓词或特性。不是所有例示都是表现，但所有表现都是例示（exemplification）。"①可见例示比表达的范围宽泛，包括直白性例示和隐喻性例示两种，"去例示和去表现就是去展示而不是去描绘或描述"②。如同商店陈列的小布样，例示品与被例示对象的关系为具有后者的属性并指称后者。

卡罗尔对隐喻性例示论的分析基于古德曼的理论。他认为例示是符号的一种常见形式，不同的是，再现的领域是人、地方、东西和物件，例示的领域是人类的属性。具有和指涉属性是例示的两个基本要素，因此，"X 例示 Y（某些属性），当且仅当（1）X 具有 Y，并且（2）X 指涉 Y。"③

卡罗尔以音乐为例进行说明，如果音乐家例示庄严，那么那首音乐必须具有庄严的属性并指涉庄严，但是只有人才可以庄严，所以音乐的庄严指的不是一种字面意义上的庄严，而是一种隐喻意义上的庄严。于是，卡罗尔在例示的基础上，将表现论扩展为指涉、具有和隐喻三个因素："X 表现 Y，当且仅当（1）X 指涉 Y，（2）X 具有 Y，（3）方式是隐喻的。"④可见，表现是隐喻性地例示，卡罗尔对这种隐喻性例示论（the Theory of

---

① 纳尔逊·古德曼. 艺术的语言——通往符号理论的道路[M]. 彭锋，译. 北京：北京大学出版社，2013：43.

② 纳尔逊·古德曼. 艺术的语言——通往符号理论的道路[M]. 彭锋，译. 北京：北京大学出版社，2013：73.

③ CARROLL, NOËL. Philosophy of art: a contemporary introduction[M]. New York: Routledge, 1999: 88.

④ CARROLL, NOËL. Philosophy of art: a contemporary introduction[M]. New York: Routledge, 1999: 89.

Metaphorical Exemplification）中的问题进行了分析。

首先，他认为隐喻性例示不是表现的必要条件。比如歌曲《满足》是红色的，《九月之歌》是蓝色的，就是将色彩领域中的标签投射到了音乐领域，两个领域之间具有同形同构的关系，欢快的音乐具有欢快的节奏和韵律，悲哀的音乐有悲哀的节奏和韵律。但是艺术品的表现性属性是很复杂的，以电影《金刚》为例，它表现出了美国人的粗野、天真和敏感，这种复杂属性无法用隐喻性例示论来简单进行归类。同理，这个理论也不为艺术提供充分条件，因为它体现的某些表现性并不一定就是艺术所能具有的，因此隐喻性例示不是表现的充要条件。

此外还有一个原因，艺术品的表现除隐喻性例示外，还包含直白性例示。以电影和抒情诗为例，电影《低俗小说》中，作为虚构角色隐含作者或叙述者本身就拥有心智属性这一表现性，可以不通过隐喻而直白地表达自己的观点，从而说明某些艺术品是表现性的直接承载者。同理，抒情诗中的作者和叙述者也因为是心智属性的承载者，而实在地具有表现性属性，这种直白性的例示与隐喻性的例示大不相同。

以上，卡罗尔基于托尔斯泰、科林伍德、古德曼等的表现论，用分析哲学的方法对传达论、独自表达论、隐喻性例示这几种版本的表现论进行分析，发现尽管大量艺术是表现性的，但大量过去的和现在的艺术聚焦于观念和感知，因此不是表现性的。表现不是艺术独具的功能，不足以将艺术与其他事物相区别，因此表现论者对其理论也有夸大其词之嫌。

三、形式论与审美论不具有普遍性

（一）形式论

浪漫主义之后，艺术实践逐渐脱离情感表达，逐渐向现代主义艺术发展。19世纪中叶，印象派艺术开启了现代主义绘画的开端，之后立体主义、抽象主义将绘画形式不断创新，艺术的重心从作品的内在情感转移到作品形式。伴随着现代主义艺术，形式主义的艺术定义在20世纪上半叶的西方占据主流，成为自艺术的现代体系建立以来的一个核心理论，形式论与审美论是与康德美学有着紧密关系的两个理论。

卡罗尔认为形式论对抽象艺术的囊括，解决了许多再现论和表现论没有解决的难题，但以此作为普遍性的艺术理论还是存在问题的。他对以克莱夫·贝尔为代表的艺术形式论的分析，主要通过对形式主义、新形式主义、形式的描述性解释、形式的功能性解释这几种版本的分析。

形式主义的公式为：X 是一件艺术品，当且仅当 X 主要被设计得具有和展示有意味的形式。[①]从这个公式可以看出，有意味的形式被看作艺术的充分必要条件。卡罗尔首先从必要条件进行批驳，他指出天主教堂的彩绘玻璃、巴黎凯旋门、林肯纪念馆等许多传统艺术具有宗教、政治、文化等意图，这些艺术品在设计之初，就被赋予了许多外在的互相并存的功用，对有意味的形式的有意展示并不是它们最主要的功能。并且，有些艺术的形式并不具有意味，如约翰·凯奇的《4 分 33 秒》和雕塑家罗伯特·莫里斯（Robert Morris）的作品。《4 分 33 秒》是受到忽视的日常生活的声音，这些日常的噪音没有形式，莫里斯的作品《脏东西》将油脂、泥炭藓、砖头、钢铁、铝、黄铜、锌以及毛毡随意散步在一张床上，就像一堆垃圾一样没有形式。当这种无形式性被设计成了艺术品，说明存在无形式的艺术品，这从反面证明了有意味的形式并非艺术的必要条件。

另外，有意味的形式也不是艺术的充分条件。自然中的流水落花是有意味的形式，但并不是艺术；有的数学定理是有意味的形式，但并不是艺术；有些运动员和象棋大师能够在自己的活动中特意展示有意味的形式，但也并不是艺术，因此形式主义不能作为艺术建立充分条件。作为一种关于全部艺术的普遍理论，形式主义因为没有考虑到艺术的其他功能，以及具有无意味形式的艺术和有意味的非艺术而宣告失败了。

新形式主义（neoformalism）在形式主义的基础上做了部分改善，将内容考虑进来，增加了形式与内容之间的相互联系，主张一种恰当的形式。卡罗尔将其归纳为：X 是一个艺术品，当且仅当（1）X 具有内容，（2）X 具有形式，并且（3）X 的形式和内容以一种令人满意的恰当方式互相联系。[②]

对于新形式主义的定义，卡罗尔对它的三个充要条件一一进行分析。条件（1）也是新再现论的必要条件，且已被证明是无效的，条件（2）在形式主义的分析中得到证明，所以这里关键叙述卡罗尔对条件（3）的分析。

卡罗尔认为，"形式和内容以一种令人满意的恰当方式互相联系"这一条件，不仅排除了没有内容或形式的这类艺术，而且排除了内容形式之间

---

① CARROLL, NOËL. Philosophy of art: a contemporary introduction[M]. New York: Routledge, 1999: 115.
② CARROLL, NOËL. Philosophy of art: a contemporary introduction[M]. New York: Routledge, 1999: 126.

不具有恰当联系的那类"坏艺术"。坏艺术和好艺术都是艺术，因此不能因为某类艺术评价低就将其排除在外。从这个角度来看，新形式主义作为艺术的定义也是不具有普遍性的。

相比形式主义和新形式主义这两种局限性的理论，还有一种看上去更加全面的理论，即艺术形式的描述性解释（Descriptive Account）。这种理论宣称艺术品各元素之间的关系汇总就是艺术形式，艺术品各元素之间的任何关系，都是艺术形式的一个例子，因此艺术形式不用考虑任何选择。这种理论因为全面性而受到好评，但其过于包容的特点反倒将艺术形式与内容之间的关系变得模糊不清。

相对来说，卡罗尔更加赞成艺术形式的功能性解释（Functional Account），认为这是比描述性理论甚至形式主义和新形式主义更加优越的理论。这个理论认定，艺术的形式仅仅包括那些意欲实现艺术品最终目的的元素和关系。相对描述性解释来说，它只选择满足一定功能和目的的形式；相对新形式主义来说，它将形式不统一的艺术囊括进来，从而承认无形式的艺术的存在。因此，卡罗尔认为"功能性解释的位置处于描述性解释和新形式主义之间，包容性低于描述性解释，排斥性低于新形式主义"[1]。

另外，当功能性解释关注艺术设计的欣赏功能时，约等同于形式主义的主张。只不过形式主义将有意味的形式的欣赏视为艺术的唯一功能，对于功能性解释而言，这只是艺术众多功能中的一个。所以相对于形式主义而已，这一理论无疑更具说服力。

形式主义在电影领域的代表当属阿道夫·沃尔海姆写于20世纪30年代的《作为艺术的电影》，该理论主要推翻电影只能机械再现这一常规论调，突出它的媒介特性，从而从形式主义的角度为电影艺术正名。卡罗尔认为这种从反模仿（anti-mimetic）视角定义电影艺术的方法是19世纪末到20世纪初流行的一种形式主义思潮，实际为一种本质主义的媒介特异性理论（the Medium-Specificity Thesis），"根源产生于18世纪，美的艺术（Fine Arts）与实用艺术（Practical Arts）的分野之际"[2]，直接原因是格林伯格在绘画领域 "平面性"的提倡。

格林伯格在莱辛之后，撰文《走向更新的拉奥孔》为绘画的平面性的

---

① CARROLL, NOËL. Philosophy of art: a contemporary introduction[M]. New York: Routledge, 1999: 144.

② CARROLL, NOËL. Theorizing the moving image[M]. Cambridge: Cambridge University Press, 1996: 25.

纯粹性摇旗呐喊。他认为各门艺术混为一谈的情况一直存在，17—18 世纪古典主义时期的绘画竭力追求文学的效果，19 世纪浪漫主义的绘画的关注点在题材而非媒介，直至现代主义时期的前卫艺术，各类艺术从题材向媒介的转换才最终完成，因此就艺术的纯粹性来划分各种艺术之间差别的企图很有意义。这比 18 世纪莱辛在《拉奥孔：论画与诗的界限》中对诗歌与绘画的表现方法的对比更进一步确立了绘画艺术的自身合法性，也比 1746年巴托成立的美的艺术阵营更加精细地辨别了门类艺术间的不同。

受格林伯格的影响，沃尔海姆为电影艺术的独立提出"表现性"理论，证明电影图像是一种表现的图像。卡罗尔将这种表现理论的基础划分为三条论断：（1）艺术是表现的，（2）艺术与机械记录相分离，（3）每种艺术形式在其媒介的有限性和特异性范围内，都必定与机械记录相分离。①

卡罗尔并不认同这一逻辑，首先，他认为并非所有艺术都是表现的，也并非所有艺术都与机械记录相分离。其次，在艺术内并没有一种媒介可以专属于那种艺术，并非所有的艺术都具有与众不同的鲜明媒介。以文学为例，通常意义上人们认为文学的媒介是文字，但是在卡罗尔看来文字并不具有物质属性，也存在于在其他许多艺术形式中，因此并非文学独有。同理，电影艺术中所运用到的光线、阴影、色彩等媒介，在绘画中也同样存在。所以卡罗尔认为以表现性来描述电影图像，进而以此区分于其他艺术的逻辑是不成立的。

（二）审美论

贝尔认为有意味的形式是能引起受众审美感情的某种东西，这在卡罗尔看来无疑将艺术定义从形式主义引向一种审美功能，即艺术的审美定义（Aesthetic Definition）。卡罗尔将该定义的公式总结如下：X 是一个艺术品，当且仅当（1）X 伴随一种意图制造出来，并且（2）该意图赋予艺术提供审美经验的能力。②

该定义提供了两个条件，艺术的审美意图和审美功能。意图是说作品具有提供审美经验这一潜能，潜能一旦被受众成功接受，则就变成实际发生作用的功能。从审美意图到审美功能，审美经验是其中的核心概念。为

① CARROLL, NOËL. Philosophical problems of classical film theory[M]. Princeton: Princeton University Press, 1988: 57-58.
② CARROLL, NOËL. Philosophy of art: a contemporary introduction[M]. New York: Routledge, 1999: 162.

了更清楚地分析审美意图和审美经验，卡罗尔借助艺术品的"审美属性"和"无利害和共情地注意"两个元素对相关概念进行进一步澄清。

卡罗尔将审美属性总结为统一性、多样性、强烈性。审美属性的统一性指的是艺术作品各元素之间的协调统一，审美属性的多样性指的是欢快、悲哀、优雅等不同审美品质，审美属性的强烈性指作品不同局部表达方式的强度不同。卡罗尔将审美属性的描述带入审美定义，便得到如下公式：X是一个艺术品，当且仅当它有意呈现统一性、多样性和/或强烈性以供理解。[①]

审美经验根据康德美学，是一种无利害（disinterested）和共情（sympathetic）的注意和观照。无利害指不涉及其他目的，与对艺术品感兴趣并不矛盾，共情指跟随艺术的指引，能够产生共鸣。卡罗尔将这种审美经验代入艺术审美论，产生的结果为：X是一个艺术品，当且仅当X带着一定的意图被制造出来，该意图赋予X具有满足无利害和共情注意、观照的能力。[②]

对于以上两种从审美属性和审美经验出发的艺术审美定义，卡罗尔分别提出反例进行分析。首先，审美属性太过宽泛，以至于满足那三个条件的自然景色和人工物品都可以成立，同样，先锋艺术《4分33秒》不具备统一、多样的审美属性，安迪·沃霍尔长达八小时的影片《帝国》也没有投入强烈的审美属性，因此这些反例说明这一定义是不成立的。

对于后者，卡罗尔指出许多传统艺术具有政治、经济、道德等非审美的功能，不限于仅仅提供无利害的审美经验，一些先锋艺术具有反审美的特征，因此无利害的审美经验不是艺术的必要条件。在考察它们是不是艺术的充分条件时，他认为满足审美经验条件的也可以是艺术以外的寻常物品，因此这些条件无法成为艺术的充分条件。他进一步指出无利害的反应与共情的反应是相互矛盾的，漂亮的餐具尽管在未使用时会引发无利害的注意，但一旦开始使用，对其工具性的共情便占据主导。

从形式主义、新形式主义、形式的描述性解释、形式的功能性解释等形式论定义到艺术的审美定义，显示了有意味的形式和无利害的审美在艺术中的紧密联系，形式论无疑是审美论的变形。两种观点作为19世纪中叶到20世纪中叶现代主义艺术的支持理论，将后现代的先锋艺术和大众艺术都排除在外。卡罗尔对二者的分析，目的在于说明形式对于艺术而言并非

① CARROLL, NOËL. Philosophy of art: a contemporary introduction[M]. New York: Routledge, 1999: 170.
② CARROLL, NOËL. Philosophy of art: a contemporary introduction[M]. New York: Routledge, 1999: 173.

唯一存在的元素，审美属性对于艺术而言并非唯一存在的属性。因此，"艺术的本质不能等同于艺术品提供审美经验这一被预先设定的能力。我们也不能认同艺术的审美理论家和形式主义者，在他们看来艺术史、作者意图、日常感情以及道德都背离艺术的恰当交流"①。

　　从再现论、表现论到形式论和审美论都是功能主义的艺术定义法，卡罗尔用充要条件还原和概念澄清的分析方法，以根据定义举反例的归谬法，发现以上定义普遍具有归纳不全或者逻辑封闭的谬误，不能将大众社会的后现代艺术全部有效地纳入艺术家族中。因此可以说，许多艺术，尤其是20世纪中叶以前的艺术，具有再现、表现、形式和审美功能，但是以其中任意一种功能作为后现代艺术乃至所有艺术的本质，都是不成立的。

　　20世纪五六十年代，非自觉的本质主义艺术观在大众艺术和现成品艺术、观念艺术、行为艺术等先锋艺术的挑战下捉襟见肘，艺术的现代体系在大众社会遭到冲击。众多新维特根斯坦主义者开始受维特根斯坦（Ludwig Wittgenstein）家族相似理论（Family Resemblance）的影响，认为艺术品之间并无共同属性，有的只是家族相似性，给艺术下定义的本质主义方式是错误的。

　　1956年，莫里斯·维茨（Morris Weitz）提出艺术是一个开放概念（the Open Concept），"从充分和必要条件去定义艺术是不可能的，艺术定义不仅在逻辑上不可能，并且实际上也是困难的"②，只能依据家族相似性理论对新的事物进行感知判断，以确定是否将其纳入艺术的家族。这一阶段也就是卡罗尔所称的新维特根斯坦时期，显示了一种反本质主义的趋势。卡罗尔认为这一方法过于开放，根据宽松的家族相似性，与现成品艺术拥有相同外观的寻常物可以被归为艺术，如此任何物都可以归于艺术阵营，但实际上并非任何事物因为外观相似理由都能成为艺术，艺术概念并不是完全开放的。

　　在大众社会的艺术实践的持续压力下，自18世纪形成的艺术的现代体系遭到破坏，传统美学的理论尤其艺术审美理路遭到质疑，"艺术"在新的文化语境中被纳入艺术哲学的重新审视。阿瑟·丹托认为"艺术的哲学定义必须置于最普遍的框架中，以期这个定义可以涵盖每一个曾经是或可以

---

① CARROLL, NOËL. Beyond aesthetics: philosophical essays[M]. Cambridge: Cambridge University Press, 2001: 1.
② WEITZ, MORRIS. The Role of Theory in aesthetics[J]. the journal of Aesthetics and Art Criticism, 1956(1): 27-35.

是艺术品的东西。它必须具有足够的普遍性，不受反例的影响。"①20 世纪最后的 30 年，大量分析美学家借助程序主义方法，将艺术置于外部语境中进行定义。

第二节　对自觉的本质主义艺术观的分析与批判

卡罗尔在其编著的《今日艺术理论》中提到，人们对追问"什么是艺术"的兴趣在 20 世纪 90 年代初期开始变缓，艺术定义的探讨在相关期刊不再像七八十年代那样占据主流。②可见 20 世纪七八十年代是艺术哲学中艺术定义讨论的高峰段，这一时期的艺术定义有阿瑟·丹托的艺术界、乔治·迪基（George Dickie）的艺术体制论，杰罗德·列文森（Jerrold Levinson）的历史性定义，纳尔逊·古德曼的何时为艺术，贝伊斯·高特的簇概念，约瑟夫·马戈利斯的文化相对主义，以及斯蒂芬·戴维斯将非西方艺术囊括进来的艺术制造理论等。卡罗尔认为其中最有名的是丹托、迪基和列文森的理论。

卡罗尔称这种自觉地使用充要条件进行程序性定义的阶段为"自觉的本质主义"，因为"这些理论家很好地意识到新维特根斯坦的位置并且做好了反驳的辩论准备"③。可见 20 世纪后期的艺术观主要是针对新维特根斯坦的怀疑主义和反本质主义所做的回应，包括卡罗尔自己。本节主要考察卡罗尔对迪基的制度理论，丹托的艺术界、艺术终结论，以及列文森的历史性定义和斯特克的历史性功能主义的分析和批评，和它们是否为大众社会的艺术提供了有效的辨别手段。相比丹托，迪基的理论与列文森的历史性定义在逻辑上具有更加紧密的衔接，所以本节首先考察卡罗尔对迪基理论的分析，接着将他对列文森和斯特克的分析放置一处进行论述，最后考察卡罗尔对丹托的艺术界理论和艺术终结论的分析。

---

① [美]阿瑟·C. 丹托. 美的滥用[M]. 王春辰，译. 南京：江苏人民出版社，2007: 7.
② CARROLL, NOËL, ed. Theories of art today[C]. Madison: University of Wisconsin Press, 2000: 4.
③ CARROLL, NOËL. Art in three dimensions[M]. Oxford: Oxford University Press, 2010: 25.

一、制度理论是循环性定义

莫里斯·曼德尔鲍姆（Mauruce Mandelbaum）是对维茨为代表的新维特根斯坦主义的批评的代表。卡罗尔在 1965 年发表的《家族相似性与关于艺术的普遍性》一文，对曼德尔鲍姆对家族相似性的批判总结为以下两点。

首先，家族相似不是偶然的相似，而是具有选择性的相似，必须处于同一个基因库里。克林顿和泰迪熊在某些方面相似，但因为不属于同一基因库，便不是家族相似。其次，仿效维特根斯坦，维茨认为将一件物品识别为艺术品，人们只需要依据相似性这一显性属性（Manifest Properties）与范例进行比较。但是曼德尔鲍姆认为家族相似不是某种单凭观看就能确定的东西，还依赖于遗传特性这种内在的相似性，这是一种非显性属性（Nonmanifest Properties）。对于艺术而言，显性属性是可以凭借感官识别的属性，再现性、表现性、有意味的形式和审美性都属于艺术的显性属性，是一种显性的功能属性。相反，非显性属性是一种无法凭借感官识别的关系属性，只有将艺术纳入历史、社会和文化等语境中才可以识别，所以是一种非显性的关系属性。

如果说非自觉的本质主义和新维特根斯坦主义都是将界定艺术的重心放置在显性的功能属性上，受曼德尔鲍姆影响的自觉的本质主义阶段，就依据历史、社会和文化等非显性的关系属性，将艺术纳入其中进行程序主义的定义。卡罗尔对此转向提出高度的评价：

> 我们已经看到，从丹托和迪基开启对新维特根斯坦学说的回应以来，艺术理论在研究路径上取得了文化的、历史的、意图的以及新体制的（和相关组合）理论进展。……这两位研究者不仅鼓励了美学理论家重返艺术定义方案，他们还给予美学理论家一条非显性线索——如艺术意图——或许这是解决问题的秘诀。[①]

阿瑟·丹托的《艺术世界》在 1964 年就已诞生，但在当时并没有受到广泛关注，曼德尔鲍姆的《家族相似性与关于艺术的普遍性》发表于 1965 年，乔治·迪基受丹托和曼德尔鲍姆的影响，在 1969 年发表了《定义艺术》，所以迪基被卡罗尔评价为"对新维特根斯坦主义观点作出反应的第一人"[②]。

---

① CARROLL, NOËL, ed. Theories of art today[C]. Madison: University of Wisconsin Press, 2000: 14-15.
② CARROLL, NOËL, ed. Theories of art today[C]. Madison: University of Wisconsin Press, 2000: 17.

或许这一评价因为卡罗尔是迪基的学生而有过誉之嫌，但是从中可见卡罗尔对迪基的艺术制度论的高度赞赏。

迪基将他的制度理论（the Institutional Theory）分为前后两期，1969年、1971年和1974年的观点称为"制度理论的早期版本"，1984年开始的"艺术圈"（the Art Circle）理论是"制度理论的后期版本"。①卡罗尔对迪基的分析，也是针对他前后期的制度理论分别进行的。

制度理论的前期版本，包含1969年《定义艺术》、1971年《美学：一种导论》和1974年《艺术与美学：一种制度分析》三个定义，尽管表述不太一样，但定义的核心条件大致不变，都包含人工品和授予该人工品欣赏的资格这两个条件。

1969年的定义为：一件艺术品在描述意义上是（1）一件人工制品；（2）社会或某些社会的亚组织授予其被欣赏的候选者身份。②

面对"授予者是谁"的质疑，此后两年迪基从丹托那里引进"艺术界"（the Artworld）这一概念来代表艺术的社会制度（丹托的艺术界本意是指一种艺术理论），并将授予者定位为按照艺术社会制度行事的某个人或某些人，从而形成1971年的定义：一件艺术品在类别意义上是（1）一件人工制品；（2）按照某一社会制度（艺术界）而行事的某个人或某些人授予其被欣赏的候选者资格。③

显然，迪基支持一种文化主义的艺术观。卡罗尔指出艺术制度论的最大成就，是"提醒哲学家们注意，在决定艺术地位事项上，社会背景具有的重要性"。④社会制度对艺术接受者地位的授予是一种程序，而不是从显性的功能性属性进行裁决，这一方式可以将人工参与度最低的拾得艺术和偶发艺术也包括进去，因此足够开放和宽广。并且，不论是制作者还是挑选者，只要具备一定条件的人都可以成为授予者，所以这一制度并非精英主义和反民主的。但是，卡罗尔认为迪基所称的这种制度与天主教会等正式制度相比，缺乏对授予者以及供欣赏的候选者的选拔标准，如此看来这

① DICKIE, GEORGE. The institutional theory[A]. in CARROLL, NOËL (ed.). Theories of art today[C]. Madison: the University of Wisconsin Press, 2000: 93.

② DICKIE, GEORGE. Defining art[J]. American Philosophical Quarterly, 1969, Vol. 6(3): 253 -256.

③ DICKIE, GEORGE. The institutional theory[A]. in CARROLL, NOËL (ed.). Theories of art today[C]. Madison: the University of Wisconsin Press, 2000: 94.

④ CARROLL, NOËL. Philosophy of art: a contemporary introduction[M]. New York: Routledge, 1999: 232.

个程序就不会是一个制度化的程序。

迪基 1984 年发表的著作《艺术圈：一种艺术理论》作为制度理论的后期版本，以"艺术圈"这一概念对卡罗尔的批评有所回应："艺术家是带着理解参与艺术制作的人；艺术品是某种向艺术界公众呈现的人工制品；公众是对向他们呈现的对象准备了一定理解的一批人；艺术界是整个艺术界系统的总和；艺术界系统是艺术家向艺术界公众呈现艺术品的框架。"①

卡罗尔将这一版本的艺术制度论总结为：X 是分类意义上的艺术品，当且仅当（1）X 是一个人工品，（2）由具有理解力的代理人制作或呈现给观众，观众已准备好以恰当的方式进行理解。②

对此，卡罗尔提出三点疑问。首先，艺术是否可以脱离社会制度而发生？卡罗尔假设在社会制度尚未形成的新石器时代，一个原始人用其他人能够理解的方式来布置石头，按照制度论的后期版本，这一行为符合艺术实践的标准，因此这个石头是艺术品。假如超出社会制度的艺术是可能存在的，那么以上定义便是不成立的。

其次，制度论的两个版本是否都是循环论证的？艺术的制度论表明在定义艺术前必须知道如何为艺术分类，要预先知道艺术的概念，所以这会导向"艺术是艺术"的循环论证。对此，迪基进行了反驳，他声称循环性是制度理论不同于功能主义的线性定义的标志，制度理论中的充要条件无法独立于艺术制度，他从未打算给出一种卡罗尔意义上的非循环性的定义。③

再次，卡罗尔假定假如循环定义可以接受，那么制度理论究竟该如何界定？制度理论交代了艺术家和受众之间借由理解而达成的社会关系，但需要区别的是这种社会关系构成的是社会制度，或仅仅是一种社会实践而已？可见，迪基的艺术制度论尽管从程序主义的方式贡献了识别大众社会的艺术的一个方案，但由于社会制度的难以认定，这一方案很难实行。

① DICKIE, GEORGE. The institutional theory[A]. in CARROLL, NOËL (ed.). Theories of art today[C]. Madison: the University of Wisconsin Press, 2000: 96.
② CARROLL, NOËL. Philosophy of art: a contemporary introduction[M]. New York: Routledge, 1999: 234.
③ DICKIE, GEORGE. The institutional theory[A]. in CARROLL, NOËL (ed.). Theories of art today[C]. Madison: the University of Wisconsin Press, 2000: 103.

二、历史性定义和历史性功能主义太宽泛

对艺术制度论的批评和补救，是杰罗德·列文森在 1979 年提出"历史性艺术定义"（Defining Art Historically）的出发点。为了解决超出社会制度的部落艺术的难题，列文森抛开社会制度这一因素，以艺术意图作为自身定义的关键，这是他和迪基最大的差别。列文森主张：

> X 在 t 时是一件艺术品=定义：X 是一个对象，在 t 时，拥有对 X 适当所有权的某个人或某些人，并非偶然地希望（或曾希望）X 被视为一件艺术作品。也就是说，根据在 t 之前属于"艺术品"范围的对象，以某种（或某些）正确（或符合标准的）方式看待 X。①

这一理论的要素有两个，其一为稳定的"艺术品的意图认定"（Intending for Regard-as-a-Work-of-Art），其二为艺术品的所有权。卡罗尔根据这两个要素将列文森的定义总结为：X 是一个艺术品，当且仅当 X 是一个物件，某个人或某些人（1）真正对 X 具有所有权，（2）在对 X 的意图认定中，意图不能是随意的或曾经发生的。②

历史性定义中的艺术意图不是显性属性，而是一种存在于艺术家内心的非显现的属性，可分为有意的、无意的、随意的三种。举部落人布置石头的例子，即使在布置过程中他有意或者无意地拥有促成视觉愉快的意图，但因为脱离了一定社会制度，依照迪基的理论这一例子很难被纳入艺术范畴，按照列文森的理论就可被认定是艺术，因为它可以与艺术的审美意图产生历史关系。反审美的后现代先锋艺术，也可以在艺术家的意图上找到与艺术史的联系，比如杜尚《泉》的意图可以被认定为对艺术史的嘲讽，所以从艺术意图的线索上可以得到认定。列文森的理论相对于迪基来说，绕开了社会制度这一要素，涵盖范围更广。

然而，卡罗尔认为艺术品的意图认定会因为过于宽泛而将非艺术纳入进来。比如爱丽丝对家庭草坪的精心修剪，以期它能成为一个艺术品，按照带来愉悦感这一意图，似乎它可以被归为艺术品，但是实际上我们从来不会将它当作艺术。其次，列文森的意图认定没有考虑到某些艺术意图会因为落伍而被抛弃。比如艺术品在过去有取悦神灵的意图但现在已经落伍，

---

① JERROLD, LEVINSON. Defining art historically[J]. The British Journal of Aesthetics, 1979, Vol. 19(3): 232-250.

② CARROLL, NOËL. Philosophy of art: a contemporary introduction[M]. New York: Routledge, 1999: 243.

假设琼斯是一个通晓艺术史的人，知道艺术品过去具有这一意图，借助对一支枪和一群鸡的所有权以及杀鸡敬献神灵的意图，琼斯在某个时间，邀请旁观者观看和评价了这样一场面。那么问题就在于这种在过去可能是艺术现在则不会是艺术的例子，按照列文森的定义是无法避免的，所以艺术品的意图认定作为历史性定义的充要条件是不成立的。

他进一步指出所有权这一条件，本意是对偶发艺术、拾得艺术和现成品艺术进行限定，以保证这类艺术的可能性，但是同时也排除了地铁涂鸦以及博物馆中的展品，因此也难以成为历史性定义的充要条件。因此，这种历史主义总体上太过宽泛，不能作为界定艺术的合适方式。

卡罗尔对列文森理论的分析很有道理，但他忽视了一个关键性的问题，即是什么让 t 之前的传统成为传统？如果这一问题不能成功解决，那么部落艺术甚至许多非西方艺术按照现代的艺术意图被认定为艺术的例子，都犯了"以今观古"的错误。列文森理论存在的这一问题与迪基理论中存在的如何界定社会制度的问题是相似的，卡罗尔在分析迪基时提出了这一疑问，但没有对这一问题进行回答。在对罗伯特·斯特克（Robert Stecker）的历史性功能主义的分析中，与此类似的问题也没有被卡罗尔明确揭示。

罗伯特·斯特克于 1997 年提出历史性功能主义（Historical Functionalism）是用艺术功能连接艺术之间的历史，区别于列文森的历史性定义是用艺术意图连接艺术之间的历史："一件物品是艺术品，当且仅当它在 t 时处于核心的艺术形式，具有实现核心艺术形式能直接认出的某种功能的意图，或者说作为一件人工品，它在 t 时出色地完成核心艺术形式的其中一个功能。"[1]

候选艺术品能够在某时刻实现核心艺术形式的功能，这一艺术功能是连接它与艺术史的纽带，这是历史性功能主义的关键所在为卡罗尔认为这一定义最大的问题正在于此，艺术形式的功能具体是什么？这一理论并没有给予限定。如果按照布尔迪厄的理论，艺术形式的功能之一为生产社会资本，那么满足这一功能的凯迪拉克汽车就是艺术品，这显然是错误的。但如果这一定义对艺术形式的功能给予了限定，这一定义又无法逃脱循环性的命运。另外，先锋艺术以反抗核心艺术形式的革命姿态踏入艺术界，因而这一定义不能将革命性的先锋艺术纳入进来。退一步说，假设原先处于边缘位置的先锋艺术成功之后，在 t+1 时位于艺术形式的中心，具有能被直接认出的艺术功能，按照以上定义就成为艺术，但是其中的矛盾在于

---

① CARROLL, NOËL. Art in three dimensions[M]. Oxford: Oxford University Press, 2010: 48.

这些先锋艺术其实在 t 被创造出来时就被它们的创造者冠以艺术的身份。这一矛盾在历史性功能主义中无法得到完美解决，因此这一定义与历史性定义一样都无法自圆其说。

卡罗尔对斯特克的批评成功地使这一理论失去了效力，但是同他对列文森的分析一样，他没有指出同为历史主义定义的历史性功能主义的一个致命弱点，即谁来定义 t 之前的艺术品乃至最初的艺术品的艺术功能？可以看出，对最初的艺术进行界定，是历史主义艺术定义的一个通病。从产生时间上来说，卡罗尔的理论处于列文森和斯特克之间，但卡罗尔在对二者进行分析时却没有对这一明显的弊病进行揭示和解释，或许因为这一难题直接决定了历史主义的相关理论是否能够绝对成立。但对这个明显存在的问题，卡罗尔并未回避，在面对戴维斯对他的理论进行质疑时做了回答，本文留待第四章统一进行论述。

在历史性定义中，列文森强调了艺术史理论在识别艺术意图中的重要性，在历史性功能主义中，斯特克强调了艺术场功能对识别艺术的关键，在阿瑟·丹托的理论中，也有对艺术史知识的强调。下面进入卡罗尔对丹托的具体分析，主要集中在丹托的艺术世界理论和基于此理论的艺术终结论。卡罗尔称丹托的艺术世界理论是艺术的哲学，艺术终结论是艺术史的哲学（Philosophy of Art History），在多篇文章中对两者进行了分析和阐释。

三、艺术世界和艺术终结论为循环论证

艺术世界理论诞生于 1964 年，是丹托受安迪·沃霍尔 1964 年在纽约的首次个人展览启发，在同一年的哲学年会上提交了《艺术世界》这篇论文。这篇文章在 20 世纪 60 年代未受到广泛关注，后来由于迪基的引用，在 70 年代产生了广泛的影响。艺术终结论发表于 1984 年，起源是丹托应"沃克当代艺术研究所"之邀做的讲座。

卡罗尔对丹托艺术世界理论的分析，主要基于丹托的《艺术世界》和《寻常物的嬗变》。在《艺术世界》中，为了辨别布里洛盒子等现成品艺术与外表看似一模一样的寻常物之间的差异，丹托借助"艺术理论"对艺术品进行定义。艺术理论具有将寻常物带入艺术世界的能力，"正是该理论把它带入到艺术的世界之中，同时使它不会沦落为原本所代表的真实物品"①。

_____

① 阿瑟·丹托. 艺术世界[A]. Thomas E. Wartenberg, ed. 什么是艺术[C]. 李奉栖等，译. 重庆：重庆大学出版社，2011：222.

因此，艺术理论组成风格矩阵，在矩阵中，新的艺术理论使艺术史风格以 2n 的比率增加，艺术世界就是由这些艺术理论的排列组合构成的可能世界。

1981 年《寻常物的嬗变》中，卡罗尔进一步将艺术理论与艺术史知识相结合："为了把某物看作艺术，至少需要具备艺术理论的氛围以及关于艺术史的知识。……世上本没有艺术品，除非有一种解释将某个东西建构为艺术品。"①在《艺术的终结之后》，以上理论被进一步转换为"关于结构"："成为一件艺术品就是（1）关于某事，（2）体现它的意义。"②

卡罗尔将丹托"艺术世界"时期的定义划分为旧的定义，将"关于结构"时的定义划分为新的定义。在《本质，表现和历史：阿瑟·丹托的艺术哲学》中，他将丹托旧的定义总结如下：

> X 是一个艺术品，当且仅当（1）X 有一个主题（比如，X 关于什么），（2）X 表达某种态度或（也许可以描述为 X 拥有一种风格），（3）表达方式为修辞性省略（一般为隐喻性省略），（4）这种省略邀请受众参与补充（通常被称为解释），（5）这种解释需要艺术史的语境（该语境被规定为是历史定位理论的背景）。③

卡罗尔用举反例的归谬法，对前四个充分必要条件分别进行反驳。他以霍尼·科莱斯创作的踢踏舞为例，认为这些作品并不必然关于某物，不需要提出关于某物的隐喻，观众不需要对作品进行隐喻性的解释，并且对这些作品的接收不依赖艺术史而只需要艺术理论，因此丹托关于艺术的旧的定义并不具有普遍性。卡罗尔对艺术世界的解析相对丹托的本意来说更加精细化和复杂化，按照丹托的原意，踢踏舞即使不需要理解只需要欣赏、不需要艺术史知识只需要艺术理论，这种艺术还是属于艺术世界的，因为它能在艺术世界中找到与解释相对的艺术风格。

并且对于与艺术世界相关的风格矩阵理论，卡罗尔也提出疑问，指出由于一定原因，艺术家对候选艺术品的解释错误会归罪于艺术史的错误或者某种艺术风格超出艺术家的认识范畴，因而导致艺术家对艺术候选者的

---

① [美]阿瑟·丹托. 寻常物的嬗变——一种关于艺术的哲学[M]. 陈岸瑛，译. 南京：江苏人民出版社，2012：166-167.

② [美]阿瑟·丹托. 艺术的终结之后：当代艺术与历史的界限[M]. 王春辰，译. 南京：江苏人民出版社，2007：211.

③ CARROLL, NOËL. Essence, expression and history: Arthur Danto's philosophy of art[A]. in Rollins Mark (ed.). Danto and his Critics[C]. Oxford: Blackwell Publishing, 1993: 119.

解释缺乏可信的根基。比如美国式舞蹈在风格上看来与后现代舞蹈有相似之处，都有对普通动作的应用，但是它缺乏后现代的观念和理论，实际上并不具有后者的性质。[①]

同样，卡罗尔在另一篇文章《丹托对艺术的新定义及其问题》中，利用反例对丹托的新的定义加以反驳。卡罗尔认为无数的工业产品都可以作为反例，"布里洛干净、明亮、现代，并且与新鲜和活力息息相关。红的、白的、蓝的组合显示着'美国式清洁'"，[②]但却不具有艺术哲学的意义。所以丹托的关于结构，脱离了艺术史和艺术理论的语境，在区分现成品艺术和真实物时断然失效。

归结起来，丹托的新旧两个定义都是对维特根斯坦反本质主义的纠偏，企图重新用以下定义的方式找到艺术的本质。但在卡罗尔看来，他找到的"哲学"本质和之前的所有理论一样，都不具有普遍性。

卡罗尔对丹托的艺术史哲学分析，主要集中在对艺术终结论的分析上。1984 年《艺术的终结》这篇文章发表时，丹托提出讨论艺术的终结是可能的，至少谈论作为一种进步模式的艺术终结是可能的。1997 年，丹托在出版的《艺术终结之后》(*After the End of Art*)，对艺术终结论再次进行论述，强调他和贝尔廷所谈的都不是艺术的死亡(death)和艺术史的终止(stop)，终结的是特定艺术史的叙述，而不是作为叙述主题的艺术。他在该书中提到的德国理论家汉斯·贝尔廷，也在 1984 年提出艺术史终结，认为"艺术史"这个概念具有双重性，既指艺术实际存在的历史，也指书写这种历史的专业或称艺术史叙述，他所指的艺术史终结，即现代主义的艺术史叙述的终结，"艺术解释者们不再撰写原来意义上的艺术史，而艺术家们不再制造这样一种艺术史"[③]。

贝尔廷的艺术史终结与丹托有异曲同工之处，且二者与艺术终结论的肇始者黑格尔都不相同。黑格尔认为当象征型艺术、古典型艺术发展到浪漫型艺术时，抽象理念溢出感性形式，感性认识被理性认识替代，艺术走向哲学，最终归于宗教，进入哲学和宗教之后的艺术被瓦解而不复存在。

① CARROLL, NOËL. Danto, style, and intention[J]. the Journal of Aesthetics and Art Criticism, 1995(summer): 252-257.
② CARROLL, NOËL. Danto's new definition of art and the problem of art theories[A]. in Rollins Mark (ed.) Danto and his Critics[C]. Oxford: Blackwell Publishing, 1993: 147.
③ [德]汉斯·贝尔廷. 现代主义之后的艺术史[M]. 洪天富，译. 南京：南京大学出版社，2014：13.

于是他在 1828 年提出"美与真这种较高的、不可磨灭的理想的联系的顶峰，到了这个顶峰，喜剧就马上导致一般艺术的解体"①。他的艺术终结论被丹托看作是认识论意义上的终结，"认识实现之际，实际上也就不再有任何艺术的意义和需要了。艺术是某种知识出现过程中的一个过渡阶段。"②所以，如果说黑格尔所谈的终结是就历史整体而言的，而丹托和贝尔廷的终结则是单纯就艺术史来说，指的是线性进步模式的艺术史叙述的终结。

丹托划分了三种进步模式的艺术史叙述：再现论的艺术史观、表现论的艺术史观、自我定义的艺术史观。再现论、表现论及自我定义的艺术史观，是线性进步的艺术史观，是因为这种观点假定了某个目标，认为艺术按照从低到高的顺序进行发展。

再现论的艺术史观，以瓦萨里、贡布里希为代表，主要适用于知觉层面进行模仿的艺术。这种进步主要涉及视觉复制，"真实的视觉刺激与绘画的视觉刺激之间距离的缩小，也就标志着绘画的进步，而通过区别两者不同的程度，人们就能度量这种进步的程度"③。这种再现论在 1900 年前后，随着后印象派艺术的到来形成前后的断裂。

表现论的艺术史观以克罗齐为代表。这种理论从艺术家的情感表达角度出发，对艺术史进行因果叙述，从而将艺术事件串联起来，虽然能够解释再现论之外的很多现代主义艺术，但是却不能涵盖多元化的后现代主义艺术，因此再一次形成艺术史的不连续性。

自我定义（self-definition）的艺术史观，以格林伯格为代表，将艺术的自我认识作为自身发展的动力，自我认识的最终目的是达到绘画的平面性，驱逐绘画的再现性和叙述性。但是丹托认为这种现代主义式的艺术史观在多元化的后现代艺术那里，也产生了断裂，"之所以结束是因为现代主义过于局部、过于物质主义，只关注形式、平面颜料以及决定绘画的纯粹性等诸如此类的东西"④。

终结之后，艺术去往何处呢？丹托给出的答案是"后历史的艺术世界"

---

① [德]黑格尔. 美学（三）[M]. 朱光潜，译. 北京：商务印书馆，1981：334.

② [美]阿瑟·丹托. 艺术的终结[M]. 欧阳英，译. 南京：江苏人民出版社，2005：121.

③ [美]阿瑟·丹托. 艺术的终结[M]. 欧阳英，译. 南京：江苏人民出版社，2005：97.

④ [美]阿瑟·丹托. 艺术的终结之后：当代艺术与历史的界限[M]. 王春辰，译. 南京：江苏人民出版社，2007：17-18.

（Posthistorical Artworld），"一个比历史上的任何时期都更加分裂和多样的艺术世界"。①在这个多元的后历史艺术世界中：

> 艺术世界不再受过去伟大的叙述结构的驱使，巨大断裂的艺术可能性在艺术世界中展开。这是第一个在艺术上一切皆有可能的时刻，博伊斯已经宣布人人都是艺术家，沃霍尔说任何东西都可以是艺术品：年轻人在这种氛围中去往曼哈顿闹市区制造艺术，以琐碎的创意种类与琐碎生活保持一致的艺术家都能够生活在那里。②

后历史的艺术世界实则昭示了后现代主义的艺术景观，在这里线性进步的艺术史叙述被打破，艺术脱离从低到高的预设轨道，开创了多元化路线。所以说丹托意义上的艺术史终结后，艺术制作更加多元。在丹托那里，艺术并没有终结，终结的是线性进步的艺术史叙述。

受到贝尔·朗（Berel Lang）将《艺术的终结》（"The End of Art"）编入《艺术之死》（*The Death of Art*）论文集的误解和传播，"艺术的死亡"成为丹托受到批判的主要原因。1998 年，《历史与理论》杂志第 37 卷第 4 期上面，出版了一期名为《丹托和他的批评者们：艺术史，历史编纂学与艺术终结之后》的专号。"在这期专号上，最重要的文章恐怕要属诺埃尔·卡罗尔的《艺术终结？》。"③由此形成的"丹托-卡罗尔"之争，具有重要的艺术哲学意义。

卡罗尔并没有在"艺术之死"的意义上曲解丹托，而是站在丹托的本意上为其艺术史终结进行了澄清。在此前提下，他依然持一种质疑态度，"为什么丹托那么肯定当代艺术家不能逾越他所设置的屏障？"④丹托的理论假定"艺术家将放弃艺术家的身份，变成本质上不同的哲学家"⑤，但是艺术家与哲学家不能同为一身吗？一系列疑问的根源在于，卡罗尔认为丹托的艺术哲学和艺术史哲学的论证是循环论证，艺术史并未终结。

---

① CARROLL, NOËL. Living in an artworld: reviews and essays on dance, performance, theater, and the fine arts in the 1970s and 1980s[M]. Louisville: Evanston Publishing, 2012: 11.
② CARROLL, NOËL. Living in an artworld: reviews and essays on dance, performance, theater, and the fine arts in the 1970s and 1980s[M]. Louisville: Evanston Publishing, 2012: 12.
③ 刘悦笛. 艺术终结之后[M]. 南京：南京出版社，2006：44.
④ CARROLL, NOËL. The end of art?[J]. History and Theory. Vol. 37, 1998(4): 17-29.
⑤ CARROLL, NOËL. The end of art?[J]. History and Theory. Vol. 37, 1998(4): 17-29.

丹托看来，线性进步的艺术叙述的终结，导致再现论、表现论、自我定义论在后现代的失败，于是艺术找到"哲学"作为本质，进入后历史的艺术。反之，艺术将哲学作为本质，也将导致线性进步的艺术叙述的失效，艺术史的范式变为后历史的艺术世界。卡罗尔已经证明艺术的哲学本质不具有普遍性，所以这一论证不能成立。而且从艺术史实践来看，现代主义的艺术也未如丹托所说，在 20 世纪下半叶并未完全销声匿迹，尤其 20 世纪 70 年代还再现了一次小高潮，因此卡罗尔认为丹托所述的几种艺术史都未终结。

卡罗尔在反驳丹托的艺术史终结论时，给出了很中肯的批评，按照卡罗尔给出的多元化的艺术史实践的反例，可以明显看出他在某种意义上也是赞同多元艺术史叙述的。卡罗尔不仅看到了丹托艺术哲学和艺术史哲学之间的循环论证，还深刻地洞察到丹托的本质主义定义与其中的历史主义色彩具有难以兼容的复杂性。丹托的本质主义主要体现在其艺术哲学中，体现在他摒弃再现、表现、家族相似等显性属性作为界定艺术的本质，转向曼德尔鲍姆式的非显性的关系属性，将艺术本质界定为哲学。丹托的历史主义色彩表现在"他对'艺术世界'的发现唤醒了美学家对于艺术史和艺术理论语境之间的不可避免的关系"，[①]以及他的艺术史哲学中存在的艺术终结论。丹托从本质主义的角度，将艺术的本质定位于哲学，使艺术在线性进步观的艺术史终结后身处后历史的艺术世界，从中可以看出丹托的艺术观具有明显的历史主义色彩。在卡罗尔看来，这种本质主义定义实际上与历史主义色彩是难以相融的。对于以上批评，丹托认为"卡罗尔确实给出了我能想象到的最好的说明"[②]。

卡罗尔对本质主义艺术观的分析，展现了"艺术"是历史性的动态概念，证明"艺术不是古老的，也不是普遍的。它是一种相对晚近的社会哲学创造物，最初仅限于局部地区"[③]。艺术从古希腊至今形成一个上下宽、中间窄的沙漏形发展历程。在 18 世纪之前的前现代阶段，"艺术"还等同于"技术"，是一种模仿自然的艺术，深受宗教、政治、伦理道德等的影响，而非现代意义上的自律（autonomy）的艺术概念。18 世纪中期，艺术的现

---

① CARROLL, NOËL. Essence, expression and history: Arthur Danto's philosophy of art[A]. in Rollins Mark (ed.). Danto and his Critics[C]. Oxford: Blackwell Publishing, 1993: 118.

② DANTO, AUTHUR. Replies to essays[A]. in Mark Rollins(ed.). Danto and his Critics[C]. Oxford: Blackwell Publishing, 1993: 300.

③ [美]斯蒂芬·戴维斯. 艺术哲学[M]. 王燕飞，译. 上海：上海人民美术出版社，2008：16.

代体系的形成，使模仿美的自然的艺术被挑选出来，形成美的艺术阵营，人们从再现、表现、形式和审美去认定美的艺术的本质，形式论和审美论作为这期间的主要代表，使自律艺术理论伴随现代主义运动，在19世纪中叶到20世纪中叶达到顶峰。在后现代阶段，自律艺术的界限被打破，电影、观念艺术、装置艺术、行为艺术等新兴艺术更新了艺术的现代体系，艺术的身份在新的语境中被重新审视。

　　与艺术的发展过程相对应，卡罗尔分析和批判了非自觉的本质主义和自觉的本质主义这两大艺术定义，并且这两个阶段分别对应功能主义艺术定义和程序主义艺术定义，其中程序主义定义又可分为空间层面的定义（社会制度论）和时间层面的定义（艺术世界理论、历史性定义、历史性功能主义）。功能主义关注艺术品的显性的外在属性，程序主义聚焦艺术品所处的社会语境和历史语境等非显性的关系属性。

　　卡罗尔认为再现论、表现论、形式主义等非自觉的本质主义艺术观，是从外在的显性属性界定艺术，是一种功能主义的方式；艺术制度论、历史性定义、历史性功能主义、艺术世界理论、艺术终结论等自觉的本质主义艺术观，从内在的非显性属性定义艺术，是一种程序主义的方式。尽管许多艺术是再现的、表现的、形式主义的，也有许多艺术符合艺术制度论、历史性定义和艺术世界理论。但本质主义艺术定义具有的循环性、太宽泛等弊病使其无法成为大众社会的万能公式，因此无法完成大众社会的艺术哲学所担负的潜在的基本任务。

　　尽管如此，卡罗尔对本质主义艺术定义的分析，也是从他的角度对这些定义的重新发现。他对表现论的分析不仅显示了艺术表现论在一定范围内的适用性，而且展示了艺术品的多样化表现性属性，将"表现"的对象从情感拓宽到整个人类属性。

　　他对艺术再现论的分析，不仅证明了再现论的局部适用性，并且拓展了"再现"的含义，将再现与模仿相区分，从各个角度对"再现"进行了定义，这种宽泛的再现在分析美学家纳尔逊·古德曼和符号学家C.S.皮尔斯（C. S. Peirce）所主张的符号关系中也可以看到。古德曼"将再现连同描述归结在指谓之下，再现因此摆脱了被当作像镜子一样的独特物理过程的不正确观念，而被认为是一种相对的和可变的符号关系"[1]。尽管卡罗尔

①　纳尔逊·古德曼. 艺术的语言——通往符号理论的道路[M]. 彭锋，译. 北京：北京大学出版社，2013：35.

没有像古德曼那样，包含了被古德曼称为零指谓（Null Denotation）的虚构对象的再现，但是卡罗尔对再现形式的分类也打破了将再现等同于相似的主流观念，从而赋予再现更加宽广的范畴。

在皮尔斯看来符号是一种再现体（representation），一方面与对象相联系，另一方面与解释项相联系。"再现体与其对象、解释项之间存在一种三元关系。"①他根据对象与再现体之间存在的像似性、指示性、规约性三种关系，将符号再现体分为像似符（icon）、指示符（index）、规约符（symbol）三种类型。联系卡罗尔对再现的分类，可见这三种关系在卡罗尔的分类中可以大致对应相似论、代表论、惯例论。

在卡罗尔看来，非自觉的本质主义和自觉的本质主义都是对艺术品的共同本质和根本属性的归纳总结，是使用充分必要条件为艺术下定义的本质主义艺术观。

但是这种归纳似乎存在两个问题。其一，罗伯特·斯特克在《试图定义艺术是否合理？》一文中指出程序主义定义是反本质主义的②，所以卡罗尔将程序主义定义归入本质主义是否合理？其二，卡罗尔分析的单一性艺术定义的不成立，不代表复合型定义也是不成立的，如此断言艺术无法定义是否存在一定的问题？

首先看第一个问题。卡罗尔对本质主义的界定是依据是否用充要条件下定义来看，虽与戴维斯对本质主义的定义稍有不同，但基本上是一致的："人们普遍认为，下定义这项工作的目标是要描述出被定义事物的本质——用于区分该事物和别的事物的基本特性。如此看来，喜欢下定义和信奉'本质论'之间是有联系的。本质论认为各类别成员的特点是具有某种内在的原则或模式。"③充要条件的本质主义定义是封闭的，判断一个物品是否是艺术必须在该艺术定义的参照下进行对照，满足该定义条件的候选者是艺术，否则就不是。所以大众社会中后出现的艺术现象，一旦晚于本质主义的艺术定义，便被这些定义排除在外。

斯特克所主张的本质主义仅指艺术具有共同属性，所以功能主义定义

---

① [美]C. S. 皮尔斯：论符号[M]. 赵星植，译. 成都：四川大学出版社，2014：31.

② STECKER, ROBERT. Is it reasonable to attempt to define art?[A]. in CARROLL, NOËL (ed.). theories of art today[C]. Madison: the University of Wisconsin Press, 2000: 45.

③ [美]斯蒂芬·戴维斯. 艺术哲学[M]. 王燕飞，译. 上海：上海人民美术出版社，2008：4.

将再现、表现、形式、审美等当作艺术的本质，是一种本质主义的定义，程序主义从关系属性入手为艺术下定义，但并没有承认艺术具有本质，所以是反本质主义的。但是从卡罗尔的分析中可以看到，程序主义定义尽管是从艺术与外在语境的关系属性对艺术进行定义，但丹托、列文森、斯特克等都为艺术找到了某种共同属性，丹托将艺术的本质界定为哲学，列文森界定为艺术意图，斯特克界定为艺术功能，所以斯特克完全认为它们是反本质主义是存在问题的。

再看第二个问题，贝伊斯·高特在 2000 年提出的簇概念（the Cluster Concept）即是在维特根斯坦的家族相似性的启发下，对艺术品的充分非必要条件做了概括，认为拥有这些属性的物品是艺术品，没有这些属性的则不是艺术品：

（1）它具有正面的审美属性（如优美、典雅、精致）；

（2）它表现情感；

（3）在智力上具有挑战；

（4）它在形式上复杂且统一；

（5）它具有表达复杂意义的能力；

（6）它展现了某种个人观点；

（7）它是想象力的创造性锻炼；

（8）它是技巧的产物；

（9）它属于已有的艺术形式；

（10）它产生于创造艺术品的意图。[①]

从以上条件可以看出，簇概念是将单一的艺术功能集中在一起，形成艺术的一簇功能。按照簇概念，具有其中的至少一个条件，也就是满足其中的一个功能便可被认定为艺术，满足的功能越多，被认定为艺术的可能性就越大。卡罗尔分析了簇概念给出的充分条件，认为这一理论不具有足够的说服力。按照这一理论，出自主厨之手的美食向心爱之人表达爱意以唤回共同的生活记忆，这一例子除了不能满足条件（9），其他条件都符合，因此可以被认定为艺术，但这与实际认知不相符合，因此这一反例足以对簇概念形成反驳，说明复合型的定义也很难周全。

通过分析可知，卡罗尔指出非自觉的本质主义尽管对美的艺术具有一

---

① CARROLL, NOËL. Art in three dimensions[M]. Oxford: Oxford University Press, 2010: 49.

定阐释力度，但它们的归纳不全、封闭性和排外性等特征使再现论、表现论、形式论和审美论无法容纳普遍具有反审美和非审美特征的先锋艺术和大众艺术。自觉的本质主义尽管在很大程度上可以识别后现代艺术，但普遍存在的逻辑循环和太宽泛等问题使反例依然不能杜绝。在他看来，封闭的艺术定义无法将具有创新性的艺术实践容括进来，将新的艺术形式硬塞进一个陈旧的艺术定义中，无异于削足适履，因此本质主义的艺术定义无法完成艺术哲学在大众社会的潜在的基本任务。作为一个反本质主义者，他对本质主义艺术定义的分析，即是对它们的扬弃，之后他沿着反本质主义的路径，以历史叙述的艺术识别方法对艺术进行识别，而不是对艺术进行充要条件的定义，以此构建足够开放的艺术识别理论。

第四章
反本质主义的历史叙述法与历史性本质

卡罗尔指出在提出艺术哲学的核心问题"艺术是什么？"时可能会遇到三个主要问题：存在识别艺术的可靠方法吗？艺术具有一个本质吗？艺术具有一个真实的定义吗？[①]本章内容即对以上问题的具体回答，卡罗尔否认存在艺术的真实定义，主张存在识别艺术的可靠方法，即历史叙述法，同时主张艺术具有一个本质，即历史性。

第一节内容主要考察卡罗尔的历史叙述法。本质主义艺术定义法的失败并没有使卡罗尔转向维特根斯坦主义，他抛开给艺术下定义的本质主义方法，转向反本质主义的历史叙述法，从非显性的关系属性入手，用复制、拓展、摒弃等叙述形式对艺术进行历史叙述，以艺术识别替代艺术定义。也就是说，作为文化实践的艺术可以通过叙述而不是定义得以阐述，叙述是一种解释，这种方法"努力地弄清并界定它们在传统中的位置，或在历史发展中和/或在特殊艺术流派或种类中的归属"[②]。借助历史叙述方法对艺术进行识别，实则是研究它是否与已被接受的艺术史之间具有联系，对此联系性的叙述与解释，依据的是包含艺术意图、艺术功能、艺术风格等艺术史知识。在艺术识别的这一过程中，文化实践是被历史叙述的实践，历史叙述是对文化实践的叙述。

第二节内容主要考察卡罗尔的艺术本质观。卡罗尔确信艺术不只有一个本质性或普遍性的特征，但为了提出叙述的方法，他指出艺术至少具有的一个必要特征是历史性，即艺术在本质上是具有历史真实性的，这就保证历史叙述能够准确而真实地叙述艺术实践的顺序和联系，不会沦为虚构

---

① CARROLL, NOËL. Beyond aesthetics: philosophical essays[M]. Cambridge: Cambridge University Press, 2001: 78.
② CARROLL, NOËL. Beyond aesthetics: philosophical essays[M]. Cambridge: Cambridge University Press, 2001: 16.

性叙述。可见"艺术具有的历史性本质特征的主张与识别艺术的可靠策略历史叙述是联系在一起的"①。并且这一本质作为艺术的一个普遍特征，并非艺术所独有，也不是艺术的充分必要条件，因此也是反本质主义的。历史性作为艺术的本质，表明艺术实践具有历史真实性，艺术家通过对传统的历史叙述来识别和创造先锋艺术与大众艺术。

第一节　反本质主义的历史叙述法

针对是否存在识别艺术的可靠方法、艺术是否具有真实定义的问题，卡罗尔 1988 年发表的《艺术、实践与叙述》提出："面对一个遭到挑战或者可能遭到挑战的艺术品，应对方式不是一个定义，而是一个解释。"②历史叙述（Historical Narrative）是在文化实践的本体中，对大众社会的艺术品、艺术运动、艺术体系进行识别的方法。在历史叙述法中，"历史性"和"叙述"是这一概念的两个关键词，历史性保证叙述的准确和真实，叙述手段包括复制、拓展、摒弃三种常见的形式，通过叙述形成具有开头、中间、结尾的整体结构。

一、历史叙述作为识别艺术的方法

卡罗尔力图避开以往艺术的弊端，采用叙述法来辨别艺术，彼得·基维评价历史叙述法为"自从丹托成为此领域的权威人物以来，出现的第一个新方法"③，舒斯特曼也看到历史叙述理论具有面向未来的开放性，对这一理论给予了极高的评价：

　　艺术的定义叙述的精确形式，必须是开放的和可修订的，不仅因为要考虑到未来的作品，而且因为叙述工作本身就是一个开放的和竞争的实践，即历史的艺术和批评的实践。但是，并不能因此将不可能有叙述的完成因而不可能有定义终结当作一个有害的缺

① CARROLL, NOËL. Beyond aesthetics: philosophical essays[M]. Cambridge: Cambridge University Press, 2001: 87.
② CARROLL, NOËL. Philosophy of art: a contemporary introduction[M]. New York: Routledge, 1999: 255.
③ CARROLL, NOËL. Beyond aesthetics: philosophical essays[M]. Cambridge: Cambridge University Press, 2001: xi.

点。因为叙述理论的开放性，对把握艺术的开放性是十分必要的。[1]

叙述作为历史叙述的手段，凭借事件要素之间存在的"叙述的联系"，以保证叙述的准确和真实。一般意义上，历史被认为是真实的，叙述则被认为是一种虚构，两者并列会产生一种奇怪的悖论。卡罗尔将看似矛盾的两个词并列在一起，是因为他并不认为叙述意味着虚构。在《解释、历史与叙述》以及《论叙述的联系》等文章中，他通过对海登·怀特的反对，阐明了自己对历史叙述的认识。

怀特作为新历史主义的代表，断言：① 历史学家通过（隐喻、转喻、提喻、反讽等）修辞构建他们的描述，② 历史学家用普遍的故事形式来叙述，③ 历史学家用来预示或用于其他用途的修辞与他的普遍故事形式是一致的。[2]将历史与故事的类比，使得怀特认为历史叙述做不到原原本本的复制，其真实性是值得怀疑的。

但是卡罗尔并不认为任何历史叙述都是虚构的。在他看来，将历史等同于虚构这一命题预设了对历史事件的选择意味着虚构，只有在镜像意义上的复制才不是虚构的，这是在经验主义意义上对"真实性"的某种预设。但他对此表示反对，认为选择不一定就导致虚构，不需要通过这种镜像式的复制也能达到历史的真实。因为"叙述是一种再现形式，在这种意义上，它们是被创造出来的，但这并不排除它们具有提供准确信息的能力。叙述可以依据它们所追踪的特征提供关于过去的准确知识，也就是事件发生过程中的构成要素，包括背景条件、原因和结果，也包括社会背景、情境逻辑、实践商议及随后的行动"[3]。

那么在卡罗尔看来，事件要素之间如果具有"叙述的联系"（Narrative Connection），叙述就是准确而真实的，叙述的联系包括以下条件：

（1）话语再现了至少两个事件和/或情况；
（2）大体上方式是向前看的；
（3）至少关于一个统一的主题；
（4）事件和情况之间或它们各自内部的时间关系具有清晰的

---

① [美]理查德·舒斯特曼. 实用主义美学[M]. 彭锋，译. 北京：商务印书馆，2002：67.

② CARROLL, NOËL. Beyond aesthetics: philosophical essays[M]. Cambridge: Cambridge University Press, 2001: 141.

③ CARROLL, NOËL. Beyond aesthetics: philosophical essays[M]. Cambridge: Cambridge University Press, 2001: 142.

顺序；

（5）序列中前面的事件至少为后面出现的事件和/或情况出现的原因，提供必要条件。[①]

在历史叙述可以提供真实性的前提下，卡罗尔主张依据艺术史知识进行历史叙述，从而对候选的艺术品、艺术运动等艺术实践进行识别。在这种识别过程中，重复（repetition）、拓展（amplification）和摒弃（repudiation）是三种常见的叙述工具。三者应用于当下艺术与先前艺术的对比之中，显示出艺术史之间的前后关联。

三种叙述中，最简单的形式是重复，即作为候选者的对象对先前艺术的形式、形象和主题具有重复性。"重复不是精确的复制，直截了当地复制一部先前的艺术品，使它与原型无法区分，这不能在重复的名义下被称为艺术。"[②]比如芭蕾舞剧《吉赛尔》因其动作语言、主题和惯常风格对《仙女》的重复，会被首次观看的观众视为艺术。

拓展是对先前艺术的修正，是一种对先前艺术在形式层面的扩展，可被认为是变化的一种进化模式。比如，在电影史上，格里菲斯对平行剪辑和特写镜头的引进，产生了一种新型的电影。贡布里希在《艺术与错觉》中所说的，艺术品为了比先前艺术更能实现对现实的逼真把握，而引进新的技术，产生新的风格。

与拓展相比，摒弃是革命性的。新艺术对以前存在的艺术风格或形式加以摒弃的案例有很多，卡罗尔举了浪漫主义对古典主义的摒弃，电影蒙太奇和高倍聚焦对现实主义风格的摒弃。新艺术摒弃了之前的某种艺术形式，却延续了更早的一种艺术传统，如浪漫主义就与中世纪哥特艺术之间具有一定关系。所以新艺术依然保留着与传统的结构关系，故摒弃传统并不是结束传统。"通过对比和先例，摒弃仍然保留着对文化实践传统的延续。对于一位艺术家来说，要使一部新作品以摒弃的名义被艺术家、批评家、观赏者接受为艺术，就必须坚持该作品确定地否定传统中的一部分，但又重新发现和改造了另外的部分。"[③]

① CARROLL, NOËL. Beyond aesthetics: philosophical essays[M]. Cambridge: Cambridge University Press, 2001: 126.
② CARROLL, NOËL. Beyond aesthetics: philosophical essays[M]. Cambridge: Cambridge University Press, 2001: 68.
③ CARROLL, NOËL. Beyond aesthetics: philosophical essays[M]. Cambridge: Cambridge University Press, 2001: 70.

叙述作为识别艺术的手段，并不只具有重复、拓展、摒弃三种叙述方式，这三种形式只是最为常见和最具代表性的。这些历史叙述方式，揭示了艺术实践之间的叙述联系：叙述话语再现了至少两个事件和/或情况，大体上方式是向前看的，是关于一个统一的主题，事件和情况之间或它们各自内部的时间关系具有清晰的顺序，序列中前面的事件至少为后面出现的事件和/或情况出现的原因提供必要条件。

因此，在历史叙述过程中，只要是已经在艺术史中得到承认的背景都可以作为叙述的援引，历史叙述方法不限于对艺术意图、艺术风格、艺术功能等联系的叙述。新艺术只要能在某一方面与先前艺术形成某种重复、拓展或摒弃的叙述关联，便具有艺术家族的纯正血统。作为一种艺术史的叙事，历史叙事理论对新艺术特别是革命性的作品提供了侦察手段，重复、拓展和摒弃三种叙事是对新艺术的"案发现场"进行侦察的具体工具，只有寻求足够的证据才能证明"嫌疑人"的身份，而非先入为主地进行有罪推定。这三种叙述形式对先锋艺术的身份认定具有不可否认的解释力度：立体主义者的绘画是对绘画二维平面的挑战，针对的是把线条和色彩作为绘画的基本构成的传统，现成品艺术则是对立体主义等现代主义艺术的挑战，摒弃的是把艺术与生活分离的康德传统，之后的观念艺术、行为艺术、环境艺术等先锋艺术进一步拓展了艺术对生活的领域。按照这一方法，许多先锋艺术都变得有据可循。

重复、扩展和摒弃既是叙述的方法，也是历史叙述中最为关键的过程，结合统一主题、时间顺序等叙述联系中的因素，卡罗尔为历史叙述总结了如下公式，当且仅当 X 具备以下条件时，它才是一个辨别性的叙述：

（1）X 是准确的；

（2）是有关一系列事件和情况的有时间顺序的叙述；

（3）它是关于一个统一的主题（一般是一个有争议的作品的生产）；

（4）这个主题有开头、复杂过程和结尾；

（5）结尾被解释为开头和复杂过程的结果；

（6）开头包括对最初的、得到公认的艺术史背景的描述；

（7）复杂情况作为通往结尾的恰当手段，包括实践者对一系列行为和选择的追踪，他以这样一种方式得出对艺术史背景的易理解的评价，从而根据这个实践可认知的生动目的，决心对背景加以改变（或重新定制）。①

所以，历史叙述简单来说，是一个由开始、中间部分和结尾组成的故事。故事的开始并不是任意的，而是涉及对新艺术出现之前的艺术史背景的描述，这一背景足以为后面的故事做支撑和铺垫。故事的结尾是到受争议的作品出现为止。中间部分被卡罗尔称为复杂过程，从而将故事的开始和结尾联系了起来，包括艺术家在先前背传统下的复制、拓展或摒弃等叙述。这再次印证了天才的独创性到大众艺术家的历史叙述的转换。

二、卡罗尔对历史叙述法的比较与评价

卡罗尔的历史叙述法是对新维特根斯坦的一种纠偏，也是对丹托、迪基、列文森、斯特克等程序主义定义的一种扬弃。与列文森和斯特克的理论一样，卡罗尔的这一理论根本上是历史主义的，与其他理论之间既有联系又有差异。卡罗尔深知这一点，并将历史叙事理论与其他理论之间做过了自觉的对比。

第一，卡罗尔认为尽管历史叙述法和新维特根斯坦主义都属于非本质主义，但二者识别艺术品的方法不同。新维特根斯坦主义主张家族相似性，根据外在的相似性对艺术进行辨别，认为艺术是一个开放的概念。这一方法因为过于宽泛，不可避免地将与艺术品具有某种相似性的非艺术纳入进来。不同于新维特根斯坦所认为的艺术无法定义，历史叙述法认为不依靠下定义的方式，也可以对艺术进行识别。历史叙述法把当前艺术和先前的艺术联系起来，并不是依据外在的相似性，而是依据艺术史这一隐性的血统和遗传，因为有艺术史知识的限定，较好地避免了过于宽泛这一弊端。因此，历史叙述法不仅不同于新维特根斯坦主义，而且避免了家族相似论没有解决的难题。

第二，与迪基的理论相比，历史叙述法借鉴了艺术制度论的语境论，但避免了它的循环性。卡罗尔曾指出迪基的艺术制度论定义，避免不了循环性的弊病。迪基也承认艺术制度论作为下定义的方式，循环性避免不了。卡罗尔的历史叙述法不采用定义的方式，便有效避免了艺术制度论的循环性弊病。

---

① CARROLL, NOËL. Beyond aesthetics: philosophical essays[M]. Cambridge: Cambridge University Press, 2001: 92.

第三，历史叙述法与丹托的理论相比，二者尽管都强调了对艺术史的关注，但丹托的本质主义艺术定义方式决定了他的理论具有循环性的弊病，卡罗尔的理论则能够将之克服。丹托的理论中存在着本质主义与历史主义的龃龉和矛盾，卡罗尔对本质主义的彻底放弃和对历史主义的追求，使他偏向历史主义，从而解决了丹托理论中未能解决的难题。

第四，与列文森的理论相比，历史叙述理论也不同于历史性的艺术定义，因为历史叙述不是一个定义，是一种识别艺术的方式，历史性的定义是一种本质主义的定义。历史性的艺术定义的一个要素是艺术家的艺术意图，对艺术的识别需要根据这一艺术认定意图是否与以往艺术意图有相似之处。然而，与历史性定义不同，历史叙述理论依据的是艺术史的叙述性联系，叙述性联系远比艺术意图的认定具体。这样就避免了历史性艺术定义的一个弊端，按照历史性的定义，家庭录像因为具有逼真性而可以被认定为是艺术品。然而，在历史叙述法看来，只认可已经得到承认的艺术史的历史性事实，按照这一推断，家庭录像不会因为具有逼真性这一相似性而被认定为艺术品。

第五，卡罗尔认为历史叙述理论与理查德·沃尔海姆的生活形式理论异曲同工。沃尔海姆 1980 年首次提倡的生活形式理论（the Forms of Life）继承了维特根斯坦后期哲学思想的语境主义色彩：想象一种语言就是想象一种生活形式，即语言与其背后的文化息息相关。不同于维特根斯坦将语言形式与生活形式相连，沃尔海姆将艺术认定为与语言相似，并将艺术形式与生活形式相连，提议对艺术的认定应该结合形式背后的文化语境，即生活形式。因为生活形式是变化的，没有统一的模式，所以他由此引出："艺术在本质上是历史的。"①卡罗尔对生活形式理论非常推崇，他认为"这是对艺术最有效的辨别方法"②。根据沃尔海姆的艺术即生活形式理论，卡罗尔进一步发挥，认为这一理论与自己的历史叙述理论实则是相通的：理解一个进化中的生活形式的方式，就是理解它的历史。"在艺术世界的生活形式中，艺术运动之间的联系是受先行的历史条件促进和约束的。"③

卡罗尔对历史叙述理论与程序主义的艺术定义的比较，充分显示了二

① Wolleim, Richard. Art and its objects[M]. London: Cambridge University Press, 1980: 151.
② CARROLL, NOËL. Art in an expanded field[J]. The Nordic Journal of Aesthetics. 2011 (42): 14-31.
③ CARROLL, NOËL. Art in an expanded field[J]. The Nordic Journal of Aesthetics. 2011 (42): 14-31.

者之间的异同。从相同点来看，二者都不同于模仿说、情感说、表现说、形式论等显性功能主义的艺术定义，专注于从非显性的关系属性对艺术寻求认定。从不同点来说，历史叙述理论不是艺术定义而是艺术识别方法，因此避免了丹托、迪基等程序主义艺术定义所具有的循环性和过于宽泛的弊病。

但历史叙述理论并不是绝对完美的，卡罗尔深知历史叙述理论不是辨别艺术的唯一方法，他的理论只是为当下的理论贡献一种视角。为了保证理论的最大可靠性，他根据其他理论家对历史叙述理论的批评，在《历史叙述与艺术哲学》中辩证性地罗列了这一理论存在的三种问题并做出了相应的回答。

第一，历史叙述法是否将艺术哲学简化为艺术史？

舒斯特曼认为卡罗尔的艺术哲学"只不过是艺术史的承让，而有关什么是艺术的有效的和重要的问题，被还原到一种对艺术迄今为止已经是什么的向后看的总体说明。"①对此，卡罗尔指出哲学是认识论层面的，艺术史则不是，历史叙事理论是应用叙述方法识别艺术的一种方式，因而是认识论的，"认识论——或自然化的认识论——正是我所关注的，这当然具有哲学性。"②因此他认为历史叙述法并没有将艺术哲学简化为艺术史。

第二，历史叙述法是否赋予艺术家过大的权力？

在斯蒂芬·戴维斯看来，如果重复、拓展和摒弃并非结构化的、有规则可寻的实践活动，如果不存在把艺术上具有意义的重复跟偶然的相似性区分开来的依据，那么叙述的统一性就仅仅是幻觉而已。"卡罗尔的叙述策略如果想解释艺术概念的统一性，就必须揭示为艺术实践奠定基础的那些组织原则。"③卡罗尔认为他的历史叙述理论建立在真实性的艺术史的基础之上，使用历史叙事理论对新艺术进行辨别时，必须遵照真实存在的叙述联系，做到有记录、可考证的忠实，而不是肆意地叙述，进而避免叙述的偶然性。

第三，历史叙述是否会将非艺术囊括进来，是否能将没有先例可援的

---

① [美]理查德·舒斯特曼. 实用主义美学[M]. 彭锋，译. 北京：商务印书馆，2002：68.

② CARROLL, NOËL. Beyond aesthetics: philosophical essays[M]. Cambridge: Cambridge University Press, 2001: 118.

③ [新西兰]斯蒂芬·戴维斯. 艺术诸定义[M]. 韩振华，赵娟，译. 南京：南京大学出版社，2014：339.

新艺术和最初的艺术囊括进来？

对于将非艺术囊括进来的异议，卡罗尔再次强调，历史叙述必须限于艺术世界的文化实践的框架中，当遵守这个框架的限制时，历史叙述就不会犯过度囊括的错误。比如，梵高的割耳行为与鲁道夫·施瓦克格尔自我阉割的行为艺术相比，为什么前者不是艺术后者是艺术呢？卡罗尔认为施瓦克格尔所使用的，是一个已得到认可的框架，在这个框架中自残可以作为艺术被呈现，而梵高的行为缺乏这样的框架。

没有先例可援的艺术品有两种，一种是最新的艺术，一种是最初的艺术。就最新的艺术而言，戴维斯认为有些艺术品在努力颠覆、拒绝或评判以往的传统，而不是遵循、扩大或传播这些传统，很难说这些东西是因为与以往传统之间的联系而成为艺术的，反之与传统不同的艺术品就变成非艺术品了。所以这一理论"可能也难以解释摄影、爵士乐、电脑互动创造等没有历史先例的门类为什么会被包括在艺术世界中"[①]。卡罗尔指出，这些最新的艺术品都不是凭空出现的，而是存在于艺术史的传统之中，新艺术摒弃一部分的同时也显示了对另一部分的隔代回应，如艺术摄影在某种程度上是通过模仿占主导地位的绘画风格而出现的。所以根据历史叙述理论，最新的艺术是可以得到识别的，这样大众艺术的电影、摄影、流行音乐都能被涵盖进来，先锋艺术中的新艺术也可以得到解释，艺术的现代体系得以拓展。

因为传统艺术史对女性主义艺术的排除，女性主义理论家们对历史叙述的方法持怀疑态度。历史叙述"从既往传统的角度将当下的事物合法化，而既往传统形成的要素中有一部分是性别歧视，这种歧视将妇女及其艺术贡献排除在艺术王国之外"[②]。根据卡罗尔的理论，女性主义艺术对传统艺术史的拓展和摒弃足以将女性主义艺术纳入艺术领域内，因此女性主义的艺术并未受到排除。

相比最新的艺术，历史叙述法对最初的艺术的识别难度更大。如何对最初的艺术进行识别，这一问题是列文森的历史性定义、斯特克的历史性功能主义与卡罗尔的历史叙述理论等历史主义定义遭到质疑的一个共同问题。斯蒂芬·戴维斯、罗伯特·斯特克以及当代瑞典理论家迈克·冉塔

① [美]斯蒂芬·戴维斯. 艺术哲学[M]. 王燕飞，译. 上海：上海人民美术出版社，2008：44.

② [美]斯蒂芬·戴维斯. 艺术哲学[M]. 王燕飞，译. 上海：上海人民美术出版社，2008：44.

（Michael Ranta）都对此提出过疑问，否定根据现有艺术秩序回溯和识别更早的艺术。

戴维斯在《最初的艺术和艺术定义》中指出："最初的艺术在它出现之时就是艺术，对最初的艺术的识别是一件发现它是什么以及它曾是什么的事件，而不是决定它从现在起将是什么的行为。"①斯特克在《试图定义艺术是合理的吗？》一文中也指出："这一问题之所以出现，是因为具有不同源头的艺术品产生于不同传统中（即产生于不同的最初的艺术品之中）。尽管历史性定义通过把后来的事物与一个既定传统相联系，进而认为它们是艺术品，这一定义也是不完善的，除非它能提供一个根据，将艺术传统与其他文化实践的传统相区别。"②迈克·冉塔在《艺术：艺术和美学的进化论基础》一文中也对卡罗尔的理论发出这一疑问：美学中的"故事讲述"什么时候在哪里开始？③而这些叙述话语和实践是出于什么样的原因出现在最初的地方？④

尽管卡罗尔在对列文森和斯特克的理论分析中，未曾对这一关键问题进行揭示和解决，但在面对其他理论家对历史叙述理论的批评时，他自觉地进行了回应。卡罗尔将该问题转换为对孤立的艺术个案的识别问题：如何识别一项处于社会制度或文化实践之外的、孤立的、没有艺术史和艺术语境的知识可以凭借的艺术来说。

首先他认为鉴于人类的社会本性，一个真正孤立的艺术家的这种可能性"有可能是一个逻辑上的虚构之物，从某种人类学的观点看，完全非社会的艺术这一可能性的概率为零"⑤。因此，在我们忙于为真实世界的艺术建立类别时，对所谓孤立的艺术家的假想个案的忽略，并非一个关键的问

① DAVIES, STEPHEN. First art and art's definition[J]. the Southern Journal of Philosophy, 1997(XXXV): 19-34.
② STECKER, ROBERT. Is it reasonable to attempt to define art?[A]. in CARROLL, NOËL (ed.). theories of art today[C]. Madison: the University of Wisconsin Press, 2000: 50.
③ RRANTA, MICHAEL. Art: on the evolutionary foundations of art and aesthetics[A]. DUNER DAVID, SONESSON, GORAN, (ed.). Human lifeworlds: the cognitive semiotics of cultural evolution[C]. New York: Peter Lang. 2016: 123.
④ RANTA, MICHAEL. Art: on the evolutionary foundations of art and aesthetics[A]. DUNER DAVID, SONESSON, GORAN, (ed.). Human lifeworlds: the cognitive semiotics of cultural evolution[C]. New York: Peter Lang. 2016: 132.
⑤ CARROLL, NOËL. Philosophy of art: a contemporary introduction[M]. New York: Routledge, 1999: 263.

题。即使这是一个并非关键的问题，卡罗尔依然试图给出了回答。他指出在一个无法援引艺术史的环境下，或许有别的一些理由可以把一个候选者识别为艺术品。以部落艺术为例，他认为最有希望的理由，是在那个陌生传统的最早阶段：

> 如果在那个陌生传统（有时候被称作原制度）的早期阶段的那些实践，被有意用来发挥的功能（如再现、装饰和表示意义）和我们自己的传统在其最早阶段所发挥的功能一样，那么我们就可以把那个陌生传统识别为一种艺术实践。一旦如此，我们或许就可以进一步把对那个文化的后续物识别为艺术品，手段是追踪它们和其祖先级别的艺术品之间的谱系。①

可见卡罗尔给出的解决方案是功能主义的，与斯特克诉诸审美功能来对最初的艺术加以辨别的方法有异曲同工之处，斯特克认为："实现了审美功能的作品包含有价值的审美属性，也提供有价值的审美经验，实现了审美功能的作品相比其他事物来说，是美的、优雅的、有活力的、富有表现力的或生动再现力的。"②尽管并非实现了审美功能的事物都是艺术品，但最初的艺术品必定是出色地实现了这些审美功能的作品。

但在戴维斯看来卡罗尔和斯特克对最先的艺术的认定方式依然是存在问题的。他认为卡罗尔的方案中存在着两个潜在的问题，一来卡罗尔给出的功能由武断的惯例组成，对某种文化的局外人来说是不透明的，二来这些给定的功能过于一般化以致无法将艺术与其他非艺术区别开来。③至于斯特克的审美功能方案，戴维斯给出否定理由是，按照斯特克的方法，最初的艺术便是成功地实现了审美功能的艺术，但这样与他的核心艺术形式概念就形成悖论，因为核心的艺术形式必然不是在最初就形成的，而是后来发展而成的。④于是戴维斯给出的解决方案是，最初的艺术具有审美属性，且这种审美属性对于制造它的人和团体来说是本质性的，并且没有证据表

① CARROLL, NOËL. Philosophy of art: a contemporary introduction[M]. New York: Routledge, 1999: 263.
② STECKER, ROBERT. Is it reasonable to attempt to define art?[A]. in CARROLL, NOËL (ed.). theories of art today[C]. Madison: the University of Wisconsin Press, 2000: 51.
③ DAVIES, STEPHEN. First art and art's definition[J]. the Southern Journal of Philosophy, 1997(XXXV): 19-34.
④ DAVIES, STEPHEN. First art and art's definition[J]. the Southern Journal of Philosophy, 1997(XXXV): 19-34.

明这种属性是最具意味和不可改变的，对我们来说是一种历史且本质的存在。①

第二节　作为艺术本质的历史性

面对艺术是否具有一个本质的问题，卡罗尔提出将历史性（historicity）作为艺术的本质，即艺术在本质上是历史真实性的。卡罗尔用历史性本质来表示艺术品一般的、共有的某个特征或某个必要条件，有助于表明艺术品的身份，且能够保证历史叙述的准确性和真实性，使它区别于虚构性叙述。历史性并非只是艺术品才有的特征，也不是艺术的充要条件，因此也是反本质主义的。在这一本质特征下，艺术实践具有历史性维度，艺术家对传统进行历史叙述，来识别和创造先锋艺术与大众艺术。

一、艺术实践具有历史性维度

从卡罗尔对本质主义艺术定义的分析中可以看出，非自觉的本质主义定义将再现、表现、形式、审美看作艺术的本质，自觉的本质主义定义将另外一些元素视作艺术的本质。卡罗尔认为这些艺术理论主要关心的是把这些条件突显出来，并且主张艺术有这种意义上的本质，但这些本质特征作为艺术具有的普遍性特征，却并非艺术独有的：

> 当柏拉图和亚里士多德赞同诗歌与绘画是模仿时，就指出了一种被他们当作本质的东西，他们知道这一特征虽然对艺术意义重大，但是在孩童的模仿游戏中也存在，即使在他们的时代也是如此。……当乔治·迪基说艺术品是一种为了公开展示而设计的作品时，他就指出了艺术的一个本质特征，尽管无论本质上的可公开展示性还是历史真实性，或者是交流性都不是艺术独有的特性。②

① DAVIES, STEPHEN. First art and art's definition[J]. the Southern Journal of Philosophy, 1997(XXXV): 19-34.
② CARROLL, NOËL. Beyond aesthetics: philosophical essays[M]. Cambridge: Cambridge University Press, 2001: 77.

可见卡罗尔尽管认定艺术具有历史性的本质，但并不像本质主义艺术定义那样，将此本质作为区分艺术与非艺术的充分必要条件。从这个意义上来说，历史性的艺术本质观是反本质主义的，与历史叙述理论一脉相承，印证了"'艺术'是一种历史的存在，我们也准备'历史地'去观看艺术，因此，一个适用于所有历史时期的艺术概念就不存在了。……艺术从来就是历史的，艺术是历史地观看和判断后的对象"①。

在前面考察艺术的本体文化实践时，我们知道艺术作为文化实践，具有历史性、公众性、复数性，可见历史性这一特征，连接了艺术的本质和本体，充分显示了艺术实践具有历史真实性，也就是说，艺术实践与先前艺术实践、艺术家与先前艺术家、艺术家与接受者之间的对话处于某种传统之中，艺术的生产传统和接受传统都具有历史性的维度。

首先，艺术家的生产与创作处于一个传统中。卡罗尔认为艺术家不是具有独创性的天才，而是可以在学习传统的基础上进行创新的大众，因此艺术家的创新不是凭空而生的，而必然是以艺术家对某种艺术传统的学习为前提。在学习过程中，艺术家关注社会习俗、自我理解、经验法则、有联系的价值甚至艺术理论，艺术传统便作为艺术家自身历史的一部分而存在，并对他的艺术创作产生巨大的影响。在生产艺术品时，艺术家与艺术传统保持对话，重复、提高、怀疑此传统中的大师的成就，进而通过自己的作品，以这种或那种方式，为这个传统中增添某种新的东西。但无论如何，艺术家一直在延续着传统，即使那些摒弃大部分传统的艺术家也是在延续传统，因为对一部分传统的摒弃是与对另一部分传统的突显相关的。

其次，包括艺术家在内的观众的接收也处于一个传统之中。观众欣赏和理解艺术作品的传统，并不完全与生产的传统脱离，因为艺术家是自身作品的第一个观众。当艺术家转换位置，处在观众的角度对艺术品进行接受时，便明确了艺术欣赏和理解所应遵守的规范和应该达到的目的，这一规范和目的进一步影响艺术家的生产。在较小程度上，观众的反馈也会在交流时被艺术家采纳，这种生产和接收相互协调的传统，为艺术家和观众之间的互动提供了定位的依据和手段。在很大程度上，包括艺术家在内的观众对一部艺术作品的理解，就是把它放入一个传统为它寻找合适的位置。由于受制于艺术史知识、历史敏感性，这种理解对有些人来说可能难度较大，对另一些人来说则非常容易。

---

① 吕澎. 如何学习研究艺术史[M]. 北京：北京大学出版社，2013：24-25.

　　所以，艺术家对一部作品的创作和接受者对一部作品的理解，都需要将作品放入一个传统之中。艺术家向艺术传统中的前辈学习，揣摩他们的目标和突破，从而为自己对传统的贡献做准备。观众将艺术作品放置于一定的历史传统中，根据艺术在该历史时期的概念、标准，以及艺术家之间的冲突和竞争，从革新/保守、创新/无创造性、革命/倒退来欣赏并解释该艺术品。

　　这就显示了艺术所具有的一个不可动摇的历史维度，表明艺术作为一项文化实践，创作和接受都必然带有历史性的、传承下来的传统，从而构成艺术的历史，"没有艺术史，就没有我们所知道的艺术制作的实践，和在任何可感知的程度上理解这个实践的可能性，在这个意义上，历史是艺术的必要条件，因此，艺术至少有一个本质特征"①。

二、艺术家对传统的历史叙述

　　历史叙述理论为艺术家在创作先锋艺术和大众艺术的过程中，提供了强大的理论工具，也为接受者提供了识别艺术的有力方法。并且这两个过程的原理和方向实则是一致的，艺术家对先锋艺术和大众艺术的创造，通过对传统进行历史叙述而完成的，而对传统的历史叙述即是对新的艺术作品的识别和解释。相对于大众艺术而言，先锋艺术之所以难以理解，是因为它对这种传统发出了挑战，往往是对先前艺术传统的拓展和摒弃，以突破常规的方式挑战受众的期待视野，大众艺术是对先前艺术传统的复制和挖掘，以形成容易理解的风格，但是即便如此，我们还是可以将它们都放入传统中进行解释。"如果这个挑战被证明是没有根据的，那就是历史理解的失误。要使这个挑战发生扭转，就需要给出历史理解，提供历史理解最简单的方法就是历史叙述。"②

　　卡罗尔以伊莎朵拉·邓肯的现代舞为例，阐述了一个完整的历史叙述故事。在邓肯之前，19世纪后期美国的舞蹈以古典芭蕾舞为主流，邓肯对此的评价为陈旧、呆板、沉闷，她将这些特征与旧世界相连。在此背景下，她寻求一种自然的舞蹈形式来象征惠特曼式的美国精神。1904到1914年之间，她在交际舞、人体文化、体操和行为艺术中广泛吸取资源，创造了赤

---

① CARROLL, NOËL. Beyond aesthetics: philosophical essays[M]. Cambridge: Cambridge University Press, 2001: 87.
② CARROLL, NOËL. Beyond aesthetics: philosophical essays[M]. Cambridge: Cambridge University Press, 2001: 87.

脚舞蹈，摒弃了芭蕾舞的足尖形式，创造了宽松的束腰外衣，摒弃了芭蕾舞的紧身衣，与此同时，她的舞蹈拓展了跑步和慢步的舞蹈语言，摒弃了芭蕾舞程式化的舞步，最终形成了颇具个性的现代舞，解决了舞蹈艺术停滞不前的问题。但是，尽管邓肯的现代舞摒弃了古典芭蕾舞，但她并不认为自己创造了全然崭新的东西，她认为自己使舞蹈回到了希腊艺术对自然价值的铸造。

历史叙述理论在实验电影、独立电影等先锋艺术中体现得也很明显。在《先锋电影和电影理论》一文中，卡罗尔以奥地利导演库贝尔卡（Kubelka）的先锋实验电影为例，从其对韵律结构等的强调，梳理这些电影实践与已有先锋电影存在摒弃的历史叙事关系。

但并非所有先锋电影与既有先锋电影之间的关系都是清晰可见的，在卡罗尔看来有些候选者与先锋电影理论之间的关系更加明显，因为理论已被暗示或被认可，因此这些电影并不是对理论的产生而是与理论的关联。除此以外，他还列出了先锋电影和电影理论之间的五种可能性关系，以此来概括先锋电影候选者被正名的几种途径。"电影理论为先锋电影的定位提供证据，因此先锋电影是解释性的，他们从技术、种属、传播方式的角度对给定的电影给予解释。"[1]

首先，先锋电影通过缩小或者扩大的方式激起理论的改变。戈达尔的《狂人皮埃罗》（*Pierrot le Fou*），提供了两种可选择的情景，这种电影理论扩大了电影导演创新的理论，其开创的影响不亚于杜尚的《泉》对美术史的影响。先锋电影与理论发生关联的另一种方式是，建立某种理论的电影范例，卡罗尔举了电影《佐恩引理》（*Zorn's Lemma*）与结构化电影（*Structural Films*）理论之间的关联。其次是对理论的解释，比如贝尔·布兰德的作品《在田野中》（*In the Field*），该片引用了法国纪录片关于中南半岛的影像，并以序列并置的方式进行编码，进而提供了一种经典叙事。最后，一些电影并不跟既有理论发生关联，但是对某些理论的兼容性很强，如美国女性实验电影鼻祖依冯·瑞纳，在其电影中对福柯的权力理论、拉康的精神分析符号学、克里斯蒂娃的女性主义理论的某种回应。

艺术家对大众艺术的识别和创造，是将形式和功能置于历史叙述框架

---

[1] CARROLL, NOËL. Theorizing the moving image[M]. Cambridge: Cambridge University Press, 1996: 163.

下进行的。卡罗尔认为"多数大众艺术是具象的和叙述的"①，因此他所说的大众艺术主要包括通俗小说、电影、电视、连环漫画、叙述歌曲等叙述艺术和具象艺术，不包含纯乐器音乐和纯粹的视觉设计。

首先就大众艺术中的叙述艺术和具象艺术而言，它们产生于大众媒介信息技术诞生后的大众社会，因而是大众社会特有的艺术形式，而非从 18 世纪中期诞生以来就一直存在的所谓美的艺术的艺术形式，因此大众艺术形式是从先前形成的艺术形式中逐步发展和形成的。在新技术的不断产生下，这种艺术对未来的艺术消费者也未必适合。其次，卡罗尔认为大众艺术具有的认知、道德、意识形态等功能，也是从先前艺术历史中继承而来，并不是大众艺术独一无二的功能，因此历史主义与功能主义在描述和辨识大众艺术时并不矛盾。

可见大众艺术在形式和功能上的历史特性，决定了艺术家在对其进行创造时，可以使用历史叙述法对具体的叙述艺术候选者和具象艺术候选者进行解释，以将其归入艺术阵营。不同于先锋艺术对传统艺术形式和题材的扩大和摒弃，大众艺术一般致力于对传统艺术形式和题材的发掘和复制。卡罗尔以先锋电影《全家福》和大众电影《陆军野战医院》为例来加以说明，两部作品为了更好地达到自身目的，前一部作品选择了正面的、保持一定距离的、闭合"镜框"的方法，以便突出父权制角色为核心的环境，后一部作品选择渗透式运动的镜头风格，以便强调陆军野战医院更加平等的环境。

卡罗尔摒弃本质主义的艺术定义方法，将艺术的定义问题转换为艺术的叙述问题，对艺术定义的放弃，显示了他的反本质主义思维。沿着丹托、列文森、斯特克的历史主义路径，卡罗尔将艺术理论、艺术意图、艺术功能等融合进"历史叙述"，以"叙述"作为连接艺术之间的历史的方法，这一历史主义的非显性属性，区别于再现、表现、形式、相似性等功能主义的显性属性，从而体现了卡罗尔与曼德尔鲍姆之间的精神联系。相比之下，历史叙述法作为一种识别艺术的方法，避免了以上艺术定义的诸多弊病，在文化实践的框架下，能够成功将先锋艺术归并到艺术家族中，从而较好地完成艺术哲学的潜在的基本任务。但因为历史主义的立场，卡罗尔最终没有往前一步打破历史的界限进入史前生物阶段，以进化论的理论去研究最初的艺术的识别方法。

---

① CARROLL, NOËL. A Philosophy of mass art[M]. New York: Oxford University Press, 1998: 10.

关于最初的艺术的起源，或许要抛开历史叙述理论、历史性定义、历史性功能主义等历史主义的定义，以进化论的理论观照史前的生物行为才有希望得出最终的答案。迈克·冉塔从进化心理学的角度对艺术起源进行研究，但他最终得到的结论是"人类与生俱来的模仿能力"①。进化论学者埃伦·迪萨纳亚克通过对史前的动物行为进行生物学的研究，在《审美的人》（Homo Aestheticus：Where Art Comes from and Why）中提出人类艺术行为的生物学核心为"使其特殊"：轻视或者不重视美、形式、神秘性、意义、价值和质量——无论是艺术中的还是生活中的——的社会制度正在剥夺其成员的那些和食物、温暖与住所一样基本的人类需求。②相比之下，卡罗尔的历史主义思维决定了他将艺术视为历史的、文化实践的，而非本质的、与生俱来的。

但是，倘若超出艺术史范围的一些孤例能够借助进化心理学得到识别，历史叙述法是否完全超越其他的艺术定义，成功地解决了艺术的识别问题呢？

首先存在的一种情况是，假设一个自称艺术家的人根据艺术史对某个物品进行了历史叙述，按照历史叙述理论这便是一件艺术品。案例中的艺术家可以是知晓艺术史的随便某个人，因为缺少了艺术圈的授权环节，这种背景下产生的艺术品的范围会非常宽泛，是否就一定是公认的艺术品呢？

此外，历史叙述法提供了复制、拓展、摒弃这三种主要的叙述方式，但是假设有两幅画，时间稍晚的那幅画受到之前绘画的启发，复制了它将近百分之九十的内容，只在个别的地方做了一些修改，按照历史叙述理论，因为它们之间存在复制的叙述关系，所以后出现的绘画是艺术。尽管这一断定似乎没有问题，但这很容易将"抄袭"等同于"历史叙述"，从而为坏艺术提供辩护的借口。

诸如此种，从中可以看出历史叙述法尽管具有面向未来的开放性和足够的包容性，但有些情况下可能会带来过于宽泛的结果。卡罗尔对历史叙述法的辩护并不表明他认定这一理论为识别艺术的唯一真理。他认为，关于如何识别艺术这个问题，有一个标准答案是很好的，但是如果有待处理的问题太复杂，我们应该不让自己局限在唯一的答案之中。历史叙述法尽

---

① RRANTA, MICHAEL. Art: on the evolutionary foundations of art and aesthetics[A]. DUNER DAVID, SONESSON, GORAN, (ed.). Human lifeworlds: the cognitive semiotics of cultural evolution[C]. New York: Peter Lang. 2016: 132.

② [美]埃伦·迪萨纳亚克. 审美的人[M]. 户晓辉，译. 北京：商务印书馆，2004：17.

管是我们甄别艺术的主要手段，但并非我们用来甄别艺术的唯一策略。在复杂的现实面前，我们需要使用不止一种方法来识别艺术。

赵毅衡重返功能主义对艺术下的定义可以看作对这一危机的一种回应：在组成文化的各种表意文本中，艺术是藉形式使接收者从庸常达到超脱的符号文本品格。①这一定义在将艺术与文化、艺术世界与生活世界相联系的前提下，重申艺术"超脱庸常"的符号文本品质，昭示艺术来自生活并高于生活。而更复杂的情况下，或许可以借助纳尔逊·古德曼用"何时为艺术"替换"什么是艺术"。

古德曼质疑艺术定义的可能性，认为突出某个元素并以分类或评价的方式来对艺术下定义是行不通的，原因在于下定义的人没有认识到某件事物可以有时是艺术品，有时不是。不同于莫里斯·维茨的彻底质疑，古德曼将艺术看作一种认识论的方法，将艺术哲学看作一种符号系统，运用符号学理论试图在艺术的基本问题上发挥作用。

借助指称论、记谱理论等符号化的努力，古德曼将"什么是艺术"转移到"在某个时刻艺术做了什么"。一块躺在公路上的石头捡回去放在艺术博物馆展览时就成为一件艺术品，而伦勃朗的绘画被偶尔用来当作挡风玻璃或被当作垫板时便不再是艺术品，辨别艺术的标准，即他所认为的审美五大症候。古德曼实际上建立了一套区分艺术而非评价艺术的语法规则，每一次实践都是这套规则的一次实际运用，关键看阐释者如何对符号文本的句法密度、语义密度、多元指称等五大症候进行阐释。

卡罗尔认为艺术具有很多本质，但与历史叙述法紧密相连的是历史性，历史性作为艺术的本质，不为艺术所独有，且不同于再现性、表现性、审美性等属性作为艺术的充分必要条件，历史性并非艺术的充要条件，因而是反本质主义的。这一特性确保了历史叙述的准确性和真实性，使历史叙述不至于滑落为虚构性叙述，也使艺术家通过对传统进行历史叙述，识别和创造大众艺术与先锋艺术。至此本章从艺术家角度考察了历史叙述法和历史性本质这一卡罗尔大众艺术哲学的核心问题，下面将从接受者角度对他大众艺术哲学中的另一个重要问题艺术经验论进行考察。

---

① 赵毅衡. 从符号学定义艺术：重返功能主义[J]. 当代文坛，2018（1）：4-16.

第五章
认知主义的大众艺术经验论

卡罗尔在《三个向度的艺术》论文集中，叙述了他的艺术经验论的总体观念："艺术哲学应该避开审美主义（aestheticism）——在艺术的审美理论和自律艺术观中作为统治地位的主流方法，相反我主张一种强调艺术进入文化生活和个体观众生命的艺术哲学。"①所以，三向度的艺术反对艺术审美理论为核心的单向度艺术（Art in One Dimension），表示"艺术哲学应该从多元化角度看待艺术，将艺术视为对社会的实质参与，对受众的道德和情感经验发生重大影响"②。

审美主义作为资产阶级小众为艺术而艺术的趣味消遣，是卡罗尔反思和超越的对象。基于认知心理学，卡罗尔主张认知主义（cognitivism）的大众艺术经验，且以认知主义为主线，包括认知、情感、道德、审美等多元的经验，审美经验与非审美经验之间形成相互联系的整体。认知主义背后的认知心理学，是被当代艺术理论所忽视的，这一理论尽管不是一个统一的理论，但其构成成分共享着特定的理念："认知模式相对于精神分析模式来说，为理论问题提供了更好的答案；认知主义是可以通过推理和证据评估的理性模式，等等"③，并且能够"为主体对电影结构的解释方式带来资源和刺激的一个明显途径"④。

本章第一节从四种再现与大众认知之间的关系，论述大众普遍具有的认知能力，从卡罗尔的假定断言理论论述其意图主义与认知之间的关系。

---

① CARROLL, NOËL. Art in three dimensions[M]. Oxford: Oxford University Press, 2010: 1.
② CARROLL, NOËL. Art in three dimensions[M]. Oxford: Oxford University Press, 2010: 1.
③ CARROLL, NOËL. Theorizing the moving image[M]. Cambridge: Cambridge University Press, 1996: 321.
④ CARROLL, NOËL. Mystifying movies: fads and fallacies in contemporary film theory[M]. New York: Columbia University Press, 1988: 192.

第二节从艺术叙述性、表现性情感认知的关系，论述卡罗尔的情感认知理论与虚构悖论的关系，艺术表现性属性对情绪的表现和引发，以及表现和叙述在道德情感认知中的作用。第三节叙述卡罗尔对审美经验的反思和复兴，以及他在此基础上构建的内容导向的审美经验理论，该理论包括形式属性、表现性属性、审美属性等结构，是从认知主义立场对传统审美经验的超越。

第一节　再现、意图主义与大众认知

卡罗尔的认知主义艺术经验论主要从其电影理论出发，且这一立场建立在对当代精神分析电影理论的主体定位的反对之上，主张大众可以理性主动地认知，对无条件的图像再现具有天然的图像认知能力，对有条件的再现具有经过训练可以掌握的认知能力。认知的中介除了艺术再现还有作者意图，卡罗尔反对比厄兹利的意图谬误和罗兰·巴特的作者之死，认为作者意图对大众的认知和解释具有很大的意义和作用，对非虚构电影的辨别即可借助意图主义立场下的假定断言理论进行解释。

一、四种再现基础上的大众认知

卡罗尔描述了各种艺术中存在的四种再现方式：无条件再现（Unconditional Representation）、词汇再现（Lexical Representation）、有条件的具体再现（Conditional specific Representation）、有条件的一般再现（Conditional Generic Representation）。

无条件再现是通过激发受众固有的识别力而对对象加以识别，"各种艺术中的很多再现（如大众市场上的电影、电视、戏剧、绘画和雕塑中），都是通过激发固有的再认能力而展开的，在这个意义上，再现也是即刻形成的（就是说，不需要以对某种武断的或者惯例的编码的操纵作为中介）"[1]。这种能力让观看者仅仅通过看《蒙娜丽莎》就能识别这幅画所指的是一个女人，仅仅通过观看一位女演员把叉子举到嘴边模仿吃东西的动作，就能识别是对吃东西的扮演，这种类型的再现也存在于模仿鸟鸣的音乐中。

---

[1] CARROLL, NOËL. Philosophy of art: a contemporary introduction[M]. New York: Routledge, 1999: 50.

词汇再现必须借助于有一定语义的符码，以此作为中介受众才能理解艺术中的再现。卡罗尔以浪漫芭蕾舞为例，当一个角色在头上画一个圈，代表"我很漂亮"，但受众单凭感官是无法明白的，必须要借助于相关的词汇知识才能明白。

有条件的具体再现，以《哈姆雷特》里的片段为例，说明只有在我们已经被告知"正在再现的东西是什么"这一条件下，我们才能认出正在再现的东西。这种"告知正在再现的东西是什么"的前提，是破译让人困惑的符码的必备条件。

有条件的一般再现，存在的前提是观看者知道某事物正在被再现，从而认出 X 代表 Y。比如知道我摆动的胳膊代表波浪的前提是你知道我正试图再现某事物。假使你知道我正试图再现某事物，但不知道具体再现的是什么，那么将我正在摆动的胳膊看作波浪便是你最先具有的假想之一，这是卡罗尔为有条件的一般再现所举的例子。

以上四种再现形式在艺术中常常以互相融合的方式而存在，并且在不同艺术中存在比例上的差异。卡罗尔指出，一般的戏剧、电影和电视主要使用无条件的再现，可能使用词汇再现，但在某些先锋艺术的例子中会使用有条件的再现。舞蹈使用无条件的再现，但舞蹈也很倚重词汇再现，为了再现的目的也会依赖两种有条件的再现，且相对电影电视来说，舞蹈更多地依赖有条件的再现。但舞蹈和音乐相比，前者比后者更多地利用了无条件再现，绘画、素描和雕塑这些艺术形式，就无条件再现与有条件再现的比例而言，音乐落在了舞蹈和电影、戏剧、电视中间。

可见大众通过对再现的认知，使艺术与知识尤其社会知识相连接，从中可以看出大众可以对艺术主动认知。如果说支撑无条件再现的心理机制，是相似性原理带来的图像识别力，那么有条件再现则要依赖一定的编码知识，但在面对各种再现方式融合的艺术时，最基础的认知方式是一种超文化的图像识别，这在根本上与卡罗尔对视觉现代性的批判是相一致的。

以维利里奥、乔纳森·克拉里为代表的理论家主张视觉现代性，认为任何一个时代的表征到观看的视觉模式和机制都是历史性的建构过程，而非在生理和文化上从来如此、天然存在、永恒不变的。但卡罗尔在《现代性与知觉可塑性》这篇文章，通过对马克思·沃特夫斯基（Marx Wartofsky）的知觉现代性的观点的批判阐明自己的反对立场。沃特夫斯基在其文章《艺术史与知觉》指出人类的知觉会随艺术史的转变而转变，因此艺术再现在人的历史中扮演着一个很关键的角色。这一观点遭到阿瑟·丹托在《看见与显示》中的批判，丹托集结许多跨文化的证据来说明人类的知觉在认知层面上并不具有历史变化，更遑论被艺术史塑造。卡罗尔认为对丹托来说沃特夫斯基并不是最合适的攻击目标，因为后者在支持知觉历史化的理论家中间并不是最有名的，因此在《现代性与知觉可塑性》这篇文章中，他将目标对准了本雅明，通过对其相关理论的批判，来论证自己的观点。

卡罗尔对本雅明的批判建立在对其《机械复制时代的艺术作品》的解读之上，主要通过澄清知觉/知觉能力、审美感知/日常感知、看/留意这三组概念来阐明自己的观点。对本雅明而言，物的灵韵（the Aura）的存在建立在审美距离之上，摄影和影像的复制使人们可以近距离地得到想要的物品，这种现代性使审美距离逐步消失。鲍德里亚的"拟象"观在此基础上进一步揭示了一种现代新型的观看者的诞生：漫步在现代都市中，这种新型观看者将他们的注意力随时随意转移，从一个场景转移到另一个场景、从一个产品转移到另一个产品。在此，卡罗尔以本雅明为例，揭示了知觉现代性的核心：19 世纪现代性的发展使人类的知觉能力变得与此前大不相同，一是表现在知觉转换速度的加快，一是表现在审美知觉在现代社会逐渐消失。但他反对这种对比，并在两个方面分别给予了回击。

首先，卡罗尔承认知觉会随着时代的改变而改变，现代社会涌现的新事物必将使知觉发生改变，因为有许多新的事物需要观看。但是"现代性理论宣称的知觉的改变最简单的解读即知觉能力（Faculty of Perception）的改变"[①]，而这一改变发生在 19 世纪晚期到 20 世纪初期，在卡罗尔看来这一假设并不成立。其原因是"在解剖学和生理学的层面上来说人类的视觉器官一直处于运动状态，持续地对所处环境进行扫描，这一适应环境的特征由来已久，给史前人类带来不少便利，使得他们远离各种危害"[②]。因此说人类在 19 世纪才开始发生感知的注意力转移，在卡罗尔看来是不对的。

其次，卡罗尔认为在人类的知觉能力中，并不存在特定艺术作品的审美知觉和日常生活的普通知觉之间的决然对立和断裂，他们只是观看者使用不同感知能力而产生的不同感知方式而已。尽管日常感知需要的注意力是流动的、不坚定的，审美感知则需要对艺术品、纪念物等给予一种受过训练的、专注的注视，但是这种有一定距离的注视不仅针对艺术品，人们

① CARROLL, NOËL. Modernity and the plasticity of perception[J]. Journal of Aesthetics and Art Criticism, 59(1), 2001: 11-17.
② CARROLL, NOËL. Modernity and the plasticity of perception[J]. Journal of Aesthetics and Art Criticism, 59(1), 2001: 11-17.

面对日常物也可以训练自己去应用这种审美感知。因此，卡罗尔认为这种审美感知并没有随着现代性的出现而消失，人们不仅花时间在美术馆、博物馆、剧院等地方去获得这种感知，而且也将这种感知延伸到日常生活中，"两种感知如我一向怀疑的那样，在今天发生了混合，现代性并没有使沉思式的注视消失"①。

卡罗尔通过对知觉/知觉能力，审美感知/日常感知这两组概念的分析，使本雅明的视觉现代性、知觉现代性的核心观念得到澄清，从而清晰反驳了本雅明的观点。但是他的论证至此并没有结束，看与留意（Seeing and Noticing）是他进行区分的第三组概念。

看，指的是视觉感知能力自动发出的行为；留意则指我们应用习得的经验，对所看到的东西组织和编辑的方式与结果。卡罗尔认为"看"和"留意"的不同更多是视觉"软件"的不同，根本的硬件并没有区别。"人们面对艺术品时可以通过学习来观看艺术品的若干特征，但这并不会对视觉能力带来变化。"②因此用看和留意来对本雅明的视觉现代性理论进行重申，也可以看出其中存在的谬误。

这里也可以看出，卡罗尔并不是将认知主义与文化主义决然相对，相似性的图像再现导向一种基本而普遍的"看见"，文化的差异带来不同的"留意"，未进入文化范畴的图像"作为一种指向认知的符号，使观看者通过观看立即能自动识别，但这一图像也与其他事物具有平等的地位"③。而认知的中介除了艺术再现还有作者意图，卡罗尔认为作者意图对大众的认知和解释具有很大的意义和作用。

二、意图主义下的假定断言理论

在接受美学和解释学成为主流之前，作者的意图对接受者接受艺术品的过程起到至关重要甚至至上的霸权作用。在这一主流的影响下，作家艺术家的生平轶事、创作动机、心理情结以及创作的历史时代背景都是解读作品的必要窗口。然而门罗·比厄兹利的"意图谬误"排除作品外部因素，

① CARROLL, NOËL. Modernity and the plasticity of perception[J]. Journal of Aesthetics and Art Criticism, 59(1), 2001: 11-17.
② CARROLL, NOËL. Modernity and the plasticity of perception[J]. Journal of Aesthetics and Art Criticism, 59(1), 2001: 11-17.
③ CARROLL, NOËL. Minerva's night out: philosophy, pop culture, and moving pictures[C]. Malden: Blackwell Publishing, 2013: 14.

引领新批评流派的文本细读；罗兰·巴特"作者之死"将作品解读重心置于接收者一端，从而使结构主义转向解构主义。

1946年，比厄兹利和维姆萨特合写《意图谬误》，以对诗歌的内部和外部解读为对照，论证"作者的意图作为评价一部文学作品是否成功的标准既非必要也非令人满意的"①。罗兰·巴特在发表于1968年的《作者之死》中写道："古典主义的批判从未过问过读者；在这种批判看来，文学中没有别人，而只有写作的那个人。现在，我们已开始不再受这种颠倒的欺骗了……为使写作有其未来，就必须把写作的神话颠倒过来：读者的诞生应以作者的死亡为代价来换取。"②

卡罗尔在发表于1992年的文章《艺术、意图与对话》中提出"意图谬误和作者之死"代表了两个反意图主义的策略，"尽管他们处于不同的年代、不同的国家，但他们的立场在反对早年所谓传记批判的过程中就确立了"。③卡罗尔认为"像比厄兹利这样的人支持反意图主义是因为他确信艺术品和文学文本的自律性，而当代文学批评家支持反意图主义则是为了读者的自由和自主，比如，在巴特那里，'作者之死'与读者的诞生是一致的。"④

因此，比厄兹利的策略依赖于举出艺术品具有独特的形式属性和审美属性，该属性不需要解释只需要审美，巴特的策略以观众的审美兴趣为重心，否认作者意图无关紧要。经过总结和比较，卡罗尔认为这两种论证都建立于一个相同的预设，即反意图主义秉承康德式的审美理论，认为审美满足是艺术的最高目标："审美原则的最佳方法是始终把作者意图视为无关的事，因为它既没有增添我们的审美满足感，也可能阻碍我们获得对作品的最愉悦体验。"⑤

卡罗尔对"意图谬误"和"作者之死"进行反驳，核心原因为"我们对艺术品的审美满足最大化的兴趣是首要的"这个看法并未得到证实，因为受众对艺术品除审美兴趣外还有解释或对话的兴趣，没有理由认为审美

① WIMSATT JR, W. K, BEARDSLEY, M. C. The intentional fallacy[J]. the Sewanee Review, 1946(54): 468-488.
② [法]罗兰·巴特. 作者的死亡，见罗兰·巴特随笔选[A]. 怀宇，译. 天津：百花文艺出版社，2005：301.
③ CARROLL, NOËL. Beyond aesthetics: philosophical essays[M]. Cambridge: Cambridge University Press, 2001: 161.
④ CARROLL, NOËL. Beyond aesthetics: philosophical essays[M]. Cambridge: Cambridge University Press, 2001: 173.
⑤ CARROLL, NOËL. Beyond aesthetics: philosophical essays[M]. Cambridge: Cambridge University Press, 2001: 172.

兴趣总是高于这些兴趣。接受者通过艺术品与作者的对话尽管不是即时互动的，却是一种类似日常对话的方式，需要理解对话者的意图，因此在这场对话中如果没有交谈也没有交流，只有我们自己根据外在现象进行的猜测，无论具有多么丰富的审美性，也会让我们有一种少了点什么的感觉，因此在艺术品的接受中解释和对话同审美一样重要，甚至有些场合更加重要。"我们对艺术感兴趣的一个重要原因是它不仅提供了获得审美满足的机会，而且让我们的解释能力在真正对话的语境中得到锻炼。"①

卡罗尔的《艺术、意图与对话》这篇文章发表两年之后，引来乔治·迪基和肯特·威尔逊在 1995 年联合撰文《意图谬误：为比厄兹利辩护》，将矛头指向他的"对话"概念，对反意图主义理论进行辩护。该文认为不同种类的对话有不同的目的，在日常对话中我们通常以理解说话者的言辞意义为目的，只有在关心说话者的动机这一问题出现时才会关心说话者所要表达的意义，这一对话理论同样适用于艺术。②对反意图主义的支持显示了迪基对审美态度的重新认同，与其在 20 世纪 60 年代宣告审美态度为神话的前期阶段形成鲜明对照。

卡罗尔对审美主义的反对和对意图主义的支持是相辅相成，1997 年，卡罗尔《意图谬误：自辩》一文，从界定争论的范畴、解释的本质以及艺术家的地位三个方面进行回击，指出"迪基和威尔逊关于意图谬误的观念是狭隘的，因为贯穿在艺术中的意义无法被简化为语言的意义"，最终再次捍卫"试图弄清说话者想说什么就是对话的一个普遍特征"。③

在卡罗尔的理论中，他始终认为意图谬误和作者之死理论都因为忽略了作者的主体性而丧失了艺术作品的对话性，因此在意图主义和对话理论下，卡罗尔总结道：审美满足最大化的思想带有一种明显的"消费主义"色彩，这种消费方式将我们与文本的关系简化为马丁·布伯式的"我/它"关系，意图主义将接受者与作者放置于主体间性的平等对话立场中，通过文本与作者之间进行交流的方式，才能实现"我/你"的关系，从而在深层次上实现我们与他人的交流欲望和动机。所以"审美满足并不是我们与艺术品互动时唯一重要的价值来源，此外互动也是艺术家和我们之间的对

---

① CARROLL, NOËL. Beyond aesthetics: philosophical essays[M]. Cambridge: Cambridge University Press, 2001: 174.

② DICKIE, GEORGE, WILSON W. KENT. The intentional fallacy: defending Beardsley[J]. the Journal of Aesthetics and Art Criticism, 1995(53): 233-250.

③ CARROLL, NOËL. The intentional fallacy: defending myself[J]. the Journal of Aesthetics and Art Criticism, 1997(55): 305-309.

话——一种人与人的相遇——中的重要事件，在这场对话中，我们不仅是出于对艺术家的尊敬想了解艺术家的意图，而且也因为我们个人对成为有能力的回应者感兴趣"①。

　　受众与作者意图之间的互动和对话，使卡罗尔在解决非虚构电影的虚构悖论问题上提出假定论断理论。虚构类影片和非虚构类影片在我们一般的区别中往往以纪录片和非纪录片作为区分，并预设前者是纪实电影，后者为非纪实电影。但是在卡罗尔看来这种区分并不能将虚构电影和非虚构电影之间的区别完全概括，因为在这两种体裁的电影艺术之间的界线，因为叙事、风格等的互相借鉴变得模糊，纪录片、纪实电影、传记电影等"非虚构影片"往往形成虚构悖论。

　　为解决这一冲突，以麦茨为代表的许多理论家持彻底的解构主义态度，认为"所有的电影都是虚构的，因为他们都是表现"②，卡罗尔在其文章《从真实到眩晕：困于非虚构电影》中对麦茨的这种观点予以否定。这种解构主义的态度在卡罗尔看来过于极端，并没有解决实际的问题，因为虚构类和非虚构类的电影即使可以因风格和形式方面相互借鉴而缩小差异，但在其他方面必然会存在一些差异，完全的等同只能抹杀它们之间的细微差异。于是他在《虚构类影片、非虚构类影片与假定断言的电影：概念分析》这篇文章中，提出"假定断言的电影"（the Film of Presumptive Assertion）③这一术语以及其公式作为辨别的理论：

　　　　x 是一个假定性断言的电影，当且仅当电影制作者 s 通过 x 为观众 a 呈现了意图（1）观众 a 认出 x 是 a 意图用来表示 p（一些提议的内容），（2）a 确认 s 意图使他们（a）在 p（一些得到断言的思想）中得到消遣，（3）a 将 p 作为断定的思想消遣，并且（4）条件 2 是条件 3 的原因。④

　　这一概念的关键是电影的意图-回应模式和假定性痕迹，根本是假定电影在被制作阶段即已嵌入发送者的意图，即一种假定论断的意图，这一意

　　① CARROLL, NOËL. Beyond aesthetics: philosophical essays[M]. Cambridge: Cambridge University Press, 2001: 177-178.
　　② CARROLL, NOËL. Theorizing the moving image[M]. Cambridge: Cambridge University Press, 1996: 224.
　　③ CARROLL, NOËL. Engaging the moving image[M]. New Haven: Yale University Press, 200: 193.
　　④ CARROLL, NOËL. Engaging the moving image[M]. New Haven: Yale University Press, 2003: 209.

图通过新闻发布、广告、电视采访、电影列表、电视节目、预览、评论和口碑以及电影标题卡中的信息等假定性痕迹传达给观众，观众根据对这些信息的认知推断意图发送者的虚构意图或者非虚构意图。如果接收者成功接收到发送者的虚构意图，便成功产生"推测性想象"（Suppositional Imagination）的反应模式，得出电影文本是虚构的结论，如果接收到发送者的非虚构意图，则产生"历史性追溯"的反应模式，得出电影文本是非虚构的结论。

　　两种假定的意图也有可能在接收过程中失效，原因可能是电影文本在客观上没有完美体现意图，也可能是观众因为不相信而无法有效接收，未能满足客观性的承诺便是一个假定性断言电影的缺陷，进而会得到各种各样的批评，因此卡罗尔强调他的这一理论可以说是先验的，实际情况确实要复杂得多。

　　卡罗尔的假定断言理论似乎没有考虑到"解释漩涡"这种实际情况的存在，"解释漩涡"的形成原理为："在同一个主体的同一次解释中，文本出现互相冲突的意义，它们无法协同参与解释，又无法以一者为主另一个意义臣服形成反讽，此时它们就可能形成一个解释旋涡。此时文本元语言（例如诗句的文字风格）与语境元语言（此文本的文学史地位）、主观元语言（解释者的文学修养）直接冲突，使解释无所适从。"①可见当出现"解释漩涡"时，假定论断意图无法成功实现。

　　此时，非虚构电影的体裁规定发送者的态度是"诚信"的，接收者态度为"愿接受"，纪实中夹杂虚构的风格使得文本品质兼具"可信"或"不可信"两种，非虚构电影的传播过程最终形成两条平行线索：

　　A. 诚意正解型：诚信意图→可信文本→愿意接受

　　B. 反讽超越型：诚信意图→不可信文本→愿意接受

　　然而对确定性的追求是认知主体永恒不变的行为，接收者面对不可信文本形成的解释旋涡，会不会最终倾向于转化为解释协同这一状态？卡罗尔并未给出答案，在他看来文本未能有效实现非虚构性意图，接收者便转向虚构意图，但赵毅衡认为"当一个文本落在虚构与纪实之间，'非此非彼，亦此亦彼'，亦即是成为文化符号学中所谓'中项'的情况，或是区隔被有意忽视以至于很难确定纪实/虚构归属时，叙述往往被视为纪实，而不是视

---

① 赵毅衡. 哲学符号学[M]. 成都：四川大学出版社，2017：206-210.

为虚构。"①因为相对于纪实叙述为非标出项，虚构叙述为标出项，如同高/矮，多/少，重/轻等二元对立范畴，人们对纪实性/虚构性的追求一旦落入真/假的范畴，非标出性的正项必将夺取大部分的话语权，可信文本压倒不可信文本，这是由人们偏向正向假设的认知心理在起作用。

所以，对具有解释漩涡的非虚构电影的认知结果到底如何呢？本文从认知心理学的角度，倾向于认为电影文本中的语言文字较图像在受众的认知过程中更为优先。

日常生活中我们面对无处不在的图文文本刺激，总是急于第一时间去阅读文字再观看画面，心理学家也用斯特鲁普效应证明了"词语的含义与要命名字体颜色的正确反应相竞争，因此产生了反应冲突和竞争"②。可见由于人类长期形成的解码习惯以及自上而下的感知习惯，对意义的获取及对真假的判断更依赖于语言文字。"一些图像被判定为'真实的'或是'虚假的'，并不在于它所再现的东西，而在于它再现的东西对我们所说的内容或所写的内容。如果我们接受对图像的评述与图像之间的关系是真实的，那么，我们就判定图像是真实的；如果我们不接受这种关系，那么图像就是虚假的。"③

因此相对图像而言，文字的解释力度更显著，对接收者的认知定式影响更明显。在得不到协同的解释漩涡中，接收者会倾向于根据非虚构电影的语言来判断真假。语言如同紧箍咒不离左右，召唤观众对纪实性的认同，至于有真实人物出镜的图像，若没有相应的文字说明，也无法具有说服力。在对语言的优先解读中，接收者的解释漩涡将最终恢复平衡，得以转化为解释协同。

第二节　叙述、表现与情感认知

除了再现和作者意图，情感也可以为受众提供理解力，情感认知理论中的情感主要是人类普遍具有的普通情感，因而是大众的，在情感认知理

---

① 赵毅衡. 广义叙述学[M]. 成都：四川大学出版社，2013：87.
② [美]哈维·理查德·施夫曼. 感觉与知觉[M]. 李乐山，等，译. 西安：西安交通大学出版社，2014：201.
③ [法]玛蒂娜·乔丽. 图像分析[M]. 怀宇，译. 天津：天津人民出版社，2012：128.

论中理性认知是桥梁，表现性、叙述性是对象。本节分别从艺术的叙述和表现性论述电影虚构叙述和虚构悖论中的情感认知过程，以及艺术表现属性对情绪的表现和引发功能，最后论述艺术的叙述和表现在道德情感认知中的作用。

一、虚构叙述中的情感认知理论

（一）情感认知理论与虚构叙述

柏拉图在《理想国》中认为情感与理性是对立的，情感是非理性的，会破坏个人内心的理性法则和社会外在的理性法则。诗歌中蕴含的对死亡的畏惧会破坏城邦战士的战斗力，对敌人的同情也会削弱战斗力，因此柏拉图主张将诗人驱除出理想国，以免对整个社会构成威胁。柏拉图的这一理论在 20 世纪影响深远，亚伯拉罕·卡普兰将大众艺术与不愉快的情感联系起来，丹尼尔·贝尔将大众艺术与感官刺激联系起来，许多理论家的类似理论在卡罗尔看来形成将理性与情感相对立的柏拉图主义。

卡罗尔在古德曼打破情感和认知二元划分的基础上将审美经验置于认知主义功能之后，再次反驳柏拉图"情感即非理性"的观点，他认为情感包括非理性的欲望，也包括理性的认知或评价，只有被欲望攻陷的、有缺陷的情感才对理性产生威胁，但"评价元素和欲望的结合是理性的，因为评价为欲望提供了好的理由"[①]，认知心理学就是应用这种原理，通过交谈和来消除非理性和不恰当的认知逻辑，进而改变情感和行为，因此情感与理性并不是二元对立的，情感可以对理性产生回应。

卡罗尔拆除认知与情感的二元对立，认为理性的认知是情感不可或缺的组成部分，再结合情感的感受元素，提出"情感认知理论"（Cognitive Theories of the Emotions），这一理论包含认知和感受两个成分："认知成分，例如关于某人、某地或某事的真实或想象的信念或想法；感受（feeling）成分（身体变化和/或现象经验），这里的感受状态是由信念或类似信念的相应的认知状态引起的。"[②]下面对这一理论中的两个元素的特征和它们之间的关系进行具体分析。

---

① CARROLL, NOËL. The philosophy of horror, or paradoxes of the heart[M]. New York: Routledge, 1990: 27.
② CARROLL, NOËL. Beyond aesthetics: philosophical essays[M]. Cambridge: Cambridge University Press, 2001: 221.

首先，在情感认知理论中，理性认知是获得相应情感状态必要条件，具有对对象的直接指向性。"要对 X 感到愤怒，我必须相信 X 对我或与我有关的人或事做了不公平的事；要对 X 感到恐惧，我必须相信 X 是有害的；要对 X 感到同情，我必须相信 X 遇到了不幸；要对 X 感到嫉妒，我必须相信 X 具有我没有的东西。"①人们处于什么样的情感状态取决于他们对情感所指向的对象的认知，对一个具体对象的认识使人拥有了关于这个对象的某种相应的想法，这些想法随即在我们身上引起了某种特定的感受状态。认知状态连接了我们的内在感受状态与外部的对象和情境，认知对注意力对象的描述会刺激我们把事件归到严格与某种情感状态有关的范畴之下，而一旦意识到对象属于这些范畴，我们就易于在这些条件下产生相应的情感。

其次，认知性情感中的另一个元素是感受成分，即生理上和精神上的变化。卡罗尔认为身体感受本身是一种不指向外在事物的内在活动，在情感认知论看来，内在感受状态与外部的对象能够得到联结，变得具有指向性，是因为受认知状态的连接，所以认知要素是感受要素的原因，感受要素是认知要素的结果。可以说，卡罗尔的情感认知主义是一种现象学的具身认知方式，在《喜剧化身：巴斯特·基顿，肉身幽默与反应》中，他便指出他对电影《将军号》的研究与现象学家梅洛-庞蒂的肉身性认知理论之间的关联："身体不仅是一个毫无思想的机器，它具有思想。……一定的肉身动作被前反思的智力和目的性击穿。"②理性的认知和感性的身体的融合，打破了自笛卡尔以来的二元对立关系。

卡罗尔将情感比喻为水泥，存在于叙述艺术中的情感将受众与电影、电视节目、小说、连环漫画、流行音乐等这些叙述作品相结合，那么情感在这些叙述作品中的主要作用如何？情感认知理论与虚构叙述的关系是什么呢？

情感认知理论中，认知的理性使情感具有理性特征，认知状态的改变会使情感状态发生相应的改变，进而转换为另一种情感状态；反之，通过对情感进行有效的引导，也可以为理性认知服务。情感对人类有机体产生的最显而易见的作用是激发其某种行为，即"认知性情感状态根据我们的欲望和评价组织我们对情境的认知，从而为有机体根据其感知兴趣展开行

---

① CARROLL, NOËL. Beyond aesthetics: philosophical essays[M]. Cambridge: Cambridge University Press, 2001: 221.
② CARROLL, NOËL. Comedy Incarnate: Buster Keaton, physical humor and bodily coping[M]. Malden: Blackwell Publishing, 2007: 5.

动做好准备"①。例如，愤怒刺激有机体的搏斗行为，恐惧刺激有机体的逃跑行为。但在虚构叙述中，情感具有的功能不是激发行为，而是建构情境，引导、塑造和支配受众的注意力。

卡罗尔将情感视为观众欣赏艺术作品的探照灯，情感反应引导我们去注意特定的细节，决定我们该看什么，不该看什么，"还使人们不间断地关注情节发展，不仅将人们的注意力组织在正在展现的剧情上，而且还将人们的注意力引向对即将出现的剧情的期待"②，保持对叙述的兴趣，最终实现对艺术的接受。所以卡罗尔认为"包括歌曲在内的大众虚构作品在很大程度上依赖对特定普通情感的激活"③。以卡罗尔对电影艺术的研究为例，叙述艺术中的情感认知过程可分为两个阶段。

第一个阶段：叙述者产生"标准预聚焦"④（Criterially Prefocused）的电影文本。电影通过叙述结构、音乐配合、叙述者对话、剪辑制作、光线安排等手段构建情境，设置泪点、笑点、痛点以吸引受众的注意力，以便预设受众的情感模式，引起观众的相应情感反应，所以这一阶段是受众产生认知和情感的工具和必要条件。

叙述结构指通过叙述联系中的因果关系和时间关系对事件进行安排，联系了事件的过去、现在，对未来的可能性做出预期，使受众对叙述的重点产生认知，对叙述中的空白产生想象。就喜剧而言，卡罗尔认为除以愉快结尾为主的传统叙述结构外，还存在两种主要的情节叙述方式，"其一为模棱两可的情节（Equivocal Plot），其二为不大可能的情节（Improbable Plot），前者以同时并连续的模棱两可为特征，后者循序地发展它的不协调。"⑤

虚构角色包括虚构叙述者，叙述者的对话与画外音可以将我们的注意力转移至我们原本忽略的一些元素上面，比如在《伟大的安巴逊大族》中，画外音塑造了我们对青年乔治的行为的评价，从而影响受众对他的情感。

镜头语言包括长镜头、广角镜头、视角剪辑等，视角剪辑是运用剪辑

---

① CARROLL, NOËL. Beyond aesthetics: philosophical essays[M]. Cambridge: Cambridge University Press, 2001: 223.

② CARROLL, NOËL. A Philosophy of mass art[M]. New York: Oxford University Press, 1998: 249.

③ CARROLL, NOËL. A Philosophy of mass art[M]. New York: Oxford University Press, 1998: 248.

④ CARROLL, NOËL. Engaging the moving image[M]. New Haven: Yale University Press, 2003: 70.

⑤ CARROLL, NOËL. Art in three dimensions[M]. Oxford: Oxford University Press, 2010: 439.

手段进行的视点模式叙述，这一模式将两个图像构成视点/视线（point/glance）镜头和视点/对象（pint/object）镜头，视点/视线模式需要一个画面之外的观看角色，视点/对象模式将角色正在观看的对象展示给观众。这种视点模式叙述有助于通过视角剪辑，提供角色具体的情感信息，"激活人们辨识角色普遍情感状态的能力，从而在这种情况下，提高人们对角色情感状态的理解"①。

歌曲作为有歌词的音乐，与噪音都具有再现性内容，如此便可以为受众提供合适的认知对象，引导受众的注意力和想象，激发受众的情感。比如在电影《金刚》中，树木突然折断的巨大声音靠近安·达罗被束缚的祭坛，会使我们警惕即将到来的威胁。

聚光、模糊等光线安排手段也可以控制受众看什么和怎么看，如为了唤起受众的恐惧，电影制作者首先使用软焦点让主角背靠一个背景而立，突然一个模糊点出现，焦点转向模糊点变形的邪恶化身麦克·迈尔斯。

第二个阶段：受众的情感聚焦（Fmotive Focus），受众特定的喜好与对预聚焦文本的肯定或否定态度是产生情感反应的两个充分必要条件。假如叙述者和受众没有共享相同的文化语境，便无法唤起意图达到的情感效果，观众在电影接收过程中持否定态度，情感聚焦失效。反之在肯定的态度下将会形成实际的"情感聚焦"，受众产生相应的生理和心理变化，注意力被引导和聚焦，"观众的情感状态被确定的方式，也是随后形成他的注意力的方式"②，这种情感状态影响观众对后面情节的感知，所以情感提供理解力，操纵受众的注意力。

卡罗尔反对康德将艺术情感完全等同于审美愉悦，将艺术作品中的认知性情感看作普通情感。康德主张艺术引起的审美快适与普通情感不能混为一谈："快适对某个人来说就是使他快乐的东西；美则只是使他喜欢的东西；善是被尊敬的、被赞成的东西，也就是在里面被他认可了一种客观价值的东西。"③康德对审美愉悦的划分，影响贝尔将审美情感与普通情感进行划分，认为有意味的形式只能引起审美情感而非普通情感。卡罗尔反对康德和贝尔的区分，认为审美情感和普通（garden-variety）情感的划分传

---

① CARROLL, NOËL. A Philosophy of mass art[M]. New York: Oxford University Press, 1998: 285.
② CARROLL, NOËL. Engaging the moving image[M]. New Haven: Yale University Press, 2003: 70.
③ [德]康德. 判断力批判[M]. 邓晓芒，译. 北京：人民出版社，2002：44.

统，使得普通情感反应"超出了艺术哲学的范围，尤其是超出了艺术审美理论的分析范畴。结果，它们没有受到哲学上应有的关注"①。

情感中虽然存在着文化差异，但某些背景很可能会诱发跨文化的普遍情感反应，卡罗尔借助保罗·埃克曼（Paul Ekman）的观点说明对普通情感的识别符合人的本性："从婴儿开始，我们就能认出人脸及表现的基本情绪，包括（最有可能）：乐趣/快乐、惊奇/吃惊、危难/痛苦，厌恶/蔑视，愤怒情绪/愤怒，害羞/耻辱，害怕/恐怖。"②就普通情感与艺术的关联，卡罗尔认为大众艺术为了博得更多受众，以普遍的类型化情感为主，如愤怒、悬念、恐怖、狂热、怜悯、悲伤、幸福等。先锋艺术以复杂的特殊情感为主，如萨特的小说《恶心》展示对存在意义的焦虑情感，难以被大多数人领会。

所以说，恐怖、怜悯、愤怒、悲伤、幽默、愉快等情感都具有认知成分和感受成分，叙述性的艺术作品利用这一情感认知原理，在电影等艺术中通过叙述安排、音乐配合、视角剪辑、光线安排等首选设置标准的预聚焦文本，以达到唤起受众情感的目的，受众通过对文本的认知，唤起自己的恐怖、怜悯、愤怒、悲伤、幽默、愉快等情感，该情感使受众注意力集中在文本的特定细节上，并影响对后续情节的认知。此时，接收者在对虚构艺术的理解中所处的位置，不是虚构角色的认同者和模拟者，而是以旁观者的视角接受情感聚焦。

然而对于虚构的艺术而言，受众明知是假的，却依然会引发真实的情感，这种"虚构悖论"是如何形成的呢？以下论述将通过卡罗尔对恐怖、幽默、悬念的研究，探讨其中的虚构悖论。

（二）恐怖、幽默、悬念与虚构悖论

在这些虚构艺术中，艺术作品或事件不同于真实发生的事件，却能成功引起接收者真实的恐惧、愉快、惊讶等情感，这种情况可被称为"虚构悖论"：

（1）我们被虚构作品真的感动。
（2）我们知道虚构作品中的描述不是真的。

---

① CARROLL, NOËL. Beyond aesthetics: philosophical essays[M]. Cambridge: Cambridge University Press, 2001: 4.
② CARROLL, NOËL. Art in three dimensions[M]. Oxford: Oxford University Press, 2010: 298.

（3）我们只被自己所相信的东西真正感动。①

卡罗尔通过否定以上三个条件，提出情感的思考论来消除虚构悖论，他认为这一理论比肯定条件（1）的幻觉理论（Illusion Theory）②和肯定条件（2）的假装理论（Pretend Theory）③都更加合理。

幻觉理论的问题在于，这一理论对戏剧、电影等虚构的视觉艺术有效，但对文学虚构作品则很容易失效，并且观众如果对眼前的艺术信以为真就会破坏观看的正常过程。肯达尔·L. 沃尔顿（Kendall L. Walton）的假装反应在《扮假作真的模仿》得到充分阐释，他认为是接受者参与再现作品的心理维度决定了对虚构艺术的情感反应："就像查尔斯假装害怕那种黏液一样，我们欣赏小说、戏剧、电影和绘画时，从虚构的角度感觉到同情、愤怒等。"④沃尔顿以此说明受众在卷入故事的时，如同孩童玩假扮角色的游戏，并不产生真正的情感。卡罗尔认为这与实际经验不符合，这一理论"会在几近为真的恐惧情感中露出马脚，但在真实发生的恐惧情感中则不会"⑤。

卡罗尔情感的思考论（Thought Theory of Emotional）源于情感认知理论，主要元素为情感的认知成分中的想法元素。认知成分的组成部分是多样化的，包括信念（belief）、思考（thought）甚至注意模式等，与认知最相关的是想法，所以这一理论称为情感的想法论。在卡罗尔这里信念和想法是不同的，信念的对象是已得到断言和宣称的真值命题，如"有一张桌子在我面前"；而思考的对象是未被证实的命题，如"曼哈顿是由披萨做成的"。卡罗尔认为"精神在非断言命题的接受中可以形成感情，这似乎是没有争议的"⑥，想象你在切菜的过程中将手中的刀刺入自己的眼睛这一情景，即使你不会这样做，也不必相信你会这样做，但脑海中出现这个想法也会让你感到害怕，于是对未证实的命题的想象、设想和思考，会产生真实的

① CARROLL, NOËL. The philosophy of horror, or paradoxes of the heart[M]. New York: Routledge, 1990: 87.
② CARROLL, NOËL. The philosophy of horror, or paradoxes of the heart[M]. New York: Routledge, 1990: 63.
③ CARROLL, NOËL. The philosophy of horror, or paradoxes of the heart[M]. New York: Routledge, 1990: 68.
④ [美]肯达尔·L. 沃尔顿. 扮假作真的模仿[M]. 赵新宇，等，译. 北京：商务印书馆，2013: 327.
⑤ CARROLL, NOËL. The philosophy of horror, or paradoxes of the heart[M]. New York: Routledge, 1990: 79.
⑥ CARROLL, NOËL. A Philosophy of mass art[M]. New York: Oxford University Press, 1998: 273.

情感而非假装的情感。所以相应地，人们会从包含并不存在的人物、事件的虚构故事中产生真实的恐惧、幽默等情感，从而将注意力放在特定的细节上，并影响对后续情节的感知。

人们如何被他们知道不存在的东西吓到？在情感的思考论看来，受众在对小说、电影、戏剧、音乐、绘画等艺术的叙述和/或图像中广泛存在的恐怖范畴的接受中，不必相信吸血鬼德拉库拉（Dracula）等可怕和恶心的角色在现实中是存在的，只需认为它们是一种可被娱乐消遣的东西，这一想法足以使我们产生真实的恐惧感。所以，"我"在对怪物 X（比如德拉库拉）的相关艺术的接受中产生恐惧，当且仅当满足以下条件时：

（1）我处于反常的状态和生理激动（发抖，刺痛，尖叫等）；
（2）这种状态引起的原因为（a）想法，即德拉库拉是可能性的存在，以及（b）评估性想法：德拉库拉具有该虚构叙述所描述的性质，能够引起生理（并且或许道德和社会的）威胁；
（3）这种想法常常伴随着避免遭遇怪物的愿望。①

以上公式包含了恐怖艺术的三个要素：怪物、想法、感受。具体而言，卡罗尔所指的怪物是科学否认存在于现实的超自然物，是心灵领域在艺术上的虚构，如吸血鬼、幽灵、亡魂、狼人、鬼魂出没的屋子等，这些怪物具有有害的和肮脏的复合特点，从而引起观众的情感反应，包括恐惧、厌恶的心理和战栗、发抖的感受。所以卡罗尔认为将恐怖的虚构作品中的怪物纳入令人恐惧和肮脏两个范畴，使恐怖在本质上涉及憎恨、厌恶或反感的情感反应，这一想法是他的创新所在。恐怖属性和情感反应能够奏效的中介，便是受众具有的属于情感认知的思想。

人们如何被他们知道不存在的东西娱乐？与恐怖悖论类似，幽默悖论也与情感认知息息相关。幽默和喜剧理论的代表有托马斯·霍布斯的优越感理论，弗洛伊德的释放理论，哈奇生、叔本华等的不协调理论，卡罗尔通过分析指出优越感、角色的不协调并置作为幽默滑稽的必要条件显得过于狭隘，无法涵盖喜剧的全部范畴，于是他对幽默的不协调理论进行扩充，使幽默的对象涉及"对范畴、概念、规范或平常期待的违反"②，从而指向

① CARROLL, NOËL. The philosophy of horror, or paradoxes of the heart[M]. New York: Routledge, 1990: 27.
② CARROLL, NOËL. Beyond aesthetics: philosophical essays[M]. Cambridge: Cambridge University Press, 2001: 249.

滑稽娱乐的情感状态，前提是受众认为幽默的对象是不和谐的，尽管未必为真。[①]

卡罗尔认为恐怖和幽默之间尽管存在着一定差异，但在某些时候会相互转化，二者的交叉点为恐怖的对象和幽默的对象都是对寻常规范越界的产物，卡罗尔以小丑为例，说明这种不协调的幽默对象与怪物形象之间的切换，因此在某种情形下恐怖电影会让人产生滑稽感，喜剧电影也会让人产生某种反差较大的悲伤情绪。在斯蒂芬·金的恐怖小说《它》中，怪物常常以卖弄小聪明的小丑形象出现，在《外太空的杀手小丑》中，以吃人闻名的外星人外表像滑稽的小丑。总之，小丑和木偶一旦具有致命性，就可以转化为恐怖。因此，卡罗尔借用心理学家玛丽·罗斯巴特的理论指出："同样的刺激可以引起恐惧或大笑的反应，这取决于它是否造成威胁。"[②]

悬念属于一种叙述形式，卡罗尔指出电影的六种叙述类型：建立情景、询问情景、回答情景、持续情景、不完全回答的情景、回答/询问情景。[③]他认为大多数电影会混合几种叙述类型，且问/答模式是贯穿其中的一种关键线索，具体地说，电影叙述中包括了许多宏观问题（macro-questions）和微观问题（micro-questions）。悬念存在于两个道德上相反、逻辑上对立的结果之间，不确定答案是电影悬念的其中一个必要条件，对结果的关注是悬念的另一个必要条件。问题是看过该作品的观众对悬念的结果是知道的，但为什么重复看这部作品时还是会产生悬念，以下三个条件结合在一起时便会出现悬念悖论：

（1）如果一位观众带着悬念体验一部具有悬念的虚构作品，那么这位观众必然不能确定引起悬念的事件的结果。

（2）假使观众们已经看过、听过或读过这部具有悬念的虚构作品，但观众带着悬念体验该作品也是事实。

（3）但是如果观众们已经看过、听过或读过一部虚构作品，那么他们就知道（并确定）该作品的相关结果。[④]

① CARROLL, NOËL. Humour: a very short introduction[M]. Oxford: Oxford University Press, 2014: 55.
② CARROLL, NOËL. Beyond aesthetics: philosophical essays[M]. Cambridge: Cambridge University Press, 2001: 253.
③ CARROLL, NOËL. Theorizing the moving image[M]. Cambridge: Cambridge University Press, 1996: 98.
④ CARROLL, NOËL. Beyond aesthetics: philosophical essays[M]. Cambridge: Cambridge University Press, 2001: 256.

卡罗尔认为消除悬念悖论的方法是依靠情感的考虑论，指出对虚构叙述的考虑和思想不会让以前的观影经验破坏新的观看，进而产生相应的紧张感，注意力集中在故事的每一个环节的展开。

二、艺术对情绪的表现和引发

卡罗尔的情感认知理论包括认知和感受（feeling）两个元素，建立在对情感（emotion）与情绪（mood）、条件反射的情感反应的划分基础上，一般而言，具有明确指向性的认知性情感区别于情绪和条件反射的情感反应。情绪缺乏持久性和直接指向性，漫无目的的焦虑是一种常见的情绪，条件反射的情感反应的出现没有认知过程的参与，绕开了更高的脑回路直达大脑的杏仁核，如被巨大的声音或飞快的动作吓到时的反应。但卡罗尔认为严格地来说，对艺术具体指向性的情感回应属于认知理论，宽松地说情绪和条件反射也属于弱的认知理论，这在理论上经常被忽视、未得到正确评价。因此，有必要拓展认知的范畴，将艺术认知经验拓宽至情绪和条件反射的情感反应，并对情感领域的这些分支进行不同的解释。在《艺术与情绪：初步解释与猜想》中，卡罗尔主要对情绪与艺术之间的关系进行了解读。

卡罗尔将情绪看作情感是出于以下几点理由。首先，情绪的指向性或意向性对象可以是"潜意识的意欲对象或者处于相应状态中的任何事物"[1]，焦虑、得意、欢快、兴奋、快活、快乐都是无指向对象或意向性的情感状态。其次，此特征导致情绪具有整体性和扩散性，即兴奋情绪状态使视野中的任何事物都染上兴奋的色彩，忧郁情绪使环境中的任何事物都变得犹豫，所以情绪的影响方向是从自己到世界，不同于情感是从世界到自己。再次，情绪可以影响评价、记忆等认知过程，在心理学测试中，处在低落情绪中的人会明显减慢对乐观词汇的回忆，反之，在愉快情绪中会延迟对悲观词汇的回应，因此，卡罗尔认为与情绪相连的是"间接认知"[2]（Indirectly Cognition）。最后，情绪具有身体或感受成分，情绪对能量信息的传达影响有机体对情境的反应，在兴奋情绪中人感觉对任何事都能良好应对，反之则感觉无能为力，因此情绪具有使机体倾向于某种情感状态的功能，反之

① CARROLL, NOËL. Art in three dimensions[M]. Oxford: Oxford University Press, 2010: 306.

② CARROLL, NOËL. Art in three dimensions[M]. Oxford: Oxford University Press, 2010: 309.

情感状态也能引发一定的情绪。

　　基于上述理论，情绪和艺术之间存在关系是无可争议的，卡罗尔总结了艺术对情绪的表现和引发这两种方式。

　　首先，从艺术与情绪的表现来看，尽管情绪不是全部艺术的主题，却是很多艺术的主题，卡罗尔认为这类作品通过对情绪及其具体成分的表现和反映，使受众认出或者回忆起具有相同情绪的经验，所以这类似表现理论的澄清观。表现在卡罗尔看来是对情感在内的人类属性的展示，尽管不是所有艺术都是表达性的，但对表现性属性的具有和欣赏是不同体裁不同文化的艺术都具有的一个特征，文学、电影、录像、戏剧、叙述、绘画、戏剧性舞蹈等艺术，因为具有意象、节奏、构图、韵律等构形上的特点，通常都具有表现性属性。"艺术显示给我们的死亡、风流韵事及成败等事件，都包裹在人类感情中。艺术常常以清楚明白的方式，使这个世界在感情上被我们所触及；艺术为我们展示的事情，带有明显的人类品质。"①

　　不同艺术通过对传达、独自表达、隐喻性例示、直白性例示这几种表现方式不同比例的运用，进而具有表现性，从而引起情感经验。表现性具有人类学的特性，当我们说音乐是悲哀的、建筑是庄严的，舞者动作有哀伤、演员声音中有愤怒、抒情诗里蔓延着忧伤的情绪时，就是对艺术品的表现性和自身情感反应的认知。因此，表现性属性作为情感认知的主要对象，需要受众的澄清。根据艺术表现性理论，情绪属于表现性属性，艺术家对表现属性的展示包括对情绪属性的描述，受众对表现属性的认知包括对情绪属性和成分的认知，以进入相应的情感状态。

　　再次，从艺术对情绪的引发来看，卡罗尔认为艺术可以通过唤起认知性情感和身体感受，而引发相应的情绪，所以产生情绪的方式包括两种。第一，唤起认知性情感从而引发相应情绪。如同在日常生活中吵架后的一天都处于低落的情绪当中，艺术品唤起情感，情感可以延伸出情绪，读完莎士比亚有关爱人逝去的十四行诗会生出悲哀的情感，自然引起涣散的悲伤情绪；艺术品开端的叙述也具有奠定情绪基调的功能，比如《侏罗纪公园》开场以激烈的锤击场景唤起受众的恐惧情感，将我们置于焦虑的情绪中。第二，唤起身体感受从而引发情绪。卡罗尔认为这从以情绪为依据挑选聆听的音乐可得出，音乐不但可以引发和改变情绪，也能唤起我们内在的身体运动。以纯音乐为例，我们可以在情绪低落时选择贝多芬激昂的《第

---

① CARROLL, NOËL. Philosophy of art: a contemporary introduction[M]. New York: Routledge, 1999: 104.

九交响曲》，心情兴奋时会听巴赫柔和的 E 大调小提琴协奏曲，因为音乐具有代表时空速度的拍子和韵律，能够唤起内在的身体动作。

因此艺术与情绪之间存在的两种关系为：艺术可以表现情绪，也可以引发情绪。这一结论渗透到卡罗尔对纯音乐为例的表现性艺术以及音乐与舞蹈之间的关系的研究中。

就纯音乐而言，纯音乐与电影中的其他视觉叙事元素以及自然的声音和对话相比，往往"比其他符号系统更能直接进入人们的情感领域"①，相对来说是"具有高度表现性的符号系统"②。就没有歌词的电影纯音乐来说，埃容·科普兰德（Aaron Copland）提供了电影纯音乐的五个功能：制造气氛，强调角色心理状态，提供背景补白，制造延续的感觉，制造持续的张力和结尾的完满。③卡罗尔认为在此之外，电影音乐还有一个很重要的修饰功能，因此电影中的纯音乐可以称为修饰性音乐（Modifing Music）："这种音乐具有一定的表现属性，这一属性可以被用来修饰影片中的人、物、动作、事件、情景和顺序。"④

在一般看法中，管弦乐缺乏情感明确性，必须要搭配歌词，但正是这种无所指（non-referring）的特征使纯音乐对情感属性具有强大、宽广、含混的表现力。在电影中，这一缺陷可以由叙述、对话、视觉等其他元素的指示作用得到补充。在这种情况下，音乐描述或呈现表现性，从而起到对情景的修饰作用，相对于音乐的修饰者身份，其他元素扮演着指示者的角色。

对于音乐来说，并非所有音乐都适合给舞蹈伴奏，有些音乐适合聆听，有些音乐适合舞蹈。适合舞蹈的音乐与纯粹声音的区别在于，它是有目的地在时间中穿行的，音乐中的升降、韵律的前行、音乐的脉动、乐章的结构、和声的运动，以及这些元素之间的结合，使我们将其描述为表现感觉的运动，所以"聆听音乐就是聆听音乐的运动（一些排列无序的偶然音乐除外）"⑤。

---

① CARROLL, NOËL. Theorizing the moving image[M]. Cambridge: Cambridge University Press, 1996: 141.
② CARROLL, NOËL. Mystifying movies: fads and fallacies in contemporary film theory[M]. New York: Columbia University Press, 1988: 219.
③ CARROLL, NOËL. Mystifying movies: fads and fallacies in contemporary film theory[M]. New York: Columbia University Press, 1988: 218.
④ CARROLL, NOËL. Mystifying movies: fads and fallacies in contemporary film theory[M]. New York: Columbia University Press, 19888: 219.
⑤ CARROLL, NOËL. Art in three dimensions[M]. Oxford: Oxford University Press, 2010: 494.

音乐对运动感的表现，使这种音乐唤起受众对节奏的内模仿，因此常常用来为舞蹈动作赋予灵感。"在 20 世纪，从伊莎朵拉·邓肯到马克·莫里斯，许多舞蹈——的确，可能大多数的舞蹈——与音乐形成合作，而非与之互相分离。"①卡罗尔将音乐与舞蹈之间的这种关系称为动觉的交流，舞蹈除了对其进行伴奏的音乐的表现性的澄清、解释和镜像反射，还对音乐中的表现性进行强调、加强、扩大，或对音乐中的运动感进行反向修改。因此，对这种舞蹈的接受包含"认知、情感、身体内模仿的动觉（Kinesthetic）理解和欣赏过程。"②

三、表现和叙述对道德情感认知的作用

在情感认知过程中，艺术的表现属性和标准预聚焦文本往往包含着价值判断，使受众对相关的道德和意识形态等价值经过认知，唤起相应的情感。因此，艺术的表现属性和标准预聚焦文本的叙述方式对受众的道德情感认知非常关键，在卡罗尔的道德澄清论和意识形态修辞理论中发挥重要作用。

（一）道德澄清论与叙述和表现

18 世纪美学独立以来，就排除认知理性和道德理性，柏拉图主义、自律论、乌托邦主义、认识论都是这一背景下的产物，卡罗尔对此持反对意见。柏拉图主义者认为情感与理性具有不可消除的对立，卡罗尔的情感认知理论已经证明认知理性可以是情感的构成元素；康德式的自律论又可称为审美论，认为艺术在本质上独立于道德、政治等其他外在功能，卡罗尔将艺术视为文化实践就是对自律论的反对；马尔库塞式的乌托邦主义者认为艺术具有解放人性的功能，卡罗尔认为艺术在道德上不可能一直是崇高的，所以艺术的启蒙力量是虚假的；而认识论认为无法对艺术进行道德评价，卡罗尔指出尽管抽象画和抽象音乐等艺术不能用道德来评价，但很多艺术是可以进行道德评价的。与这些观念相反，卡罗尔认为艺术在前现代承载着道德的功能：

---

① CARROLL, NOËL. Art in three dimensions[M]. Oxford: Oxford University Press, 2010: 490.
② CARROLL, NOËL, WILLIAM P. SEELEY. Kinesthetic understanding and appreciation in dance[J]. The Journal of Aesthetics and Art Cricism, 2013 (Spring): 177-186.

　　　　艺术和道德很可能几乎是在同一时间进入人类文明的，因为
最早的部落道德和种族价值是通过远祖祖先的歌曲、诗歌、舞蹈、
故事及视觉艺术来表达和传播的。例如荷马的《伊利亚特》教给
希腊人复仇的善恶，……中世纪及其之后的艺术大多也都通过言
辞、歌曲、雕塑、建筑、绘色玻璃、绘画等传达基督教的教义。①

　　那么在艺术进行道德判断时，道德与艺术叙述的关系是什么呢？卡罗
尔在对效果论、认同论、命题论、模拟论的批评上提出温和的道德论，即
相互影响观（Transactional View）或者澄清观（Clarificationism View）②，
阐释叙述性艺术品和道德理解之间的相互影响。

　　效果论主张艺术叙述与受众的道德行为之间具有因果关系的效果。命
题论主张艺术品包含道德方面的命题，从而引发受众的道德情感。认同论
主张受众对虚构角色的情感以及表达的观念的认同，是引发道德情感的原
因。模拟论指受众通过换位想象，将自己放在虚构人物的位置对情节进行
理解和预测。几种理论在理论家身上可以分别看到，也可以联合出现，卡
罗尔认为这几种理论都是不成立的。

　　卡罗尔对效果论的反对依据是这一主张没有足够的数据做支撑，比如：
"如果存在证据显示，接触暴力动画片的儿童击打玩偶的可能性比没有接触
的儿童更大，这也难以显示，这些动画片会在日常社会生活中提升暴力性
人际行为。"③对信息论的反对理由是受众在接触艺术作品之前就已经形成
了一定的道德观，因此他们才能理解这部作品。对于认同论，卡罗尔指出
观众的反应和角色的反应尽管是同步的，但实际上是分离的，受众不必对
角色的道德表示赞同，尤其对于反面角色更是如此。至于模拟论，卡罗尔
认为是对未知内容的想象，但由于虚构角色的情况已经表现得很清楚，因
此不需要进行想象。

　　卡罗尔认为这几种观点说到底都是关注艺术的道德教化作用，方向是
从文本到世界，他所持的澄清论则是从世界到文本。就标准预聚焦的叙述
文本来说，艺术按照标准预聚焦形成一定的叙述文本，留下没有说明的空

①　CARROLL, NOËL. Art in three dimensions[M]. Oxford: Oxford University
　　Press, 2010: 175.
②　CARROLL, NOËL. A Philosophy of mass art[M]. New York: Oxford
　　University Press, 1998: 325.
③　CARROLL, NOËL. A Philosophy of mass art[M]. New York: Oxford
　　University Press, 1998: 285.

白，受众运用自己的知识、情感、概念对叙述进行补充，所以澄清论与之前理论最大的不同是，它不认同艺术叙述为受众带来新的道德知识、培养受众新的道德情感，而是在与受众的互动中，使受众作为旁观者正确运用已有的道德情感，从而深化自己的道德理解力。

根据这种论调，介入或理解一部叙述性艺术品同时也是一个深化人们自身道德理解的过程，在多数情况下会改造和澄清我们的道德信念和道德情感。因此，艺术的叙述应该包含对观众道德情感认知的激发，激发观众的道德判断是成功的叙述性作品的标准特征，叙述在道德理解中扮演了一个非常亲密的角色：

> 典型叙述（标准预聚焦）可以澄清我们对情境的理解，这个过程中需要道德判断，尤其是对美德的再认和理解。但是叙述不仅在道德评价和行为理解中扮演重要角色，叙述还连接了过去、现在和将来，对我们决定将来如何应对提供了可能的设施和重要的工具。①

就以音乐为例的表现性艺术文本而言，音乐的表现性也具有对情感的澄清作用，情绪借助运动感和传送进入有机体的肌肉，唤起受众的情感和运动感，从而使歌曲中的情感更加具体和确定。于是唱诗、挽歌、情歌、劳动歌、集体歌、礼拜仪式、圣歌、电影音乐、广告中的歌曲，以强大而生动的情感影响听众，承担为听众传播伦理、道德、教育意义的功能。

（二）意识形态与修辞

尽管意识形态并不必然涉及道德，但意识形态观点常常会与社会不公正实践相联系，因此也与道德相关，可以说是道德问题的延续，卡罗尔在情感认知理论的框架下重新定义了意识形态。不同于当代理论家从话语、符号角度对意识形态的定义，卡罗尔从情感认知理论的角度对意识形态进行定义："如果一个信息借助在认识上带有缺陷的、与情感状态相符合的认知内容作用于我们的情感，而其情感状态转而对某种社会支配的实践提供信条或有利的隐含意义，那么这一信息就是意识形态。"②

---

① CARROLL, NOËL. Art in three dimensions[M]. Oxford: Oxford University Press, 2010: 395.
② CARROLL, NOËL. A Philosophy of mass art[M]. New York: Oxford University Press, 1998: 381.

　　该定义揭示了意识形态凭借情感认知论对情感和欲望的处理方式，情感包括理性的认知或评价，也包括非理性的欲望，欲望通过再现一种情景，成为促成行动的理由。比如我的欲望是吃一顿午餐，那么这就成为我去街对面去买午餐的理由。但因为"欲望没有再现的或认知的内容"①，所以它在认知上是有缺陷的，对意识形态提供有利隐含意义的欲望被称为意识形态欲望。

　　意识形态的传播要依靠一定的修辞，这种修辞不仅可以借助于艺术叙述，也可以借助于艺术表现。卡罗尔举了广告、电影等大众艺术形式中意识形态的修辞方式为例。例如，关于跑车的广告借助跑车与美女、成功、地位之间的迷乱联想，将跑车描述为值得拥有的东西，激起目标消费者的情感并付诸购买。在大众电影中，正派角色被构思为具有种种美德，反派则被描述为粗暴对待社会底层的低等角色，意识形态为了达到安抚下层民众的目的，在电影叙述中安排社会精英的情节。可见意识形态的标准预聚焦设置与道德价值的标准预聚焦设置是不同的，前者以再现认知上有缺陷的欲望来激发受众的情感，后者再现理性的认知内容唤起受众的情感。

　　综上，大众社会的电影、音乐、小说等艺术承担了审美以外的社会和文化功能，与知识、道德、意识形态、情感等领域紧密关联，也使大众与艺术的互动更加多元，具有情感认知、道德认知、意识形态认知等艺术经验。尽管在 20 世纪下半叶，艺术与认知、道德、意识形态的恢复，使得非审美和反审美的先锋艺术与大众艺术层出不穷，但卡罗尔的大众艺术经验并未排除审美经验，而是在对审美经验的反思基础上对其进行认知性的重构。

第三节　对审美经验的反思与认知性重构

　　分析美学家对"审美经验"（Aesthetic Experience）概念的审视与批判，使审美主义在分析美学内部遭到艾·阿·瑞恰慈、迪基、古德曼、舒斯特曼、卡罗尔等美学家的批判。不同于极端的反对者对审美经验的彻底解构，卡罗尔对历史审美经验的反思的目的，是为了复兴和重构审美经验，最终他提出内容导向的审美经验论，从而超越以往审美经验进行。在认知主义

---

① CARROLL, NOËL. A Philosophy of mass art[M]. New York: Oxford University Press, 1998: 383.

的策略下，内容导向的审美经验即对形式属性、表现属性、审美属性的认知。

一、卡罗尔对审美经验的反思

20 世纪对美的本质的批判有两种方式：一是否定美的本质，二是肯定美的本质，但这个美的本质不同于以往的认知。①艾·阿·瑞恰慈、乔治·迪基、舒斯特曼、古德曼对审美态度和审美经验的消解，可作为否定美的本质的代表；卡罗尔对审美经验的恢复，可作为复兴审美经验的代表。

20 世纪 20 年代，瑞恰慈在其出版的《文学批评原理》中对"审美经验"加以解构："审美经验可能并不包含任何独特成分，而是具有平常的材料但显现为一种特殊形式。这就是大家一般所臆断的审美经验。现在上述特殊形式，正如通常所形容的——采用无关利欲、超脱、距离、无个性、主观普遍性等措辞——这些形式"②，这种审美经验在瑞恰慈看来根本不存在。

1964 年，迪基在《审美态度的神话》中，对审美态度的无功利、远距离、不及物等概念进行分析并依次给予击破，并从审美经验的有限性、艺术批评家的实践性以及道德与审美的关系，这几个方面论证无功利的"审美态度"（Aesthetic Attitude）是不切实际的神话。③这种反驳和颠覆，对于百余年来习惯了"审美态度"理论的人们，可谓"石破天惊"之举！④

舒斯特曼提出审美经验的终结，对审美经验的含义提出一连串的质疑："审美经验"的概念究竟是一个固有的称谓，还是一个替代性描述的中立者？其次，"审美经验"的概念究竟是一种丰富的现象，还是单纯的语义？再次，"审美经验"概念的首要理论转化功能，究竟目的是调整和扩大审美疆域，还是定义、规划和解释审美的现状？⑤舒斯特曼通过这三项质疑，揭示"审美经验"的能指和所指之间不对称，从而将审美经验视作可疑的对象，主张以新实用主义的生活经验来代替。

在纳尔逊·古德曼那里，他从审美经验和科学经验的基础情感和认知入手，指出"情感并不是如此清楚地同认识的其他要素区别开来，或者如

---

① 张法. 20 世纪西方美学史 [M]. 成都：四川人民出版社，2003：37.

② [英]艾·阿·瑞恰慈. 文学批评原理 [M]. 杨自伍，译. 南昌：百花洲文艺出版社，1992：9-10.

③ DICKIE, GEORGE. The myth of the aesthetic attitude[J]. American Philosophical Quarterly, 1964(1): 56-65.

④ 刘悦笛. 艺术终结之后 [M]. 南京：南京出版社，2006：136.

⑤ SCHUSTERMAN, RICHARD. The end of aesthetics experience[J]. The Journal of Aesthetics and Art Criticism, 1997(55): 29-41.

此明确地可以从认识的其他要素中分离出来"①。进而将审美经验构想为与科学经验一样，都是一种具有认知功能理解形式，在此基础上打破科学经验与审美经验之间可疑的对立，也使审美价值的问题变得无关紧要了。

可见从瑞恰慈到古德曼，审美经验、审美态度、审美情感都成为有问题的概念，作为康德美学以来的艺术审美理论的支点，审美经验或者被取消或者被降级。如果说古希腊时代美学就被置嵌于感性与超感性的理性思辨模式中的话，那么启蒙时代以来，"主体性"则霸据欧洲美学的轴心和至上地位，"趣味的'纯化'与艺术的'自律'得以同步进化"。②美学从本体论向主体论的转折，使得个体的"内在感官""审美趣味"等学说在十六七世纪英国哲学家中产生，到 18 世纪艺术的现代体系的产生，"艺术成为促进或满足审美经验的意图的产物"③。流行了两个多世纪的审美经验，在 20 世纪遭到前所未有的瓦解。

相较之下，卡罗尔对待"审美经验"的态度却更加温和。他认为尽管"我相信审美主义代表了一个理解艺术本质的错误观点，但这并不等于说不存在审美经验这样的东西"④。所以不同于以上的反对态度，他对审美经验持一种反思态度。

卡罗尔的反思对象主要是他对已有审美经验进行总结而得出的"传统的解释（the Traditional Account）、讽喻性解释（the Allegorical Account）、结构的解释（the Structural Account）"⑤这几种审美经验。传统的解释体现为夏夫兹博里、哈奇生、康德、克莱夫·贝尔、比厄兹利、伊瑟明格的谱系，结构的解释是杜威的传统，讽喻性的解释主要体现在马尔库塞与阿多诺的著作中。

第一，卡罗尔对审美经验传统的解释的反思。

审美经验传统的解释，包括认识论途径（the Epistemic Approach）、价值论取向（Axiologically-Oriented）和情感取向（Affect-Oriented）。认识论途径的审美经验来自伊瑟明格，认定"审美经验包括以直接的方式获得对

① [美]纳尔逊·古德曼. 艺术的语言：通往符号理论的道路[M]. 彭锋，译. 北京：北京大学出版社，2013：191.
② 刘悦笛. 生活美学与艺术经验[M]. 南京：南京出版社，2007：43.
③ CARROLL, NOËL. Les culs-de-sac of enlightenment aesthetics: a metaphilosophy of art[J]. Journal compliation, 2009 (02): 157- 179.
④ CARROLL, NOËL. Beyond aesthetics: philosophical essays[M]. Cambridge: Cambridge University Press, 2001: 43.
⑤ CARROLL, NOËL. Beyond aesthetics: philosophical essays[M]. Cambridge: Cambridge University Press, 2001: 43.

对象的认识"①，也就是说这种途径下的审美经验要求，受众对对象的外在形式直接进行感知和欣赏，受对象的控制。卡罗尔以先锋艺术作品为例，反驳这一方法难以成为审美经验的充要条件。人们尽管可以对杜尚的《泉》进行形式上的欣赏，但这件作品具有主题，即对艺术本质的探讨和对传统艺术的嘲笑，形式结构作为观念的承载，使受众很难通过直接"看"这一感知方式就能获得全面的审美经验。对《4分33秒》的接受也不需要通过听就能完成，因为这一作品是反形式的观念艺术，所以认识论途径不是审美经验的必要条件。另外，认识论途径也不是审美经验的充分条件，因为这一条件无法将审美经验与其他经验有效区分开。

价值论取向包括对艺术品的静观，这种静观具有价值，且这种价值论取向的审美经验的积极所在是"它的价值为了自身"②。也就是说，审美经验"被认为具有内在价值（Intrinsically Valuable）而非工具性价值"③。比如，我们研究地理学是为了学习知识，关注航海知识是为了有助于出行，但对一件艺术品进行传统解释的审美，获得的是一种内在于它本身的经验。

这个过程当中，无利害是个尤为关键的概念。卡罗尔在对美学学科和艺术哲学进行辨析时，已经以无利害为线索，分析过从夏夫兹博里、哈奇生、康德到克莱夫·贝尔、比厄兹利、伊瑟明格，这一艺术的审美理论的谱系，这里不再赘述，重点叙述卡罗尔对以无利害为基础的传统的解释的反思。

他认为若将这种审美经验论作为一种普遍性的艺术理论，是不够充分的，这一理论过于排外。假如出席一场音乐会各种各样的人，富人是为了证明自己是个慈善家，穷人是为了获得有价值的经验，但这并不妨碍前者像后者一样获得审美经验。再比如，奥斯卡和查尔斯同听一段音乐，且都专心于音乐的形式结构，但奥斯卡是出于工具性价值，认为音乐改善了他的认知和感知能力，查尔斯却认为听音乐这个行为因为本身的目的而具有价值。卡罗尔举以上反例来说明，审美经验可以和有利害的工具性价值共存，相反的动机并不影响结果的形成。

于是，卡罗尔借"注意"一词来对"审美"进行阐释。通常人们在无

---

① CARROLL, NOËL. Art in three dimensions[M]. Oxford: Oxford University Press, 2010: 85.

② CARROLL, NOËL. Aesthetic experience revisited[J]. British Journal of Aesthetics, Vol 42, 2002 (2): 145-168.

③ CARROLL, NOËL. Beyond aesthetics: philosophical essays[M]. Cambridge: Cambridge University Press, 2001: 44.

利害的注意和功利的注意之间画了一条分界线，以致形成两种对立的注意模式。卡罗尔反对这种二元对立的划分，认为无利害的注意和功利的注意背后存在着不同动机，但不同动机都能导致"注意"这种全神贯注的行为，并不产生某种特别种类的注意行为。因此，只有注意和不注意的区别，而没有无利害的注意和有利害的注意的二元划分。

传统解释的情感取向侧重一种愉悦（pleasure）的经验。卡罗尔以达明·赫斯特等先锋艺术家的反例作为反驳的依据，指出审美经验可以是愉悦的，但不限于此，还包括与之相反的恐怖、惊骇等其他范畴，并且人们也可以从道德、认知、政治等其他实践中得到愉悦的经验，因此愉悦既非审美经验的必要条件也非充分条件。

第二，卡罗尔对审美经验结构的解释的反思。

结构的解释与传统的解释形成对比，传统的解释根据接受者对审美经验具有的无功利信念来定义审美经验，而结构的解释聚焦于审美经验的内容，认为审美经验具有特有的内部结构和节奏，卡罗尔以约翰·杜威的"一个经验"（an Experience）为代表来进行说明。按照杜威的观点，审美经验能以一个经验的方式产生作用，是因为被我们称为一个经验的任何事物，都已经拥有了一个基本的审美特性。卡罗尔借用杜威在《艺术即经验》中的内容，指出这种建立在一个经验基础上的审美经验，区别于日常生活经验的基本特性为："必须有一个时间的向度，随着时间的流逝而具有持续性。而且在结构上，它有终止（closure），这个终止不等于终结（end）。"①

卡罗尔对结构的解释的反驳，集中在对以上特性的反击。他认为有两种艺术不属于一个经验的范畴，一种是马克·罗斯科式的色域绘画，引起瞬间的审美经验而不是持续的审美经验。另外一种是约翰·凯奇《4分33秒》式的艺术，这种艺术的形式没有精心的设计只有分散而任意的日常经验，因此不是一个统一的经验。因此，卡罗尔认为杜威的结构的解释不足以概括所有的审美经验，应该遭到遗弃。

第三，卡罗尔对审美经验的讽喻性解释的反思。

鲍姆嘉通、康德、黑格尔的美学对感性经验的张扬始终是将审美思想作为自身理性思想的一部分，依然受制于理性的压制，相信理性和进步的力量。真正发挥审美至上主义，敢于以感性打破理性，以审美主义反抗社会现代性的是尼采、韦伯、弗洛伊德、法兰克福学派这一支。这些审美主

---

① CARROLL, NOËL. Beyond aesthetics: philosophical essays[M]. Cambridge: Cambridge University Press, 2001: 50.

义的方案，即卡罗尔所说的审美经验的"讽喻性解释"——以自律艺术具有的审美功能，形成远离现实的乌托邦，进而对现实生活进行讽喻。

尼采宣判"上帝死了"，否定基督教的"末人"思维，呼吁回到前苏格拉底时代的希腊酒神精神，塑造追逐权力意志的超人，以此来逃避平庸。韦伯对于逃离压抑人性的制度铁笼，给出的药方为艺术的审美救赎。弗洛伊德通过对潜意识的发掘，将主体的结构重塑为本我-自我-超我，进而解构了启蒙以来的理性主体，将艺术等同于白日梦从而赋予艺术超越现实的补救意义。

卡罗尔以法兰克福学派的马尔库塞和阿多诺为例进行分析。马尔库塞在对弗洛伊德的精神分析进行吸收和批判的基础上，提出单面人是被文明压抑了爱欲的人，因此将高雅艺术视为对现实社会进行批判的审美乌托邦。统治这个乌托邦的是想象力和感受力，而不是工具理性，因此"艺术通过描绘与现存社会秩序的不同，借助审美经验这一媒介含蓄地批判现状"①——正是在这个意味上，"新感性已成为实践"②。阿多诺的理论在卡罗尔看来，没有马尔库塞那么乐观，但也强调了将艺术的审美经验作为启蒙的中介。

卡罗尔指出在认为审美经验无利害这一点上，讽喻性的解释与传统的解释一样，都体现了艺术的自律性，也就是说，艺术不去追求外在实用性和工具性，在承认无利害审美方面一致的原因主要是"它们继承了一个共同的传统，尤其是康德的理论"③。讽喻性说明相比前者来说更加明显。

在讽喻性解释中，想象力和理解力是自由的，不像社会现代性理论（学派）所主张的工具理性那样，把个体事物纳入确定的概念之下，以普遍压制个体，而是在认知的自由地带中保留一种个性，这即审美现代性不同于社会现代性的地方。因此，讽喻性解释把审美经验"当作反对工具理性的一个筹码"④。讽喻性解释对工具理性的反对是通过为自律性的现代主义提供一个哲学基础而实现的，在其支持下现代主义合法地产生无利害的审美经验，因此讽喻性审美经验的路径"不但是思想家们对现代化进程的思考

---

① CARROLL, NOËL. Beyond aesthetics: philosophical essays[M]. Cambridge: Cambridge University Press, 2001: 52.

② [美]赫伯特·马尔库塞. 审美之维[M]. 李小兵，译. 桂林：广西师范大学出版社，2001: 100.

③ CARROLL, NOËL. Beyond aesthetics: philosophical essays[M]. Cambridge: Cambridge University Press, 2001: 54.

④ CARROLL, NOËL. Beyond aesthetics: philosophical essays[M]. Cambridge: Cambridge University Press, 2001: 56.

所得出的看法，而且也是对这一时期现代主义（或先锋派）艺术实践的理论上的回应"[①]。

对于讽喻性解释，卡罗尔对其预设的前提和过程都提出疑问。首先从前提来看，讽喻性解释"预先假设审美经验是想象力的无利害的自由活动，不受确定概念的束缚。如果审美经验是一个反抗交换价值和工具理性（Instrumental Reason）的场所，那么它就必须具备上述特征"[②]。然而，因为无利害与认知的自由活动在对传统解释的反思中，已经被证明不是对艺术品的审美经验的必要成分，因此讽喻性解释想要借助无利害审美经验讽喻现实的做法也就存在很大的问题。

另外，卡罗尔也从经验主义层面指出讽喻性解释作为现代主义的哲学基础，也不足以概括所有的现代主义作品，构成主义艺术就抛弃了无利害的约束，直接介入现实，所以审美经验的讽喻性解释并不全面。

卡罗尔对审美经验的传统解释、结构解释、讽喻性解释的反思，集中于对这几种解释所继承的康德传统的"无利害"的静观愉悦的反驳，在他看来康德美学对审美经验的定义不仅具有逻辑层面的不足，而且具有经验主义上的以偏概全。但是不同于迪基等理论家对审美经验的直接取消，卡罗尔反思的前提是承认有审美经验这种东西的存在。

作为迪基的学生，卡罗尔的艺术哲学思想深受其影响，不论是在艺术本体的建立方面，还是在审美经验的反思上，卡罗尔都"使用与迪基相同的策略——把挑战艺术的审美理论作为产生新理论的第一步"[③]。但是，与乔治·迪基不同，他并不主张审美经验是一个神话。尽管他们在建构自己的艺术观上的路径是相似的，但对审美经验的态度却有着本质的不同。与乔治·迪基在否定审美态度的前提下建立艺术制度论不同，卡罗尔在迪基之后对审美经验进行复兴，在肯定存在审美经验这种东西的基础之上，以"内容导向"复兴和重构认知主义的审美经验，以此建立自己的审美经验观。

二、内容导向审美经验的认知性重构

内容取向（Content-Oriented）的审美经验，包括"形式属性、表现性

① 周宪. 审美现代性批判[M]. 北京：商务印书馆，2005：29.
② CARROLL, NOËL. Beyond aesthetics: philosophical essays[M]. Cambridge: Cambridge University Press, 2001: 57.
③ CARROLL, NOËL. Beyond aesthetics: philosophical essays[M]. Cambridge: Cambridge University Press, 2001: 2.

属性和审美属性"①，这一方法推测，"当注意力在艺术形式的理解上，和/或在艺术的审美特性上，和/或这些特性之间的互动，和/或调节艺术反应的所有元素上，那么这种经验就是审美经验"②。这一理论不要求接受者像传统解释、讽喻性解释那样，持无利害的审美态度，而是将关注点落在审美对象身上，也不同于结构的解释对审美经验的定性，而是将重心落在艺术品的审美经验的内容上，所以也被称为"紧缩的解释"③（the Deflationary Account）。紧缩的解释将内容取向的审美经验中的形式属性、表现性属性、审美属性三种元素，紧缩为设计欣赏（Design Appreciation）和特性发现（Quality Detection），这两个元素是一种紧缩的、内容指向的、列举性的说明，为将一个经验划归为审美经验提供了充分条件。

设计欣赏类似于传统形式主义的观念，涉及艺术品的结构或形式，卡罗尔采取功能主义，对形式的定义非常宽泛，是指"为实现艺术品观念的目的，所做的全部的选择"④。特性发现涉及审美属性、表现性属性，是卡罗尔对传统审美经验的拓展，包括艺术的阴沉、忧郁、欢快等表现性属性，大胆、庄重、自负等性格属性，统一、匀称、紧凑、混乱等格式塔属性，粗俗、俗艳、匠气等趣味属性，以及崇高、优美、滑稽等反应属性，这里的表现性属性在前面论述情绪表现时有所涉及，可见情绪表现属于表现性属性之中，表现性属性较情绪属性范围更宽广。

"对设计的欣赏和特性的发现是审美经验的两个相互分离的充分条件。并且，这两个经验并不互相需要。"⑤人们不需要仔细欣赏一部作品的形式就能理解它的审美性质，也不需要通过发现这部作品的审美性质来分析它的结构。尽管在逻辑上这两个条件不互相依赖，但是在发生顺序上二者常常一前一后地形成。"对结构的探求包含艺术性的选择，显著的审美性质随之出现，对一件艺术品审美性质的注意一般与对其设计的发现有关。"⑥

---

① CARROLL, NOËL. Defending the content approach to aesthetic experience[J]. Metaphilosophy LLC and John Wiley &Sons Ltd. Vol. 46, 2015(2): 171-188.

② CARROLL, NOËL. Art in three dimensions[M]. Oxford: Oxford University Press, 2010: 101.

③ CARROLL, NOËL. Beyond aesthetics: philosophical essays[M]. Cambridge: Cambridge University Press, 2001: 59.

④ CARROLL, NOËL. Defending the content approach to aesthetic experience[J]. Metaphilosophy LLC and John Wiley &Sons Ltd. Vol. 46, 2015(2): 171-188.

⑤ CARROLL, NOËL. Beyond aesthetics: philosophical essays[M]. Cambridge: Cambridge University Press, 2001: 60.

⑥ CARROLL, NOËL. Beyond aesthetics: philosophical essays[M]. Cambridge: Cambridge University Press, 2001: 60.

相比卡罗尔反思过的那几种审美经验，卡罗尔提出的内容取向的紧缩解释避免了关注狭隘的无利害态度，对设计的欣赏和特性的发现实则是对设计和特性的认知。但是这一理论也不乏反对者的声音，卡罗尔在其文章中根据批评家阿兰·高德曼（Alan Goldman）的反驳并对此给予了回应。

高德曼对审美经验的谱系进行重新解释，举了鲍姆加登的例子，称美学在源头上与感性认识相关，具有认识论的属性，康德的理论里也包含了想象力和知觉，在比厄兹利那里，审美经验依然需要许多不同的心智能力，如观众、听众、读者的认知和情感能力。所以高德曼认为"内容取向的审美经验是一个不能让人接受的狭隘观点，他主张一种更加宽广的观点，赞成将注意力投入到艺术品的认知、道德、再现和精神、政治的属性上"①。

卡罗尔对审美与认知关系的回应是：审美过程中包含了认知心理，像哈奇生的趣味排除的是对真理的认知和发现，在对设计形式的欣赏中，本身存在于心理感官中的认知一直是存在的。卡罗尔声称，这种由认知带来的解释和他的审美经验理论之间存在着密切的关联。作为实现艺术品的观点与目的的手段，艺术品往往要选择合适的结构和形式来达到这一目的，因此一般来说对设计的欣赏伴随着解释，解释是对那哪些要点或目的的呈现。同样地，在解释艺术品的主题观点时，对性质的发现通常也在所难免。

就艺术的形式和审美属性与其道德毫无关系这一反对观点，卡罗尔针对极端的自律观和温和的自律观进行分析和反驳，为内容取向的审美经验进行辩护。极端自律论认为艺术在严格意义上是自律的实践领域，与其他追求认知、政治或道德价值的社会领域截然不同，所以艺术价值与道德价值应该是相互独立互不干扰的两个领域，相互之间毫无关系，也就是说艺术不涉及道德领域。温和的自律论主张一部特定的艺术作品可能会涉及审美、道德、认知等诸多属性和价值，但是不同层面的价值是各自独立的，道德价值低的艺术并不影响其审美价值，道德价值高的艺术其审美价值也未必就高，不同价值层面的属性不会发生混淆。

卡罗尔仔细分析了形式属性、审美属性、表现性属性与道德属性之间的关系，指出作为情感状态的表现属性往往依靠道德属性，作品中展示的道德属性如果不符合社会期待，破坏了最基本的道德底线，那么相应的情感状态便不会随之出现，从而带来一种形式上的失败或审美上的瑕疵，所以说内容指向的审美经验与道德之间也存在相关性。

---

① CARROLL, NOËL. Defending the content approach to aesthetic experience[J]. Metaphilosophy LLC and John Wiley &Sons Ltd. Vol. 46, 2015(2): 171-188.

　　通过辩证分析，卡罗尔最终证明形式属性、表现属性、审美属性这三个元素并不是随意地罗列在一起的，形式、审美、表现的属性是艺术品具体化呈现的方式，与道德、认知等内容之间存在紧密的关系："审美经验是艺术品的要点或目的，在形式或特性上依靠的东西，审美经验关心这些要点或目的具体化或呈现的方式。道德、认知、宗教等内容相对来说是被呈现的本质。"①审美经验与非审美经验呈表里互动的紧密关系：形式属性、表现属性、审美属性作为审美经验的内容，是艺术品呈现的方式，道德、认知、宗教等非审美经验的内容是艺术品呈现的本质。这一观点将卡罗尔与纯粹的自律论者清晰分离开来，也与极端的他律论者做了区分。

　　内容导向的审美经验理论显示了卡罗尔对审美经验的复兴和重构，再次说明对艺术审美主义的反对，但不代表他反对艺术具有审美经验。在审美经验复兴的潮流中，1993 年，戴夫·希基（Dave Hickey）大胆预言"美的回归"，认为 20 世纪 90 年代之后艺术将会重新转向"美"。②这一命题进而引起阿瑟·丹托在 2003 年发表"美的滥用"（the Abuse of Beauty）作为回应。从审美消解到审美复兴，从美的回归到美的滥用，"美"的存在正如戴夫·希基所言"像一条拉斐尔前派笔下的龙，振动它的皮翼，高悬在上"③，召唤着人们否定日常生活追寻审美的乌托邦，或者在生活经验中极力寻找美的瞬间。

　　但不同于支持自律艺术的审美主义者，卡罗尔对审美经验的复兴，并不表示审美经验是对艺术品产生的唯一的、主要的反应，也不是最恰如其分的反应。卡罗尔对审美主义的反对，是因为"它们使哲学家们从他们的研究领域中排除了太多与艺术生活有密切关系的东西"④。因此，他认为在所有的艺术经验中，对艺术的审美只是其中的一种，卡罗尔的艺术经验论基于超越审美主义的基底之上，让审美经验进入与其他非审美经验的互动中，重构多元化的艺术经验来打破审美对艺术的专制。

　　对审美经验的重构和超越，是对 18 世纪艺术的现代体系形成以来，以

---

① CARROLL, NOËL. Recent approaches to aesthetic experience[J]. The Journal of Aesthetics an Art Criticism, 2012: 165-177.

② 金影村. 从丹托到希基：美的滥用，还是美的回归？[J]. 外国美学，2017（1）：201-215.

③ [美]戴夫·希基. 神龙：美学论文集[M]. 诸葛沂，译. 南京：江苏凤凰美术出版社，2018：2.

④ [美]诺埃尔·卡罗尔. 超越美学[M]. 李媛媛，译. 北京：商务印书馆，2006：中文版序.

艺术的审美理论为核心的审美主义的超越，进而导向多元而整体的大众艺术经验，使艺术承担应有的社会化功能。艺术的审美经验与道德、认知、情感等其他经验一起组成完整的艺术经验，无功利的审美只能成为艺术互动的其中一种方式，美的艺术只能作为艺术实践的一个子集。

卡罗尔对以上几种经验的强调，是建立在"我与你"的主体间性的基础之上，情感、认知、道德、审美经验的实现，得益于受众通过艺术作品与相应属性进行对话。

首先，艺术的再现属性使它具有认知功能，其中无条件再现与大众的图像识别能力相对应，在对艺术的认知中，卡罗尔主张对作者意图的采纳，这种意图主义的立场使其对非虚构电影的辨别提出假定断言理论。其次，叙述艺术具有的叙述方式和非叙述艺术具有的表现性属性使其具有情感认知功能，情感认知功能解释了标准预聚焦文本中的情感聚焦过程，以及恐怖、幽默、悬念艺术体裁中的虚构悖论，表现性艺术解释了艺术对情绪具有的表现和引发功能，并且叙述和表现在道德情感认知过程中也发挥关键作用。再次，卡罗尔对传统审美经验的反思中重建了内容导向的审美经验理论，该理论包括对形式属性、审美属性、表现性属性的认知，拓宽了传统审美经验的范畴。

尽管以上几种经验都贯穿在认知主义的立场下，但卡罗尔也指出道德经验与儒家美学有异曲同工的地方：

> 就我的了解而言，我特别感兴趣孔子的思想，尤其他对"礼仪"的强调，对艺术在沟通个人与群体之间关系的作用上的考虑，这都是我所熟悉的西方传统所缺乏的。此外，我接触到儒家关于"熏习"对于道德养成的重要性的论说，这对于我思考艺术对于道德发挥作用的方式，是非常具有启发的。①

卡罗尔对道德经验乃至情感和认知经验的重新主张，归结起来都是对传统的解释、讽喻性解释、结构的解释这几种审美经验进行反思和超越而得出的。传统的解释体现为夏夫兹博里、哈奇生、康德、克莱夫·贝尔、比厄兹利、伊瑟明格的谱系，结构的解释是杜威的传统，讽喻性的解释主要体现在马尔库塞与阿多诺的著作中。卡罗尔对审美经验的传统解释、结

---

① 黎萌. 在美学的多样性与普遍性之间：诺埃尔·卡罗尔教授访谈录[J]. 文艺研究，2010（12）：82-87.

构解释、讽喻性解释的反思，集中于对这几种解释所继承的康德传统的无利害的静观愉悦的反驳，在他看来康德美学对审美经验的定义不仅具有逻辑层面的不足而且具有经验主义上的以偏概全。但是不同于迪基、古德曼等众多理论家对审美经验的彻底批判，他对审美经验的反思前提是承认审美经验的存在。在迪基认为审美是神话之后，卡罗尔以"内容导向"对审美经验进行复兴和认知性重构。

卡罗尔对审美主义的超越，暗示了他对审美经验与日常经验相分离的反对，而代之以二者之间的连续性，此时，在认知主义的立场下，接受者与艺术作品之间的互动形式包括认知、情感、道德、审美组成的多元而整体的艺术经验。大众艺术经验既是受众与艺术进行互动的方式，也是艺术功能的展示。艺术的审美理论将艺术禁锢在自律的王国，将其与更加广阔的社会功能阻断，卡罗尔正是在认知主义的立场下超越审美主义，建构多元而整体的大众艺术经验，对艺术的认知、情感、道德功能进行恢复。

并且审美属性与非审美属性之间呈互为表里的关系，形式属性、表现性属性、审美属性是艺术品呈现的方式，道德、认知、宗教是艺术品呈现的本质，反映了大众艺术经验中认知能力、想象力、注意力、情感等的协同合作，"对形式的审美经验可以训练并提高我们认识周围环境中的规律性的能力，而发现艺术品富于表现的特性则可以培养并促成我们理解人类情感状态的能力"①，道德经验和意识形态经验体现了人类作为社会性动物，在集体之中形成协同合作能力。因此大众艺术经验是人类本性的某种体现：

> 在一定意义上，我和我的一些分析美学圈同行在尝试一条不同于康德以来的美学的道路。在批评自律美学的同时，我们希望把艺术放回现实之中，放回与日常世界的各种关联之中。我对情感介入、艺术的道德价值等问题的阐释，都强调介入艺术涉及通常的认知、注意力、想象力等能力的运用。只有当你在现实世界、尤其是常识世界看待艺术活动的时候，才能指望虚构的艺术与现实世界发生真正的关联，不管是情感、道德还是认知的关联——而这正是艺术教育所能希翼的途径。②

---

① CARROLL, NOËL. Beyond aesthetics: philosophical essays[M]. Cambridge: Cambridge University Press, 2001: 47.
② 黎萌. 在美学的多样性与普遍性之间——诺埃尔·卡罗尔教授访谈录[J]. 文艺研究，2010（12）：82-87.

　　所以说，卡罗尔对艺术的审美经验的重构、对艺术的认知经验、道德经验、情感经验的主张和恢复，是希冀借助艺术这一媒介，将主体的想象力、注意力、同理心以及认知能力等诸多本性进行结合和恢复，使人从审美主体转向文化实践主体，进而达到艺术教育的目的。在卸除了艺术的无功利枷锁之后，他安置于艺术身上的功用和用途，体现了艺术的"无用之用"和美育在当代社会的重要意义，在这个艺术家和接受者成为大众的时代，不论是作为艺术家还是接受者，都可以从卡罗尔的大众艺术经验主张中找到实践的遵旨。

第六章
先锋艺术与大众艺术的大众性

前面几章对卡罗尔艺术哲学中的艺术本体、艺术识别、艺术本质、艺术经验这四个方面进行了考察，本章将聚焦于卡罗尔大众艺术哲学的批评对象——先锋艺术和大众艺术，对大众社会中的这两种主导艺术的大众性进行具体考察。先锋艺术的大众性体现在整体主义的形态，大众艺术的大众性体现在作为易接近的多实例艺术，二者之间具有多元而整体的辩证关系，多元性体现在二者是明显不同的艺术形式，整体性主要体现在它们具有交叉和融合地带。因此先锋艺术与大众艺术在美学上和社会上并不是二元对立的，卡罗尔"强调先锋派与大众艺术之间的区分，但并不否认这两种明显不同的艺术形式相互借鉴的历史事实"①。

本章第一节考察先锋艺术的大众性，即先锋电影、舞蹈、演出、音乐为主的先锋艺术具有的反幻觉再现手段和艺术与生活相结合的形态，形成整体主义的先锋艺术。第二节考察大众艺术的大众性，大众电影电视为主的大众艺术的大众性表现为它们作为易接近的多实例艺术，将图像再现和叙述基础建立在人类固有的认知习惯上，使大众容易识别和认知，因此在创作阶段具有易接近性，借助大众媒介能够使不同地点的人同时接受，从而形成多实例艺术，区别于独一无二的单数艺术品。第三节对先锋艺术和大众艺术多元而整体的辩证关系进行考察，卡罗尔反对康德式的先锋派理论对大众艺术的抵制，认为先锋艺术与大众艺术并不是截然对立的，二者在艺术形式、题材、技法、媒介方面相融合。

---

① CARROLL, NOËL. A Philosophy of mass art[M]. New York: Oxford University Press, 1998: 208.

第一节　先锋艺术的整体主义

卡罗尔自述"在 60 年代晚期和 70 年代早期，我成为先锋艺术世界的一位公民"[1]。他的许多有关先锋舞蹈、戏剧、美术的批评，当时以评论的形式发表在杂志上，后结集为《生活于艺术世界：关于舞蹈、演出、戏剧、美术的评论》于 2012 年出版。先锋艺术的大众性，包括艺术与生活界限的打破和反幻觉主义的再现手段，二者互相联系、互为因果，共同构成先锋艺术的整体主义形态。

一、打破艺术与生活的界限

利奥塔以是否表现出崇高的精神来区分怀旧的和变革的两种先锋派，怀旧的先锋派以马列维奇、德国表现主义、普鲁斯特、席里柯为代表，"所表现的崇高并未达到真正的崇高，说到底不过是以暗示的方式来表达那不可见的绝对精神"[2]。而变革的先锋派在形式上不断地创新和变革，最大程度上挖掘和实现了艺术的崇高潜力。

利奥塔对先锋艺术的解读主要聚焦于"先锋"的创新和变革维度，这也是我们通常意义上从常与变的角度所惯用的一种解释。但卡罗尔并未完全走上利奥塔的解读路径，他对先锋艺术的解读主要聚焦于先锋艺术的大众性维度，尽管这一解读路径缺少了必要的锋芒，但却与卡罗尔的大众艺术哲学是一以贯之的。

卡罗尔根据艺术与生活之间的关系，区分了纯粹的（the Purist）先锋艺术和整体主义（the Integrationist）的先锋艺术。前者以格林伯格标榜下的现代主义艺术为代表，以艺术媒介的本质为追求；后者以达达主义和构成主义为源头，艺术和生活的边界极为模糊。[3]纯粹的先锋主义认为艺术是自律的，艺术的本体是分离的形式，整体主义的先锋艺术认为艺术是他律

---

① CARROLL, NOËL. Living in an artworld: reviews and essays on dance, performance, theater, and the fine arts in the 1970s and 1980s[M]. Louisville: Evanston Publishing, 2012: 12.

② 周宪. 审美现代性批判[M]. 北京：商务印书馆，2005：283.

③ CARROLL, NOËL. Living in an artworld: reviews and essays on dance, performance, theater, and the fine arts in the 1970s and 1980s[M]. Louisville: Evanston Publishing, 2012: 40.

的，艺术的本体是整体主义的实践。尽管两种先锋艺术明显不同，但二者之间并不具有清晰的界限，整体主义的先锋艺术的特性在纯粹的先锋艺术中也能找到具体案例，只不过相对来说，纯粹先锋艺术中艺术与生活的距离更远。

现代主义艺术占据 20 世纪上半叶的主流，20 世纪 60 年代起的艺术复燃了杜尚的现成品思想，一反纯粹先锋主义的自律姿态，以大范围介入生活的趋势，形成全面繁荣的整体主义先锋艺术。卡罗尔指出："在纽约激浪派蓬勃发展，在巴黎受达达主义和超现实影响的情境主义、波普艺术，抹去本土艺术、商业艺术和高雅艺术之间的界限。感受到现代主义束缚的画家发明了偶发艺术，将他们的艺术实验从架上绘画汇入生活的洪流中。"[1]他认为此时的艺术作为对传统艺术理论的反抗，在各个方面都表现出整体主义的形态：

> 为了模糊生活与艺术之间的边界，艺术家罗申伯格和约翰·凯奇主张艺术可以是任何事物，这一观点被安迪·沃霍尔和他首创的新达达作品布里洛盒子进一步巩固。如果艺术品和寻常的汤罐看起来很像，那么艺术品就没必要具有再现、表现、有意味的形式或美等特性。艺术品可以与寻常物在视觉上难以分辨，这便使舞蹈有了以奔跑、搬运家具、梳头等平常动作构成的可能性。[2]

因此，先锋艺术的整体主义特性主要表现为艺术与生活的融合，包括日常的物品、动作、声音、材料在艺术中的使用。

日常物品在艺术中的使用，以杜尚为首的现成品艺术及安迪·沃霍尔的波普艺术为代表，对寻常物的选择和解释比新艺术的创造更加重要。作为达达主义重要一员的杜尚将写了 Mutt 签名的男士小便器拿到艺术展览上，新的艺术以反传统的姿态登上艺术史舞台，这类艺术品以艺术家的"选择"代替"创造"，最大程度地拒绝艺术家的参与。杜尚提出"现成品艺术"的说法并予以辩解："Mutt 先生是否用他自己的手制造了这个喷水装置并不重要。他选择了它，他取了一件平凡的生活用品，并将它摆置起来，使它

---

① CARROLL, NOËL. Living in an artworld: reviews and essays on dance, performance, theater, and the fine arts in the 1970s and 1980s[M]. Louisville: Evanston Publishing, 2012: 41.

② CARROLL, NOËL. Living in an artworld: reviews and essays on dance, performance, theater, and the fine arts in the 1970s and 1980s[M]. Louisville: Evanston Publishing, 2012: 19.

在一个新的标题和挂念下失去了它的实用意义——他为那个物品创造了一种新思想。"[1]新达达主义（Neo-Dadaism）则将美从艺术身边推得越来越远，艺术与生活的界限更加紧密，沃霍尔的《布里洛盒子》充满工业主义的气息，《曼佐尼的屎》更是挑战感官极限，充分可见"艺术在普通物之间，它的墙被现成品艺术和拾得艺术打破"[2]。

日常动作在艺术中的使用，以贾德森舞蹈剧院（Judson Dance Theater）上演的舞蹈为主。卡罗尔列举了贾德森的四条编舞准则[3]，来与纯粹的现代主义舞蹈进行对照：

（1）舞蹈由普通动作和/或活动组成，包括做任务。

朱迪斯·邓恩的《阿卡普尔科》中包含了她缓慢梳理头发、玩牌、熨裙子的动作，斯蒂夫·帕克斯顿的舞蹈包含吃三明治以及微笑五分钟的动作，露辛达·查尔斯的《街舞》中包含聊天，聊天内容涉及建筑细节和日常生活的其他方面。道格拉斯·邓恩的舞蹈中仅仅包含坐下和起立的动作，依冯·瑞娜在《我们即将跑步》中轻轻摇摆若干分钟，在《客房服务》中设置了空间中移动床垫等任务，在《地形》中，包含轻拍某人的头发、张大嘴巴、触摸脚趾、爬行、拉伸、躺卧、坐直等日常动作。有些时候这些舞蹈中还使用本土活动，如使用电缆、绳子、滑轮来翻越并行走在墙上，同时配合爬山的动作。这些后现代的编舞在围绕我们的日常生活的环境中汲取养分，以使观众对日常动作仔细审视。

（2）舞蹈与普通动作和/或活动结合，包括视觉上的舞蹈动作。

比如在贾德森剧院的 1 号音乐会上，依冯·瑞娜呈现了《三人六臂舞蹈》，将舞蹈动作与普通手势相结合，围成圈走路时他们的胳膊呈游泳和下垂姿势。这些后现代舞蹈将普通动作与舞蹈动作相混合，旨在显示它们的平等地位。

（3）舞蹈既不使用简单的日常动作，也不使用舞蹈动作，以游戏结构为特征。

游戏处于舞蹈和日常动作之间，在《蜷缩》中发明了一个类似山中之

① [法]皮埃尔·卡巴那. 杜尚访谈录[M]. 王瑞芸，译. 桂林：广西师范大学出版，2001：100.

② CARROLL, NOËL. Art in three dimensions[M]. Oxford: Oxford University Press, 2010: 15.

③ CARROLL, NOËL. Living in an artworld: reviews and essays on dance, performance, theater, and the fine arts in the 1970s and 1980s[M]. Louisville: Evanston Publishing, 2012: 46.

王的游戏，参与者一个接一个相累积爬上山顶，这种舞蹈类似做任务的舞蹈，但是《蜷缩》为旁观者提供了动作的量子物理学的学习机会。

（4）舞蹈因太难归类以至于描述它的唯一途径是将之称为动作简化。

在依冯·瑞娜的《三重唱》中，集合了所有的她能想象到的动作，包括舞蹈动作和非舞蹈动作以及其他无法定义的动作，因此这种舞蹈包含了最宽泛概念下的动作。在《工作》中，戴维德·高登使用无法归类的普通动作，将他的手臂反复从臀部举起并放下，以此显示单调的体力劳动可以是一件艺术品。

在卡罗尔看来，普通动作对于后现代舞蹈家所起的作用与杜尚现成品艺术、凯奇拾得艺术中所起的作用是一样的。"如果说沃霍尔的发现是艺术品与普通物之间的难以识别——比如布里洛盒子——可以是艺术，那么贾德森舞蹈剧院使舞蹈动作与普通动作难以识别，走路也可以成为舞蹈。"①

这种整体主义的先锋舞蹈不同于乔治·布兰钦（Geoge Balanchine）对舞蹈动作进行夸大以突显舞蹈形式的抽象主义芭蕾舞，也不同于摩斯·肯宁汉（Merce Cunningham）的纯形式的现代主义舞蹈。尽管约翰·凯奇在与肯宁汉的合作中对后者影响很大，但肯宁汉不是凯奇一样的整体主义者，而是和布兰钦一样的纯粹的先锋主义者，因为"普通动作的关注并不被肯宁汉分享，而是来自于后现代主义者使舞蹈在整体主义先锋艺术中的应用"②。但这种区分不是绝对的，因为艺术与日常生活界限的打破，使得纯粹先锋主义舞蹈也混合了后现代主义的部分动作而变得不再纯粹，因此从宽泛的意义上来看他们都是后现代主义者。

日常声音在艺术中的使用以约翰·凯奇的《4分33秒》为代表，作为一个整体主义的艺术家，凯奇选取了生活中的真实声音作为艺术的内容，"恰好是对艺术与世界分离这一观点的挑战"③。日常材料在艺术中的使用，表现在雕塑中是极简主义雕塑。聊天等日常场景在生活剧场的运用，模糊了戏剧与生活之间的界限。

诸多举例无非是要证明在 20 世纪 60 年代之后的美国，艺术与生活的

---

① CARROLL, NOËL. Living in an artworld: reviews and essays on dance, performance, theater, and the fine arts in the 1970s and 1980s[M]. Louisville: Evanston Publishing, 2012: 28.

② CARROLL, NOËL. Living in an artworld: reviews and essays on dance, performance, theater, and the fine arts in the 1970s and 1980s[M]. Louisville: Evanston Publishing, 2012: 48.

③ CARROLL, NOËL. Cage and philosophy[J]. The Journal of Aesthetics and Art Criticism. 1994(12): 93-98.

融合是先锋艺术的普遍特征，卡罗尔尽管区分了两种先锋艺术，但他认为两种先锋艺术都具有不同程度的整体主义性，不同之处在于这种融合程度在纯粹的先锋艺术中较低，在整体主义的先锋艺术中非常高。细究之下，这种整体主义的形态是通过反幻觉主义的再现手段形成的。

二、反幻觉主义的再现方式

传统以再现为主的模仿型艺术在某种程度上可被称为幻觉型艺术，先锋艺术的反幻觉主义（anti-illusionism）再现区别于古典艺术的幻觉主义再现。古典主义的再现主张艺术对外在世界的模仿，艺术的本质是对美的自然的再现，先锋艺术的反幻觉主义再现建立在对美的自然的模仿、形式装饰、情感表现的废弃之上，不以模仿和再现任何客观事物为目的，主张艺术对观念的再现。因而反幻觉主义的再现在卡罗尔看来与宽泛意义上的表现等同，即一种对叙述、暗示、自传及政治性的、精神性欲的内容的展现。卡罗尔将其总结为："显著意象=外表=幻觉=逼真，但是，反逼真=反幻觉，穿过外表抓住必然潜在的真实。"[1]因此，在他看来，反幻觉的策略具体为：

（1）如果一个已制定的媒介或艺术形式促进幻觉或骗术 X，那么这个 X 必须被翻转、揭穿、反击（或者，至少禁止）。
（2）已给定的传统形式促进幻觉或骗术 X。
（3）因此，这个个别幻觉 X 必须被翻转、揭穿、反击或禁止[2]。

纯粹的和整体的先锋艺术都是反幻觉主义的，但是这里需要说明的是二者的反幻觉主义所达到的效果却是不同的。具体而言，"现代主义揭示了媒介的本质，后现代主义被认为揭示了符号的操纵过程"[3]。也就是说，纯粹的先锋艺术是以绘画平面性、舞蹈动作等媒介打破幻觉，从而凸显了艺术与日常生活的差异，拉开了艺术与生活的距离，整体主义先锋艺术通过再现艺术符号的操纵过程，打破传统艺术刻意营造的幻觉，拉近了艺术与

---

① CARROLL, NOËL. Living in an artworld: reviews and essays on dance, performance, theater, and the fine arts in the 1970s and 1980s[M]. Louisville: Evanston Publishing, 2012: 284.

② CARROLL, NOËL. Living in an artworld: reviews and essays on dance, performance, theater, and the fine arts in the 1970s and 1980s[M]. Louisville: Evanston Publishing, 2012: 271.

③ CARROLL, NOËL. Living in an artworld: reviews and essays on dance, performance, theater, and the fine arts in the 1970s and 1980s[M]. Louisville: Evanston Publishing, 2012: 241.

生活之间的距离。

　　以现代主义绘画和极简主义电影为例，先来看纯粹的先锋艺术的反幻觉主义。现代主义绘画破除传统透视主义的深度幻觉，代以二维平面的线条、色彩等符号，从而揭示了绘画的媒介本质，"画家以揭示各种有关绘画美学事实和本质的'绘画事实'为工作"[1]。在《移动影像的哲学化：以〈平静的速度〉为例》一文中，卡罗尔以美国艺术家厄尼·格尔在 1970 年拍摄的实验主义影片《平静的速度》为例，论述了纯粹的极简主义电影与理论的关系。极简主义在绘画和建筑领域最负盛名，但在音乐、舞蹈、戏剧、电影中也存在，背后是格林伯格理论的推动和支撑，在反极简主义的后现代主义来临之前，这一艺术流派可以说是现代主义的最后一个表现。"极简主义电影是一种元电影（meta-cinema）形式，揭示电影的制作过程"[2]，从而突出图像媒介与语言媒介这两种符号系统的不同，以反幻觉的形式揭示电影的本质。

　　尽管如此，卡罗尔主张两种先锋艺术不是绝对对立的，现代主义和后现代主义之间既有差异又有连续性。后现代主义艺术是破碎的艺术，承担社会功能，吸引流行艺术，混合高雅艺术和通俗艺术，陶醉于历史的平面化之中，主体具有去中心化或多元化特征，并与市场是同谋。但在卡罗尔看来，后现代主义的这些特征在现代主义艺术中也能找到案例。

　　　　并置（juxtaposition）是后现代主义的一个本质特征，也是超现实主义的一个关键特征，如果有人反对将超现实归为真正的现代主义，那么苏联的构成主义，尤其是电影蒙太奇可以作为一个恰当的例子。破碎性是后现代主义的一个特征，但在德国表现主义的杂乱语言艺术、达达主义的诗歌、卡夫卡的现代主义小说中也存在。暗示作为后现代主义的特征，在 T.S.艾略特的诗歌中也存在。后现代主义的视角主义特征与立体主义很相似。后现代主义艺术对高雅和通俗艺术的混合在现代主义艺术中也存在……斯特拉文斯基、梅耶荷德、萨蒂、毕加索都为了一定的动机和材料转向流行娱乐……后现代主义艺术偏爱的混杂也产生了现代主义

---

① CARROLL, NOËL. Living in an artworld: reviews and essays on dance, performance, theater, and the fine arts in the 1970s and 1980s[M]. Louisville: Evanston Publishing, 2012: 269.

② CARROLL, NOËL. Philosophizing through the moving image: the case of serene velocity[M]. the Journal of Aesthetics and Art Criticism. Vol. 64. 2006(01): 173-185.

的抽象拼贴画（摄影蒙太奇）。[①]

因此可以看出在卡罗尔看来，现代主义与后现代主义不是截然不同的两个阶段，"后现代"在卡罗尔的理论中更多是作为评论性的术语而非历史性的术语而存在，这样就很好理解为什么他认为现代主义艺术中也具有后现代的一些特征，纯粹的先锋艺术也与生活有不同程度的融合，而不是与生活截然对立的。

所以纯粹先锋艺术与生活的融合更多是因为它们具有后现代主义的其他特征，而非对反幻觉再现这一手段。相对纯粹的先锋艺术，整体主义先锋艺术与生活的融合更多得益于反幻觉再现这一手段。下面主要来看反幻觉主义再现在整体主义的先锋舞蹈、戏剧、表演中的具体表现。

首先，先锋舞蹈的反幻觉主义。

在《戏剧，舞蹈与理论：一种哲学叙事》这篇文章中，卡罗尔梳理了舞蹈自18世纪至20世纪以来的几个发展阶段。18世纪，舞蹈进入美的艺术阵营，以对美的自然的模仿为主。约翰·维沃和简-乔治斯·诺沃热反对亚当·史密斯对舞蹈的描述理论，放弃舞蹈的装饰功能而主张艺术具有对美的模仿和再现功能，使其变为模仿的艺术，从而与音乐、诗歌、绘画、雕塑一样在巴托的"美的艺术"阵营中占据独立的地位，此时的舞蹈"要想被认真对待，必须变为戏剧，而非一束充满魅力的舞步的集合"[②]。诺沃热等人清楚看到不是所有舞蹈都是模仿和再现的，他们谈论的仅仅是"在舞台上展示舞蹈的戏剧舞蹈，尤其是自律的舞蹈作品（而不是戏剧或歌剧中的舞蹈片段），他们的理论属于自律舞蹈的种类"[③]。此时的舞蹈以芭蕾舞为主流，主张舞蹈的本质是舞蹈形式和情感表现。

20世纪反戏剧式的先锋舞蹈开始出现，卡罗尔将20世纪60年代以来的后现代舞蹈分为三个阶段。第一阶段为1962—1966年，主要指贾德森舞蹈剧院的先锋实验，走路、做任务等普通动作与现代主义舞蹈和芭蕾舞的联合，使这一时期的舞蹈成为不同兴趣之间的混合物，依冯·瑞娜，斯蒂

---

① CARROLL, NOËL. Living in an artworld: reviews and essays on dance, performance, theater, and the fine arts in the 1970s and 1980s[M]. Louisville: Evanston Publishing, 2012: 345.

② CARROLL, NOËL. Living in an artworld: reviews and essays on dance, performance, theater, and the fine arts in the 1970s and 1980s[M]. Louisville: Evanston Publishing, 2012: 31.

③ CARROLL, NOËL. Art in three dimensions[M]. Oxford: Oxford University Press, 2010: 474.

夫·帕克斯顿等代表将玛莎·格拉哈姆神话剧中的世界历史的主人公以及相应的戏剧手法驱逐出去，引入普通动作实现了舞蹈的民主化。第二阶段为1971—1973 年，贾德森及其追随者对极简主义艺术的吸收，使重复、感知结构、物性、自反性和朴素感成为这一时期的主要编舞手段，形成分析的后现代舞蹈，露辛达·查尔斯（Lucinda Childs）和劳拉·迪安（Laura Dean）作为美国著名的编舞艺术家，她们在作品中放弃了合理的动作结构、舞步语汇、音乐说明等可以立即被认出的再现因素。第三阶段即 20 世纪 80 年代开始的对前一个阶段的反抗，舞蹈与戏剧这两种艺术之间的交集成为一种趋势，舞蹈再次回归戏剧，舞蹈戏剧主义（Dance Theatricalism）成为主流，幻觉主义的再现或广义的表现重新浮现。

这期间原来占据非主流位置的舞蹈形式逐渐上升为主流，祛除叙述、模仿、再现、幻觉，主张日常动作进入舞蹈，这种舞蹈反击装饰性的现代主义舞蹈，认为“芭蕾舞和现代舞的形式和情感是‘幻觉’（illusionism）的遗迹，这一遗迹的设计目标为以形状或情感来‘伪装’动作，因此是多余的东西”①。因此许多艺术家将他们的艺术活动等同于科学家的科学实验，如同科学家对普通物体的物理成分的分析，编舞家寻求舞蹈媒介的基础成分，不以营造幻觉为目标，而以打破幻觉为目的，纯粹的先锋主义舞蹈专注于媒介的再现，整体主义的先锋艺术重在内容的再现。

以《A 的三重奏》为例，该舞蹈中没有动作段落的多样性重复，每一个段落都是独立的，因此观众很难从中辨别出任何标准的舞蹈动作语汇，也很难熟悉变化多端的舞蹈动作。段落之间没有清晰的分界点，节拍上没有高潮也没有停顿，避免了现代主义舞蹈的韵律感，从而在空间上无法形成完整的格式塔。为了加强观众的视觉印象和视觉记忆，《A 的三重奏》放弃了传统叙述中的故事情节、人物塑造、态度和行动等手段。在所有反幻觉主义的再现下，观众被迫将注意力放置在舞蹈的动作上，因此在卡罗尔看来这种舞蹈可以被称为“动作的例示”，也就是说它放弃了传统舞蹈习以为常的戏剧表现或形式设计。

其次，先锋表演的反幻觉主义。

卡罗尔将表演分为“艺术表演”（Art Performance）和表演艺术（Performance Art）两种。艺术表演的反幻觉主义，表现在静态的艺术品向

---

① CARROLL, NOËL. Living in an artworld: reviews and essays on dance, performance, theater, and the fine arts in the 1970s and 1980s[M]. Louisville: Evanston Publishing, 2012: 51.

着动态的实践的转化，此时，行动绘画、偶发艺术、身体艺术、观念艺术等艺术作为艺术表演，使得"绘画被视为动作而不是物品，尽管静态的绘画被重新置于表演这一概念之下。"[①]表演艺术受剧场美学的影响，在 20 世纪 60 年代末 70 年代初，填满剧院与生活的沟壑，形成呈现真实生活的剧院。

再次，先锋绘画的反幻觉主义。

后现代主义艺术作为反极简主义的艺术，揭开了艺术符号的再现过程，"与波普艺术家相比，后现代主义艺术家在把玩文化符号的角色中更自觉"[②]。普通物构成的现成品艺术使"绘画与真实物品之间的界限被打破，绘画和雕塑之间的新的界限尚未明确"[③]。绘画作品在本质上是真实，波普艺术利用寻常物形成的文化制造品，将媒介的现实性展露出来。

因此卡罗尔认为先锋艺术艺术品，是符号学的一种理论工具，或者是符号学理论的艺术实践化。"20 世纪 60 年代之后受欢迎的批评范式中，现象学已经让位给符号学和后结构主义，带来的结果是，先锋艺术的符号编码本质被视为是对该理论的回应。"[④]这与丹托有所不同，在丹托看来，在艺术制作与理论之间存在着一种张力，因此先锋艺术的艺术家与理论家无法在同一个人身上并存，但是卡罗尔认为正是因为先锋主义需要分析和概括，理论有助于增加这种清晰度，因此艺术家可以与理论家同为一人。性别、阶级、少数族裔身份认同、权力、情感甚至政治等作为反幻觉再现的主题，使得"反幻觉主义的观念，经常可被解释为后结构主义的符号和语言"[⑤]。

后现代的先锋艺术通过反幻觉主义的再现手段展示了整体主义的形态，反幻觉主义的再现目的是打破传统艺术对客观世界的逼真模仿，破除艺术对美的自然的再现本质，展示普通物、普通符号打破幻觉再现观念的

---

① CARROLL, NOËL. Living in an artworld: reviews and essays on dance, performance, theater, and the fine arts in the 1970s and 1980s[M]. Louisville: Evanston Publishing, 2012: 161.

② CARROLL, NOËL. Living in an artworld: reviews and essays on dance, performance, theater, and the fine arts in the 1970s and 1980s[M]. Louisville: Evanston Publishing, 2012: 270.

③ CARROLL, NOËL. Living in an artworld: reviews and essays on dance, performance, theater, and the fine arts in the 1970s and 1980s[M]. Louisville: Evanston Publishing, 2012: 269.

④ CARROLL, NOËL. Living in an artworld: reviews and essays on dance, performance, theater, and the fine arts in the 1970s and 1980s[M]. Louisville: Evanston Publishing, 2012: 323.

⑤ CARROLL, NOËL. Living in an artworld: reviews and essays on dance, performance, theater, and the fine arts in the 1970s and 1980s[M]. Louisville: Evanston Publishing, 2012: 265.

过程，在这一反幻觉主义再现的手段下，普通动作进入舞蹈动作、普通物进入绘画领域、普通声音进入音乐，整体主义的先锋艺术与生活之间的界限变得模糊。纯粹的先锋艺术的反幻觉主义手段尽管达到的效果相反，但它们在其他方面具有的后现代特征依然会使其与生活发生不同程度的融合，进而体现先锋艺术的大众性。

第二节　大众艺术作为易接近的多实例艺术

卡罗尔对大众艺术实践本体的批评主要集中在著作《大众艺术哲学论纲》（1997）和《密涅瓦的夜生活：哲学、流行文化和移动图像》（2013）中，后者收录了他对电影、电视、无线广播、节庆等大众文化的批评和本体论的研究。卡罗尔用充分必要条件的方式为他眼中的大众艺术下了定义，X 是大众艺术，当且仅当：

（1）X 是多实例艺术形式（Multiple Instance Artform）或类型艺术品（Type Artwork）；

（2）借助大众技术制作和传播；

（3）结构选择（例如，叙事形式、象征、意图的情感效果，甚至内容）倾向于最大数量没有受过培训（或相对未受培训）的受众在初次接触时，只需最少努力就能理解作品。[①]

该定义中，条件（1）显示了大众艺术的呈现形态，条件（2）体现了大众艺术的大众媒介传播条件，条件（3）可以归结为大众艺术在创作阶段旨在达到的易接近性。下面将分别对其进行叙述。

一、大众艺术创作的易接近性

相对先锋派艺术较大的理解难度，这些大众艺术倾向于选择的手法、结构、情感，甚至内容，在理想状态下使大量不同背景的人，未经过培训就能够在第一次接触时无须付出任何努力就能理解和欣赏艺术。因此"易接近性"（accessibility）是大众艺术的核心设计特性，对易接近性的判断要

---

① CARROLL, NOËL. A Philosophy of mass art[M]. New York: Oxford University Press, 1998: 196.

根据创作语境，而非当代的接受语境来进行。

就摇滚乐而言，摇滚乐具有简单的和声，具有容易被人发现的节奏，这种节奏是一种突出的参照框架，其重复性使人容易进入它的结构并与它合拍。卡罗尔借社会学家的研究，指出摇滚乐听众关注的并不是歌词而是作品的总体情感轮廓，这一内在的结构特征使莫斯科的青少年与利物浦的同龄人能够欣赏相同的音乐，从而使摇滚乐风靡全球。

作为易接近的大众艺术，大众电影是卡罗尔大众艺术研究的主要门类。而这种易接近的性质在电影艺术中的体现，首先在于大众电影以相似性的图像作为再现基础。大众具有天然的图像认知能力，"凭知觉认出 X 的能力与凭知觉认出 X 的图像的能力相伴而生"①，就像儿童不需要特殊的训练，就可以从一张画有苹果的图像中立即认出那是苹果，这种能力不需要像学习语言一样经过后天的培训，是超出种族、民族、性别、年龄的："我们——不管我是中国人还是美国人——用眼睛看到的东西，用耳朵听到的东西，用触觉感受到的东西，在一个很基本的层次上是大致相同的。进而，我们对一个故事——例如一个典型的好莱坞电影故事——的因果结构的把握、情感介入、道德反应也是大致相同的。"②商业电影电视、喜剧作品等大众艺术由相似性准则的图像再现构成，具有容易认知的特点，从而决定了大众艺术具有广泛的传播范围，能够吸引广泛的受众。

卡罗尔的这一观点与图像学家贡布里希和潘诺夫斯基的部分观点有相似之处。贡布里希"天真的眼睛"认为观看主体可以超越文化语境的限制，实现纯真的观看。潘诺夫斯基认为利用图像志理论观看图像具有三个层次："第一性或自然的主题（Primary or Natural Subject Matter）；第二性或程式主题（Secondary or Conventional Subject Matter）；内在意义或内容（Intrinsic Meaning or Content）。"③第一性或自然的主题属于前图像志阶段，可进一步划分为事实性主题与表现性主题，图像中的色调、形状等形式因素在这一阶段被观看。第二性或程式主题属于狭义的图像志阶段，图像的基本故事或寓意在这一阶段被解读。内在意义或内容则进入了文化的层面，不知晓

---

① CARROLL, NOËL. Beyond aesthetics: philosophical essays[M]. Cambridge: Cambridge University Press, 2001: 348.

② 黎萌. 在美学的多样性与普遍性之间——诺埃尔·卡罗尔教授访谈录[J]. 文艺研究，2010（12）：82-87.

③ [美]欧文·潘诺夫斯基. 图像学研究：文艺复兴时期艺术的人文主题[M]. 戚印平，范景中，译. 上海：上海三联书店，2011：3-5.

图像背后的文化背景就很难揭示这一层的意义。

这样看来，卡罗尔的理论对应于图像志的前两个阶段。但这并不是说文化的因素在其中不占据位置，他肯定文化影响的存在，只是认知主义的立场让他与文化主义不尽相同，使他更多地看到了图像认知超越空间地域的普遍性。

除此之外，卡罗尔认为根据灵长目动物天生的感知倾向，大众电影和大众电视依赖程式化因素和重复，采纳大众易于接受的叙述手法、叙述形式、叙述内容，以便强化受众期待而非颠覆受众期待。就叙述手法而言，人类机体对"渐隐"手法具有天生的感知倾向，能够即刻识别。就叙述形式而言，大众艺术具有明显对立的正反角色，使人们可以轻易知道哪些角色是自己可以倾向和依赖的，哪些角色是可以活到最后的。就叙述内容而言，大众艺术不仅偏向某些旨在实现易接近性的形式，也可能偏向某些被人类普遍认可的一般情感，如流行歌曲对青少年爱情的青睐，以及对冒险故事等类型的广泛涉及。

二、大众艺术传播的大众媒介

大众媒介作为大众艺术的另一个必要条件，是连接大众艺术和大众的重要中介和引擎，没有大众媒介的诞生，大众艺术和大众消费都是不可能出现的，他对大众媒介的定义与本雅明和麦克卢汉持不同观念。

在黑格尔历史主义的框架下，本雅明对机械复制的赞同使其理论具有历史进化的色彩，在他看来艺术作品的机械复制性，极大地改变了大众与艺术的关系，"它变革了那种最落后的关系，例如对毕加索的绘画；把艺术充分激变成了最进步的关系，例如卓别林的电影"。[①]卡罗尔将其对大众艺术的辩护理论概括为"进步论"和"新艺术论"。进步论的论证过程为：

（1）如果任何艺术有利于生产力的扩张（将这称为进步），那么，它有利于人的解放。（这是马克思主义历史唯物主义的教义。）

（2）如果任何艺术有利于人的解放，那么它明显是可被辩护的。

（3）如果艺术象征并鼓励适应生产力发展的感知的变化，那么，它有利于生产力的扩张。

---

① [德]本雅明. 机械复制时代的艺术作品[M]. 收录于单向街，陶林，译. 南京：江苏凤凰文艺出版社，2015：95.

（4）大众艺术本质上象征并鼓励适应生产力发展的感知的变化。[它促进洞察、审视（例如，特写镜头）、分析、批判和分散注意力的感知能力的发展。]

（5）所以，大众艺术明显是可被辩护的。①

卡罗尔指出，首先人们的感知能力并不随着生产力的变化而发生历史变化，发生改变的是感知习惯，且艺术领域中的变化与感知习惯变化之间的因果关系在这里是一种循环论证，卡罗尔认为本雅明并没有提出额外的理由来支持这一关系。再次，蒙太奇等电影剪辑手段究竟是扰乱视线还是促成一种批判态度，还是要看它具体应用的场合。所以在卡罗尔看来进步论背后的预设为：媒介或技术具有一定意识形态模式或政治态度，大众艺术具有无产阶级的解放性，涉及工人阶级的解放和生产力的解放。然而卡罗尔清楚地指出，这一预设是不可靠的，技术在被使用之前是中性的，是使用技术的人具有意识形态和道德倾向，因而将大众艺术定义为进步论是不成立的。

新艺术论的论证过程为：

（1）艺术性质随着社会生产力和生产关系的重大变化而变化。（这是历史唯物主义的信条）

（2）如果艺术性质社会生产力和生产关系的重大变化而变化，那么，用适合以往时代的艺术理论来评价新艺术是一种基本错误。

（3）大众艺术作为一个新时代的艺术形式，代表艺术性质的变化。

（4）大众艺术的贬低者们对新艺术（大众艺术）的负面评价，按照适合以往时代的艺术（例如，灵韵艺术和/或伪康德艺术）理论。

（5）所以，大众艺术的贬低者们对大众艺术所做的（负面）评价是根本错误的。②

对于新艺术论的前提，卡罗尔指出其中存在的逻辑漏洞为：艺术风格的变化与生产力和生产关系的变化之间并不具有绝对的对应关系，艺术风格从抽象表现主义到极简主义再到观念艺术，期间生产力和生产关系并未发生相应的性质变化。再比如，俄罗斯在斯大林时期的生产力发生了巨大

---

① CARROLL, NOËL. A Philosophy of mass art[M]. New York: Oxford University Press, 1998: 128.
② CARROLL, NOËL. A Philosophy of mass art[M]. New York: Oxford University Press, 1998: 128-129.

变化，但芭蕾舞的风格基本保持不变。因此，本雅明在历史唯物主义观之下，用新艺术论来解释大众艺术也是不合理的。

马歇尔·麦克卢汉通过对媒介变化历史的研究，指出大众艺术的媒介相对于印刷术对视觉的偏重，组合了文字、图像、声音等多种媒体，可以使受众形成多感官的积极参与，是艺术与受众之间互动性的集中体现。麦克卢汉指出受众对大众艺术的积极回应，旨在消除大众艺术与先锋艺术之间的差异，显示大众艺术并非格林伯格等说的假艺术。这一媒介论受到卡罗尔的反对，在他看来麦克卢汉的处理方式过于笼统，传播媒介决定思维方式的命题明显可以遭到反题的质疑，即思维方式也可以决定传播媒介，且受众对大众媒介的反应很大程度上是自动辨识图像的自动反应而非积极反应。

因此，不同于本雅明和麦克卢汉的媒介进步观，卡罗尔认为媒介是中性的，将大众媒介的传播方式定义为"能同时将同样的表演或物品传送到多个接受场所的技术"[①]，这种技术让"数量巨大的受众能够同时接受产品"[②]。在这种定义下，文艺复兴式教堂的天顶壁画即使可以同时被大量人围观也不是大众艺术；直播表演借助无线广播和电视被传输到许多不同且互不重叠的接受场所，因而是大众艺术；电影和照片作为可以多次复制的物品，被传输到许多不同的场所，因而也是大众艺术。

以大众媒介为中介，更早形成的流行音乐（Popular Music）被转化成了大众艺术，所以宽泛意义上来说大众艺术是从已存在的流行艺术中逐步发展而来。卡罗尔认为流行艺术是一个非历史性的范畴，每一种文化每一个阶层可能都有自己的流行艺术。但是大众艺术并不是在人类的历史当中随处可见的，"它产生于现代工业社会、大众社会的语境中，并被现代社会作为个性化的产品制作和使用，通过大众技术传播给大量的消费人群"[③]。民谣最初通过现场表演进行传播，通过记忆和口耳相传来保存，随着大众媒介技术的发展，原先的现场演唱逐渐让位给乐谱、唱片、磁带和光盘，最终变为数字音乐。如卡鲁索延长的咏叹调本身并不是艺术品，只有其录音才是，狂欢节的表演也借助电影成为恐怖电影的素材，此外卡罗尔指出斗鸡、斗狗等流行艺术尚未进入大众艺术，许多大众艺术也没有借鉴任何

---

① CARROLL, NOËL. A Philosophy of mass art[M]. New York: Oxford University Press, 1998: 199.
② CARROLL, NOËL. A Philosophy of mass art[M]. New York: Oxford University Press, 1998: 188.
③ CARROLL, NOËL. Minerva's night out: philosophy, pop culture, and moving pictures[C]. Malden: Blackwell Publishing, 2013: 11.

传统流行艺术。

因此，卡罗尔指出相比大众艺术，流行艺术的范围更广，大多数流行艺术是大众艺术，但并非所有的流行艺术都是大众艺术。"大众艺术"区别于"流行艺术"的两个原因在于：其一，大众艺术本质上涉及批量规模的生产和传播；其二，流行艺术并不具备作为工业化、城市化的大众社会的一种产物的历史特殊性。[①]

三、大众艺术作为多实例艺术被接受

大众艺术通过大众媒介进行传播，对大众艺术的呈现形态会有什么影响？为了对大众艺术的本体进行定位，卡罗尔借鉴查尔斯·桑德斯·皮尔斯（Charles Sanders Peirce）和理查德·沃尔海姆（Richard Wollheim）的type/token进行说明。对于这对概念，研究皮尔斯理论的符号学家赵毅衡将此翻译为"类型符/个别符"[②]，刘悦笛对沃尔海姆的研究中将之翻译为"类型/殊例"[③]，中译本《大众艺术哲学论纲》将之翻译为"种类/复制品"。因为这一概念最早是由皮尔斯提出，之后被沃尔海姆、卡罗尔等运用于艺术领域内，所以本文借鉴赵毅衡的翻译，使用"类型/个别"来表示type/token。

卡罗尔认为这对概念在确定绘画与雕塑的区别时有用，但却难以区分戏剧、电影、长篇小说与交响乐之间的区别。假如电影以录像带、激光影碟或者计算机程序为个别存在形态，音乐以磁带、录像带等为个别存在形态，小说以书本为个别存在形态，一次性广播以传输信号为个别存在形态，那么从类型戏剧到个别戏剧演出，从类似电影到个别电影演出，都是从"类型"到"个别"的传播过程，因此表面看上去这些艺术都是相同的。但是卡罗尔认为这对戏剧和电影本体的解释还不够精细，对此他使用"模板/解释"[④]（template/ interpretation）来进一步分析电影和戏剧的本体呈现形态。

卡罗尔指出"要从类型的电影到一场个别的演出，人们需要使用模板；从类型的戏剧到一场个别的表演，人们需要进行解释"[⑤]。这就解释了人们

① CARROLL, NOËL. A Philosophy of mass art[M]. New York: Oxford University Press, 1998: 187.

② 赵毅衡. 符号学原理与推演[M]. 南京：南京大学出版社，2011：119.

③ 刘悦笛. 分析美学史[M]. 北京：北京大学出版社，2009：151.

④ CARROLL, NOËL. A Philosophy of mass art[M]. New York: Oxford University Press, 1998: 212.

⑤ CARROLL, NOËL. A Philosophy of mass art[M]. New York: Oxford University Press, 1998: 212.

为什么会将同一戏剧的不同时间和地点的演出视为不同的表演，而不会将单场电影演出视为个别的艺术品。从中可以看出，戏剧和电影的本体呈现形态是不同的。

对于电影来说，保存电影的胶卷、录像、硬盘等个别硬件本身就是模板，模板可以因为种种原因而被毁坏，但作为类型的电影艺术则不会。所以卡罗尔对电影的定义为：

> X 是电影当且仅当：（1）它是独立的或系列的展示；（2）它属于这样一种事物，作为印象运动的产物在技术上具有可能性；（3）它的个别表演由本身即个别表演的模板产生；（4）它的个别的表演不是凭借自己力量的艺术品；（5）它是二维的列阵。①

戏剧则不是一种艺术形式而是两种，包括"戏剧创作艺术和戏剧表演艺术"②。前者可被视为文学作品，后者则为表演作品，当一部戏剧创作要搬上舞台，就需要导演、演员等众多参与者的再次解释来获得生命，所以不同导演、不同演员对同一部戏剧创作艺术带来的戏剧表演艺术都是不同的，作为个别的戏剧演出和作为类型的戏剧创作是可以分离的，但对电影来说，分镜头剧本、导演、演员等对艺术的解释是同一艺术品无法分离的组成部分。

类型艺术品因为不具有独一无二的特性能够形成个别的艺术品，因此是多实例艺术形式。通过对以上分析，可以看出电影和戏剧都是多实例艺术，可以从类型艺术品转化为个别的演出，不同之处在于电影转化过程通过"模板"，戏剧通过"解释"。那么，对电影和戏剧的这种分析能否扩展到摄影、无线广播、音乐录音以及通俗小说在内的其他大众艺术身上呢？卡罗尔一一进行了分析。

对于多实例艺术长篇小说来说，每一本小说可以被称为个别的实例（Token Instances）。对于多实例艺术无线广播而言，传输信号起到类型的广播和个别的实例之间的中介作用，类型的广播起到的作用类似电影起到的模板作用。对于多实例艺术即兴表演而言，在大众时代对于即兴表演可以录音，也可以被观众记下乐谱进行复制，因此可以形成个别的表演，描述

---

① CARROLL, NOËL. The philosophy of motion pictures[M]. Malden: Blackwell Publishing, 2008: 78.
② CARROLL, NOËL. Art in three dimensions[M]. Oxford: Oxford University Press, 2010: 456.

电影作品的特征可以用于播出的即兴表演。多实例艺术的流行音乐的复制借助的是磁带、硬盘等个别模板，在受众那里形成个别的实例。摄影并不完全是多实例艺术，使用达盖尔银版法拍摄的照片是独一无二的，除此以外摄影基本上属于多实例艺术范畴，底片与模板类似。

卡罗尔从以上分析得出，大众艺术都是多实例艺术，而不是独一无二的"单数艺术品"①（Singular Artworks）。从多实例艺术或类型艺术转化为个别的演出或个别的实例，可以通过解释产生，也可以通过模板传播产生。这一理论在纳尔逊·古德曼《艺术的语言》中也有论述，卡罗尔的模板在古德曼看来是"亲笔的"（autographic），解释在他看来是"代笔的"②（allographic），前者具有一个阶段，后者具有两个阶段。不同于卡罗尔的是，古德曼将戏剧为例的艺术视为单一符号系统，电影为例的艺术视为多元符号系统，但在卡罗尔看来二者都是多实例的艺术。

尽管卡罗尔认为大众艺术是多实例艺术，但他不同意格雷戈里·柯里"所有艺术都是多实例"的假说，在卡罗尔看来，绘画和雕塑等艺术就是单数艺术品，原版的绘画和雕塑因为是独一无二的，因此是单数艺术品而非类型的艺术。卢浮宫里的《蒙娜丽莎》如果被毁坏，即使它的大量复制品和明信片还在，人们也已经失去了出自达·芬奇之手的这幅世界名画。

卡罗尔与柯里相对的隐性预设，其实为原作和复制品之间是否具有相同的艺术价值和审美价值？柯里认同原作与复制品可以是相同的，由于复制品与原作分子排列都一样，所以它们具有相同的感觉结构，卡罗尔对此则不认同。

卡罗尔提出的反例为大地艺术，罗伯特·斯密森的《螺旋状防波堤》中具有某种水藻，这种水藻为他所追求的微红色调提供了条件，并且堤坝随着水位变化而出现不同的样子。这类大地艺术中，艺术品被周围的条件改变，周围的环境随之成为观众欣赏艺术品的组成部分，所以卡罗尔认为"在已知的物理世界中，人们很难借助于柯里所说的超级打印机，将具有场所特征的艺术原作所经历的过程分毫不差地复制出来。"③可见在卡罗尔看来，复制品是如何也不能跟原作一样的。

---

① CARROLL, NOËL. A Philosophy of mass art[M]. New York: Oxford University Press, 1998: 218.

② 纳尔逊·古德曼. 艺术的语言——通往符号理论的道路[M]. 彭锋，译. 北京：北京大学出版社，2013：92.

③ CARROLL, NOËL. A Philosophy of mass art[M]. New York: Oxford University Press, 1998: 221.

卡罗尔的这一观念与古德曼有一定联系，在古德曼看来原作和赝品之间存在的感知的差异在绘画中很重要，在文学和音乐中却不存在，这一感知差异会带来审美的差异，"即使永远没有人将仅仅通过观看就能把它们分辨开来，这两幅图像现在对我也存在审美上的差异"①。但古德曼指出大师的原作的审美价值往往高于赝品，也有可能经过大师之手的赝品会高于原作，因此这可以作为对卡罗尔的补充，即原作和复制品或赝品之间的确存在一定的感知差异，否则就不存在原作与非原作之分，但该感知差异带来的审美价值差异存在不同的可能，并非所有原则的审美价值都高于复制品或赝品。

第三节　多元而整体的先锋艺术与大众艺术

卡罗尔认为先锋艺术与大众艺术之间存在着多元而整体的辩证关系，多元性体现在二者是明显不同的艺术形式，以上两节已经有所论述。整体性主要体现在它们具有交叉和融合地带，这一观点建立在卡罗尔对康德式的先锋派理论抵制大众艺术的分析和反驳之上，卡罗尔打破了先锋艺术和大众艺术的二元对立，具体体现在他对先锋艺术与大众艺术在形式、题材、技法、媒介等方面的融合的考察中。

一、先锋理论不能抵制大众艺术

卡罗尔认为在康德美学思想影响下，麦克唐纳、格林伯格、科林伍德、阿多诺等理论家崇尚康德式先锋派理论，一直抵制和批判大众艺术，并且否认大众艺术属于艺术的阵营，这一反大众艺术的态度是艺术哲学中的多数派传统。卡罗尔对此表示质疑，并对他们的观点一一做了分析。

德怀特·麦克唐纳以假艺术、媚俗艺术、中等情趣艺术来给大众艺术贴上标签，与之相对的真艺术为高雅艺术、民间艺术，在他看来，大众艺术为了吸引和迎合最大数量的受众，只能迁就潜在受众的理解力和鉴赏力水平，降低艺术理解的难度，必然形成非个性化的、同质化的大众艺术形

---

① 纳尔逊·古德曼. 艺术的语言——通往符号理论的道路[M]. 彭锋，译. 北京：北京大学出版社，2013：87.

式，麦克唐纳将大众艺术比喻为"口香糖"以表达对它的轻蔑。卡罗尔将麦克唐纳对大众艺术的抵制称为"大众化论"[①]（Massification Argument），并将其反对论点总结为三条：

> 第一，它不是真正的艺术，因为它与真正的艺术的一个必要特征（即与众不同的表现性）并不相符；
> 第二，大众艺术倾向于低层次的鉴赏趣味、智力和敏感性（所以，它不仅是失败的艺术，而且引入这种艺术是有害于美学的）；
> 第三，根据应用于艺术的格雷沙姆法则，大众艺术的兴起导致高雅艺术生产者与大众艺术的竞争，竞争所用的方式导致较低层次的鉴赏趣味、智力和敏感性（从而间接促成甚至更多的美学可怕现象）。[②]

在卡罗尔看来，麦克唐纳预设了一种艺术表现说，将表现作为真正的艺术的本质，因为大众艺术不具有个性化的表现，因而不属于真正的艺术。如本书在之前的论述，卡罗尔对这种本质主义的艺术观是持否定态度的，因为存在着不具有表现性只关注于再现或形式审美的先锋艺术，因此麦克唐纳以表现性来区分先锋艺术和大众艺术的观点是不成立的。

克莱门特·格林伯格对大众艺术的反对被卡罗尔称为"被动论"[③]（the Passivity Argument），他认为先锋派艺术是自律的、纯粹的艺术，大众艺术则是他律的、媚俗的艺术，这一比照在他对媚俗艺术家列宾和先锋艺术家毕加索的对比中显而易见，格林伯格认为对前者的欣赏不需要观众花费任何努力，对后者的欣赏则对观众形成挑战。相比之下，作为大众艺术的媚俗艺术会"引起非反思性的快乐，从而煽动被动的欣赏——一种被'沙发土豆'所显示的假定，而拥有悠久传统权威性支持的格林伯格，认为真正的艺术的一个必要特征包括对主动欣赏的坚持"[④]。

卡罗尔指出格林伯格的预设前提为真实的艺术具有一定理解难度，能够引起受众的沉思，大众艺术则容易理解，无法使受众主动欣赏。但卡罗

---

① CARROLL, NOËL. A Philosophy of mass art[M]. New York: Oxford University Press, 1998: 16.
② CARROLL, NOËL. A Philosophy of mass art[M]. New York: Oxford University Press, 1998: 24.
③ CARROLL, NOËL. A Philosophy of mass art[M]. New York: Oxford University Press, 1998: 30.
④ CARROLL, NOËL. A Philosophy of mass art[M]. New York: Oxford University Press, 1998: 34.

尔认为就整个大众艺术的实际经验来看，这一预设并不成立，因为在更为常见的情况下，艺术的易理解性与主动欣赏是可以协调一致的，比如悬疑题材的通俗电影、小说尽管是容易理解的，但也需要受众的积极主动的推理和解释，否则不容易掌握故事的发展。可见易理解性并不排除观众的积极欣赏。另外，并非所有先锋艺术都是难懂的，也存在易懂的先锋艺术，比如毕加索的《公牛头》，这件由自行车把手和座位形成的作品，很容易让人辨认出是牛角，因此格林伯格以是否容易理解以及是否主动欣赏作为大众艺术和先锋艺术的分水岭也是不合理的。

R. C. 科林伍德是"公式论"①（Formula Argument）的代表，科林伍德认为，根据古希腊流传下来的艺术即技艺论，艺术可以是一种通过再现方式，激发和唤起观众日常情感的技艺，如此，娱乐艺术和魔法艺术等大众艺术便被认定为艺术。但科林伍德反对将真正的艺术认定为激发情感的技艺，相反，他认为真正的艺术具有自身内在的价值，比如对情感的暗示，真正的艺术家在进行艺术创作前是没有具体计划的，"专门从事娱乐艺术的艺术家仅仅是工匠，应用可靠的、被证明可取的公式，旨在在受众中激发预定的或预先成形的情感效果"②。斯蒂芬·金、史蒂文·斯皮尔伯格都是这样的艺术家。

从科林伍德的论证可以看出，大众艺术是公式化的，目的在于实现艺术的外在目的，唤起受众的情感；相反，严格意义上的真正艺术的本身即目的，而不是实现别的目的的手段，且不致力于激发受众的情感，因为它本身就是一种艺术家表达自身情感的方式，因此真正的艺术从目的和手段上来说都不是公式化的，大众艺术不是真正的艺术。

卡罗尔对此的反驳是，激发受众的情感并不是专属于大众艺术，先锋艺术也有，且表现情感并不是所有艺术的必要条件，另外艺术的创作避免不了传统的影响，新艺术要在继承传统艺术形式的基础上进行拓展、摒弃和创新，所以科林伍德的这一前提是站不住脚的。

法兰克福学派的阿多诺和霍克海默作为自律艺术的拥护者，批判文化工业"乍一看来像是艺术的扩展，到头来则转化为艺术的萎缩"③，出于对

---

① CARROLL, NOËL. A Philosophy of mass art[M]. New York: Oxford University Press, 1998: 49.

② CARROLL, NOËL. A Philosophy of mass art[M]. New York: Oxford University Press, 1998: 57.

③ [德]阿多诺. 美学理论，王柯平，译. 成都：四川人民出版社，1998：1-2.

工具理想的批判，他们认为文化产业盲目崇拜工具理性，将受众作为以规定的方式随意操纵的对象，而真正的艺术必然是自律的、对资本主义加以否定的，所以包括文化工业在内的大众艺术不是真正意义上的艺术。他们对大众艺术的抵制被卡罗尔称为"自由论"（the Freedom Argument）、"易感论"（the Susceptibility Argument）、"条件论"（the Conditioning Argument）①。

自由论的过程为：

（1）如果没有审美自律性，就没有道德自律性和/或政治自律性。（就没有自由）

（2）如果存在审美自律性，就会出现想象力和反思力的游戏。

（3）就大众艺术而言，不存在人们的想象力和反思力的游戏。

（4）因此，就大众艺术而言，不存在审美自律性。

（5）因此，就大众艺术而言，不存在道德自律性和/或政治自律性。②

卡罗尔对此的疑问是，审美自律性未必是道德自律性和政治自律性的必要条件，与道德自律性和政治自律性相关的能力是观察或想象事物可能以其他方式出现的能力，这种能力并不必然来自审美自律性，相反在很大程度上是天生的，并不源于艺术实践。另外，以《肖申克的救赎》为例的部分大众艺术对想象力具有刺激作用，并不使人的想象力僵化，因此以上假设并不成立。

易感论的过程为：

（1）如果人们不能调动想象力和反思力，那么，他们就倾向于接受现实处境是不可改变的，接受现实处境的表征，将其视为不可改变的事物的展示方式。

（2）在大众艺术中，人们无法调动想象力和反思力。

（3）因此，在接受大众艺术时，人们接受现实处境的这一表征，将其视为不可改变的事物的展示方式。③

---

① CARROLL, NOËL. A Philosophy of mass art[M]. New York: Oxford University Press, 1998: 70.

② CARROLL, NOËL. A Philosophy of mass art[M]. New York: Oxford University Press, 1998: 81.

③ CARROLL, NOËL. A Philosophy of mass art[M]. New York: Oxford University Press, 1998: 83-84.

卡罗尔认为第一个条件可以成立，但第二个条件却有问题，有些大众艺术作品是可以调动人的想象力和反思力的。因此，易感论是不成立的。

条件论的过程为：

（1）如果某些套路和故事被无休止地重复，那么，它们就投射出境况（社会现实）是不可改变的形象。

（2）大众艺术无休止地重复套路和故事。

（3）因此，大众艺术投射出境况（社会现实）是不可改变的形象。①

卡罗尔对此的反驳为大众艺术中的许多故事和叙述模式都是关于社会变革的可能性的，比如《星际迷航》等科幻电影显示了自由民主可以战胜压迫性力量，《肖申克的救赎》等越狱片显示了对不公正的社会制度的反击，因此以上论证的第二个条件以偏概全，导致论证的不合理。

综上，卡罗尔认为麦克唐纳、科林伍德、格林伯格、阿多诺和霍克海默等理论家错误地使用康德美学理论，将大众艺术视为假艺术。我们在之前论述卡罗尔对美学和艺术哲学的辨别时对康德自由美的理论有所涉及，卡罗尔指出艺术哲学和美学的混淆源头在贝尔等人对康德美学的误读。康德并不认为审美专属于艺术，所以审美作为艺术的本质导致艺术哲学降格为美学。同理，卡罗尔指出麦克唐纳、科林伍德、格林伯格、阿多诺和霍克海默对大众艺术的抵制，实质上也是在歪曲康德美学的基础上，为真正的艺术、严格意义上的艺术赋予了无利害的自律性，大众艺术是功利的、与欲望相关的，"如果说自律艺术在自主个体的形成过程中扮演着角色，那么大众艺术通过颠覆自由的审美反应，以支持标准化的大众鉴赏趣味，从而形成墨守成规的人，而不是自主、自由的个体"②。

卡罗尔指出，这种假定生成的原因是他们将康德自由美的分析错误地解释为一种艺术本质的理论，将康德对自然的审美接受理论移植于艺术对象的特性，这种康德式的先锋派理论不仅造成对艺术的本质主义误解，并且对大众艺术的存在事实完全不敏感。"抵制大众艺术的康德式现代主义者缺乏充分概括大众艺术本质的概念资源，因为这一哲学框架旨在描绘某种

---

① CARROLL, NOËL. A Philosophy of mass art[M]. New York: Oxford University Press, 1998: 85.

② CARROLL, NOËL. A Philosophy of mass art[M]. New York: Oxford University Press, 1998: 104.

几乎完全不同的对象。"①

至此，卡罗尔研究了大众艺术与先锋艺术在形式、情感、起源、动机等美学层面的假定区分理论，结果发现都失败了，于是他针对从美学层面转移到社会层面的"大众艺术淘汰论"（the Elimination Theory of Mass Art）进行分析：

> （1）高雅艺术与流行艺术之间的区别基于①形式结构的差异、②情感特性的差异、③起源的差异（个人的具有个性的创造、无个性特征的创造、合作创造之间的差异）④动机的区别，或者⑤社会阶层划分问题。
> （2）高雅艺术与流行艺术之间的区分无法基于①②③④。
> （3）所以，高雅艺术与流行艺术之间的区分是基于⑤的——这是一个社会阶层划分问题。②

根据大众艺术排除论，高雅艺术是被社会上层人士消费的艺术，在某种程度上展示他们在社会阶层中的所属地位，流行艺术是其他较低阶层的人消费的东西，所以大众艺术排除论也被卡罗尔称为大众艺术的社会还原论，"实际上并不存在流行艺术或大众艺术这样的东西，只存在它们所扮演的社会角色"③。但这种逻辑和观点正是卡罗尔反对的，他举出社会上层对大众艺术的青睐，社会下层也能欣赏高雅艺术的反例，来对此加以反驳，证明这种根据阶层划分的方式也是不成立的。

卡罗尔认为对大众艺术抨击是不切实际的行为，从美学层面或者道德、政治等社会层面对大众艺术的评价都是不合逻辑的，对此他就先锋艺术与大众艺术的关系提出自己的观点，认为二者在许多方面都存在融合和交叉。

二、先锋艺术与大众艺术的融合

在大众社会中先锋艺术和大众艺术并不决然隔离，相反，许多先锋艺术通过借用大众媒介、引用大众艺术题材开始变得大众化，先锋舞蹈、先

---

① CARROLL, NOËL. A Philosophy of mass art[M]. New York: Oxford University Press, 1998: 174.
② CARROLL, NOËL. A Philosophy of mass art[M]. New York: Oxford University Press, 1998: 128-179.
③ CARROLL, NOËL. A Philosophy of mass art[M]. New York: Oxford University Press, 1998: 177.

锋表演、先锋绘画等先锋艺术和大众艺术的艺术门类也从分化走向融合。

第一，艺术门类的互相融合。

在整体主义先锋艺术的主张下，卡罗尔对舞蹈、戏剧、绘画、行为艺术的考察，必然会使他看到这些艺术门类之间的融合：

> 后现代舞蹈不仅受到画廊美学的影响，而且受到罗伯特·罗申伯格、罗伯特·莫里斯等画家和雕塑家参与其中并进行编舞而带来的影响。偶发艺术被画家和雕塑家最先引领，为 20 世纪 70 年代的行为艺术的革命提供了主要资源。实际上，如瑞恰德·福曼和迈克尔·科白或许被视作以戏剧方式进行绘画的艺术家。70 年代相当数量的舞蹈和表演艺术被戏剧模仿，这些戏剧曾催生了现代主义艺术中的极简主义艺术。①

对艺术形式融合的主张，使卡罗尔不赞同格林伯格在绘画领域、沃尔海姆在电影领域、简-乔治斯·诺沃热在舞蹈领域主张的媒介特异性理论。18 世纪中期美的艺术形成以后，莱辛通过诗与画的比较、格林伯格通过对绘画的平面性的寻找，都是为了确立门类艺术的独立性，媒介特异性理论主张以媒介的特殊性来定义艺术的本质，与迈克尔·弗雷德（Michael Fried）的"剧场性"（theatrical）理论形成对照。

弗雷德作为格林伯格的拥趸，认为艺术走向剧场状态是一种堕落，因为此时各门艺术之间的品质差异将被一个幻觉所取代——"各种艺术之间的樊篱正在消失，各种艺术本身终于滑向了某种最终的、闭塞的、高度称心的综合"②。他的本意是为格林伯格进行辩护，结果却对不同艺术媒介之间的融合在后现代的出现进行了论证，在卡罗尔看来"剧场性并非不好的"③，在他对先锋艺术和大众艺术的观察中，他看到这种媒介融合的剧场性无处不在，各种艺术都在冲破传统媒介的束缚进行融合，卡罗尔将艺术媒介的相互融合描述为"碎片化、拼贴、震惊、互动、崇高、反讽、情感减退、

---

① CARROLL, NOËL. Living in an artworld: reviews and essays on dance, performance, theater, and the fine arts in the 1970s and 1980s[M]. Louisville: Evanston Publishing, 2012: 17.

② [美]迈克尔·弗雷德. 艺术与物性：论文与评论集[M]. 张晓剑，沈语冰，译. 南京：江苏美术出版社：174.

③ CARROLL, NOËL. Living in an artworld: reviews and essays on dance, performance, theater, and the fine arts in the 1970s and 1980s[M]. Louisville: Evanston Publishing, 2012: 26.

他律，以及雅俗艺术的汇流和主体的多元化及去中心化"[①]。

第二，艺术题材和技巧的互相融合。

大众艺术家常常从先锋派中捕捉灵感，大众电影通过借鉴先锋艺术技巧，其目的或者是借鉴先锋艺术的魅力，或者是利用先锋派的轰动氛围和冲击价值。但当大众艺术借鉴先锋派艺术时，为了让它们为自身的目的服务，会使相关技巧和主题变得更易理解，也就是说，大众艺术从先锋派借鉴主题或手法时，必然会经过变形使其变得容易理解。电影《爱德华代大夫》设计的布景，就是使梦幻场景变得更加可以理解。

先锋派艺术也存在挪用大众艺术材料的现象，试图使这些材料具有先锋派的挑战性，当先锋派艺术采用来自大众艺术的主题或技巧时，该主题或技巧便获得它原本欠缺的反思维度，变为一般受众很难理解的东西，因此来自大众艺术领域的主题或手法一旦被结合进先锋派艺术品，它们就变为先锋派艺术意义的重要组成部分。艺术表演与表演艺术汇合而成的表演，应用电影、音乐、绘画、雕塑、戏剧、建筑、摄影等各种材料和艺术媒介，并使用大众文化中的流行音乐、游戏图像、脱口秀、单口相声、电视节目、明星图像等元素。比如，哑剧对动作、舞蹈，以及插科打诨、杂技、默片等的混合使用，使哑剧部分为喜剧、部分为戏剧。来自新西兰的红鼹鼠表演团集合了嘉年华、音乐会、杂耍、化装舞会、哑剧、踢踏舞、加力骚曲、探戈、皮影戏、笑话等，来表现虚无主义和犬儒主义。再比如，对马戏深感兴趣的爱森斯坦利用马戏手法，将它作为对人的旺盛精力的一种赞美。

第三，先锋艺术对大众媒介的利用。

尽管先锋艺术的受众比大众艺术少，但是在大众时代，先锋艺术也对大众媒介加以利用，进行创造和传播。卡罗尔指出每种大众媒介都支持过一定的先锋派实验，利用电视进行先锋实验的有韩国的白南准，利用无线广播进行先锋实验的有德国诗人舒尔特和美国人理查德·科斯特兰纳兹，利用影像媒介进行先锋实验的有让-吕克·戈达尔等众多先锋派导演。那么这种类型的艺术是大众艺术还是先锋艺术？卡罗尔认为关键还要看它一开始被制作的意图是不是要被最大范围的大众接受和消费。

首先，利用大众媒介进行传播的先锋艺术不能成为大众艺术。先锋派

---

① CARROLL, NOËL. Living in an artworld: reviews and essays on dance, performance, theater, and the fine arts in the 1970s and 1980s[M]. Louisville: Evanston Publishing, 2012: 450.

电影科克托的《诗人之血》、布努埃尔的《黄金时代》这两部电影，制作和发行都采用大众媒介，但是它们并不是面向大众消费的，因此在立意上不具有程式化的特征。其结构方式也不是供最大范围的大众轻松理解和认知的，创作意图是为了与易认知的大众艺术相区别，因此即使它们借助批量技术来生产和传播，依然是先锋派艺术而不是大众艺术。但尽管如此，借助大众媒介形成的先锋派艺术可以对大众消费的引导提供有价值的思路。

其次，先锋艺术的剪辑录制品可以成为大众艺术。比如有两件艺术品，一件是在特定录制现场进行录制的先锋戏剧作品，另外一件是经过剪辑和加工而形成的作品，如果剪辑之后艺术解释力度增加，录制品符合大众的易接近性，就区便于现场艺术，成为大众艺术品。

另外，归于高雅艺术的先锋派艺术随着时间的流逝可能会转变为大众艺术。卡罗尔认为假如把先锋派艺术归入我们时代的高雅艺术，高雅艺术会随着时代的流转转变为大众艺术，比如《雾都孤儿》和《织工马男传》一开始被归入人们所称的高雅艺术，现在已经变成大众艺术。

可见，不同于麦克唐纳、格林伯格、阿多诺等坚持认为高雅艺术与通俗文化的截然对立，从而将大众艺术从真正艺术中排除出去，卡罗尔并不认为二者是截然对立的，在肯定二者是不同艺术的前提下，从艺术形式、题材、技法、媒介诸多方面，论述了先锋艺术与大众艺术的融合，从而显示了二者之间存在的多元而整体的辩证关系。

本章考察了先锋艺术和大众艺术的大众性，先锋艺术的大众性体现在艺术结合生活的整体主义和反幻觉主义的再现方式。根据先锋艺术与生活之间融合的程度，卡罗尔将先锋艺术划分为纯粹的先锋艺术与整体主义的先锋艺术，分别对应现代主义与后现代主义，但卡罗尔并没有在二者之间划下牢不可破的界线，后现代的诸多特征在现代主义艺术中可以存在，整体主义的形态在纯粹的先锋艺术中也可以存在，卡罗尔所持的后现代主义的局部肯定观，使他既看到前后两个阶段的不同，也不否认它们之间存在的延续性。

大众艺术的大众性具体体现在卡罗尔对大众艺术定义中给出的易接近性、大众媒介、多实例艺术这三个条件。以大众电影电视为主的大众艺术的大众性表现为它们作为易接近的多实例艺术，将图像再现和叙述基础建立在人类固有的认知习惯上，使大众容易识别和认知，因此在创作阶段具有易接近性，借助大众媒介能够使不同地点的人同时接受，从而形成多实例艺术，区别于独一无二的单数艺术品。

先锋艺术和大众艺术这两种艺术实践在逻辑和历史两个层面都有密切关系，也就是说从逻辑和历史角度看，这两种艺术创作形式是无法避免地被联系在一起的。二者构成阿瑟·丹托所说的闹市区美学，处在后历史的艺术世界之中。于是，"艺术界不是一个抽象的结构，而是能够生活其间（Living in）的某物。它提供概念，理论，以及艺术家对创作的构思和交流"①。

卡罗尔反驳了康德式先锋艺术对大众艺术的抵制，证明先锋艺术和大众艺术并非绝对二元对立的，二者在艺术形式、题材、技法、媒介诸多方面发生着混合和交叉，从而形成多元而混合的大众社会的主导艺术。如前所述，整体主义先锋艺术与大众艺术构成两种"后现代艺术"。整体主义先锋艺术以杜尚、凯奇、沃霍尔为轴心，它反对前几十年已经被神圣化了的盛现代主义，大众艺术以流行主义的路子来对抗制度化了的现代主义。先锋艺术与大众艺术多元而整体的辩证关系，再次反映了现代主义艺术、后现代主义艺术具有相对的差异性和绝对的连续性。

这便体现了美国理论家安德烈亚斯·胡伊森对现代主义、后现代主义的大分野正被新的范式所取代的论断，他指出新范式"是说现代主义、先锋派、大众文化已经进入一系列新的双边关系以及话语想象"②。这种关系也是费瑟斯通所描述的后现代景观："艺术与日常生活之间界限的消解、高雅艺术与大众通俗文化之间明确分野的消失、总体性的分割混杂及戏谑式的符码混合。后现代主义理论的这些一般特征——强调平等化、铲除符号等级、反基础论及对消解文化分类的普遍冲动——可以与个性化的后现代体验相联系。"③

因此，卡罗尔在对先锋艺术与大众艺术的密切观察和批评的前提下，构建了大众艺术哲学，使先锋艺术与大众艺术都被打上大众性的烙印，这为解读先锋艺术与大众艺术、现代主义与后现代主义之间的关系提供了一个独特的视角，打破了传统的二元对立的思维模式，代之以更加辩证的视角，从而解决了一元性和区分性的传统美学所无法解决的艺术问题，对现实的艺术创作和艺术欣赏都具有极大的指导意义。

① CARROLL, NOËL. Living in an artworld: reviews and essays on dance, performance, theater, and the fine arts in the 1970s and 1980s[M]. Louisville: Evanston Publishing, 2012: 18.
② [美]安德烈亚斯·胡伊森. 大分野之后：现代主义、大众文化、后现代主义[M]. 周韵，译. 南京：南京大学出版社，2010：前言5.
③ [英]迈克·费瑟斯通. 消费文化与后现代主义[M]. 刘精明，译. 南京：译林出版社，2000：94.

结　语

全面阅读卡罗尔的艺术哲学著作可以发现，正如彼得·基维对他的评价所言："如果丹托的时代是知道一件大事的刺猬的时代，那么我们现在正进入一个知道很多小事的狐狸的时代。……如果即将到来的艺术哲学和美学的时代是狐狸的时代，那么它有可能是卡罗尔的时代。"卡罗尔的艺术哲学思想关注面宽广而又精微，既有分析哲学的话语思辨，又有对很多具体门类艺术实践的理论思考，这也是他的很多艺术哲学思想能够引出多位学界同行争论的原因，这也正是他的生命力所在。

在卡罗尔的大众艺术哲学思想中，先锋艺术与大众艺术作为西方社会的主导艺术，存在相互交融和交叉的地带。大众作为创作和接受这两种艺术的主体，打破社会阶层的划分，被定义为数字意义上的民众，是具有认知能力的理性个体，包括艺术家和接受者。艺术家从独创性的天才转为对传统进行创新的大众艺术家，接受者从资产阶级和理想批评者转为大众，小众趣味转为大众的艺术经验，因此先锋艺术与大众艺术不同于自律艺术，是属于大众的艺术。

艺术实践的变化引发艺术理论的变化，卡罗尔在对美学与艺术哲学进行区分的基础上，从新的视角重新认识艺术，从历史叙述理论提出了艺术识别的方法，复兴了艺术哲学，并从多元而整体的艺术本体、反本质主义的艺术识别、历史性的艺术本质、认知主义的大众艺术经验四个方面构建了大众艺术哲学，背后的理论和资源是艺术哲学的后现代转向和分析美学的实用主义转向。他在这一转向中建构的大众艺术哲学，具有后现代的多元性和实用主义的整体性，从而超越了一元性和区分性的传统美学。

因此，对传统美学的超越和对大众艺术哲学的构建，是卡罗尔艺术哲学思想中的一条主线，包括对自律艺术和审美经验的超越。"艺术的自律性与美学的独立是一枚硬币的两面"[①]，二者以艺术的审美理论作为交叉点，自律艺术的核心和本质为审美，审美经验的本质为无功利。

---

① 周宪. 审美现代性批判[M]. 北京：商务印书馆，2005：221.

　　18 世纪中叶以来，艺术的现代体系和美学的现代体系逐渐建立。诗歌、音乐、舞蹈、绘画、雕塑组成的美的艺术阵营，使艺术脱离古希腊的技艺，以模仿自然中的美为目的，形成解除外在目的的自律艺术。审美经验伴随审美态度、内感官、趣味等概念，英国经验主义诞生，在其影响下鲍姆嘉通建立了美学学科，在康德那里以"无功利审美"为标志，之后在克莱夫·贝尔、比厄兹利等人的理论中，自律艺术与无功利审美结合，形成艺术的审美理论，既成为美学的核心问题，也成为艺术的核心本质，主张艺术与非艺术、审美经验与日常经验、感性时间与日常时间、感性空间与知性空间的极端对立，最终走向审美主义的极端。这一美学思想表现在艺术实践上即是以浪漫主义艺术为先声，印象派艺术、象征主义、抽象主义等为主体的现代主义艺术思潮。

　　很多先锋艺术与大众艺术打破了自律艺术对美的模仿，普遍具有反审美、非审美的形式特征。先锋舞蹈融入了走路、聊天、微笑等普通动作，先锋音乐由漫无形式的咳嗽声、环境中的噪音等组成，先锋戏剧的生活剧场使人难以分辨戏剧与非戏剧，现成品艺术与普通物品也无法从视觉上区分。大众艺术在创作上具有易接近性，通过媒介的传播，呈现出多实例艺术的形态，不同于独一无二的单数艺术品。此时，再现论、表现论、形式论、审美论作为自艺术的现代体系建立以来的非自觉的本质主义艺术定义，不再具有普遍适用性。自觉的本质主义阶段中的艺术制度论、历史性定义、艺术世界理论和艺术终结论，也因为避免不了的循环性和太宽泛等弊端，不能对所有艺术具有普遍适用性。卡罗尔正是直面这种艺术观念和实践，提出了自己的大众艺术哲学思想。

　　在对本质主义艺术定义分析和批判的基础之上，卡罗尔用反本质主义的历史叙述法，识别先锋艺术和大众艺术。历史叙述法根据艺术史知识之间的叙述联系，对艺术候选者进行复制、拓展、摒弃等叙述，相比本质主义的艺术定义更具有包容性和开放性，从中体现了历史性的艺术本质。这一本质使历史叙述区别于虚构性叙述，使艺术实践具有的历史性维度。历史叙述法和历史性本质是从艺术家角度对艺术识别法和艺术本质论进行的考察，体现了艺术家身份的转变，即从独创性的天才转向对艺术史的叙述。

　　从接受者角度来看，认知主义的大众艺术经验包括审美、认知、情感、道德经验。道德、认知等艺术经验与审美经验并驾齐驱甚至高于审美，这使传统康德式审美经验的地位降低，艺术与接受者之间的互动趋向于认知、道德、情感、审美构成的多元而整体的艺术经验，以代替无利害的沉思和静观。卡罗尔的这种艺术哲学思想与阿诺德·贝林特《艺术与介入》中的艺术介入论相呼应："不仅仅是精神的投入这么简单，还要探寻整个人，而不仅仅是心灵、理智或意识介入的方式。"①

历史叙述法、历史性本质是艺术家的艺术实践，大众艺术经验是接受者的艺术实践，二者形成于艺术的本体——多元而整体的文化实践之下。多元而整体的文化实践、反本质主义的艺术识别、历史性的艺术本质、认知主义的艺术经验这四个方面，构成卡罗尔大众艺术哲学的体系，其中艺术识别和艺术本质是关键，其他几点是围绕这个关键点展开的重要问题，并且卡罗尔的电影、舞蹈、表演、绘画等理论组成他的大众艺术哲学，同样，大众艺术哲学理论也通向他的电影、舞蹈、表演等理论。尤其是先锋电影和大众电影作为卡罗尔艺术批评的主要艺术体裁，对他的艺术哲学提供了重要的案例支撑。这充分显示了卡罗尔大众艺术哲学的多元性和整体性："我们应该用他律艺术来替换自律艺术；以谱系学代替艺术定义；以复数的艺术哲学替换单数的大写的艺术哲学，以及对它们引起的情感等特殊问题予以研究，而非不顾各种艺术的不同对它们做统一的论定。"②

综上所述，艺术从前现代、现代到后现代，最终趋于与实践融合，审美经验从前现代、现代到后现代，最终与认知、道德等艺术经验融合，从而形成中间窄两头宽的沙漏形状，超越为艺术而艺术的传统美学。这深刻印证了"走出'审美无利害'和'艺术自律'，无论在西方，还是在中国，都成为一个普遍的要求"③，也为反本质主义之后的艺术理论发展提供了一种方向。

反本质主义之后，学界普遍呼吁将艺术研究与文化社会学相结合，号召艺术理论走向文化研究、历史研究，卡罗尔的历史叙述法、文化实践观是从艺术家角度给予的回应，体现了艺术的历史性维度，认知主义的艺术经验论是从接受者角度给予的回应，体现了艺术的文化维度。尽管他超越了许多的前期分析美学的理论家，但在当代艺术哲学的背景下来看，分析美学的底色最终还是限制了卡罗尔，使他未能成功地向着更加广阔的文化研究领域大步行进。

---

① [美]阿诺德·贝林特. 艺术与介入[M]. 李媛媛，译. 北京：商务印书馆，2013：29.

② CARROLL, NOËL. Art in three dimensions[M]. Oxford: Oxford University Press, 2010: 14.

③ 高建平. 美学与艺术向日常生活的回归——兼论杜威威与"日常生活审美化"的理论渊源[J]. 文艺争鸣，2010（9）：6-11.

尽管如此，作为第三代分析美学家向实用主义美学过渡的代表，卡罗尔的艺术哲学思想具有承上启下的作用，在当下中国的艺术实践和研究的语境中，他的大众艺术哲学对生活美学的建构和中国美学的重建具有一定的理论意义，为重构生活美学提供理论资源并且加快重构进程。这既得益于卡罗尔对大众艺术哲学的建构，也得益于他对包括分析美学、实用主义美学、后现代哲学等思想的借用。除此之外，卡罗尔艺术哲学还具有马列主义美学和儒家美学的色彩，尽管尚未有足够证据证明卡罗尔受到过它们的直接影响，但他在多处表达了对这两种美学的赞同和欣赏。

卡罗尔在《英美世界的美学与马列主义美学的交汇》中，表达了对马列美学的赞赏："英语世界的美学有一种自无效（self-stultifing）的'唯美主义'倾向，对于这种倾向，马克思列宁的美学既可以提供一种诊断，又可以提供一种矫正。"①在他看来马克思列宁主义美学的整体性可以对英美美学的审美主义或唯美主义传统起到治疗作用。

此外卡罗尔对儒家美学的赞赏也是得到公认的事情：

> 如果我对中国艺术史的有限理解是正确的话，它从未试图将艺术与服务于艺术以外的更大目的割裂开来——从性格的培养到社会的进步。产生前面所提到的成见正是北大西洋沿岸的工业社会所产生的审美理论的反常之处——不仅是由于实际的原因，而且也是出于理论上的原因。然而我也试图表明，这个计划从一开始就是错误的，我们西方美学家需要新的典范来弥补我们在过去两个半世纪造成的损失。……对说英语的艺术哲学家们来说，这正是与中国文化及其审美理论开始一场对话势在必行的原因。我们还有很多东西需要学习。②

他对艺术道德功能的偏重体现了善美合一的思想，连同他对艺术的认知、情感、道德经验的恢复，以及他对自然界的审美经验的研究，既显示了美育在人类生活中对于我们个体的重要意义，也显示了他对生活美学的重构，这是中西方美学的新的生长点。作为从分析美学走向实用主义美学的重要艺术哲学家，他的艺术哲学思想不仅会推动中西方艺术哲学理论研

---

① [美]诺埃尔·卡罗尔. 英美世界的美学与马列主义美学的交汇[J]. 李媛媛，译. 文学评论，2015（03）：24-28.

② [美]诺埃尔·卡罗尔. 超越美学[M]. 李媛媛，译. 北京：商务印书馆，2006：中文序言.

究的进一步深入，也会对中国当代艺术思想产生重要影响。

首先，卡罗尔的艺术哲学可以加快生活美学的进程。现代美学在西方最开始是作为知情意中的情感部分产生的，但卡罗尔的艺术哲学思想实则是将美学又重新推回到与其他两部分的联系当中。在此种情形下，艺术互动可以超越审美互动而实现认知、情感、道德等多元化艺术经验，进而打破审美主义对艺术的禁锢，扩展大众的艺术经验，推动日常生活审美化的实现。而生活美学不仅在西方得到大力提倡，在当下中国也成为一种理论趋势和常识，因而是中西方美学的新的对话点。

其次，卡罗尔的艺术哲学对我们反观并建立新的中国美学具有一定的理论意义。中国当代艺术哲学的建设面临着一个新的语境，既有传统的资源又有西方的影响，在这种复杂语境中建立适合当下状况的艺术哲学和美学，是需要结合具体实践、整合中西方资源才能完成的。卡罗尔艺术哲学思想具有浓郁的去西方化色彩，因而研究他的艺术哲学，能够借他山之石重新审视儒家美学在新的历史语境中的意义，借此完成一次中西方艺术哲学思想的碰撞和交流，并重新寻找中国美学的自我身份定位。这与叶朗提出的现代美学体系的四条建构原则相一致：

> 第一，传统美学和当代美学的贯通；第二，东方美学（对我们来说，着重于中国美学）和西方美学的融合；第三，美学和诸多相邻学科的渗透；第四，理论美学和应用美学的并进。①

卡罗尔对多元化的理论资源的借用，显示了他的大众艺术哲学中的多元主义态度。他区分了和平共处的多元主义和相互竞争的多元主义这两种不同的多元主义，并且在他的艺术哲学中，相互竞争的多元主义始终贯穿其中。在这种多元主义的态度下，卡罗尔并不认为自己的理论即真理，也敢于向流行的理论进行挑战，大众艺术哲学便是卡罗尔辩证批判态度下的产物。在西方美学史、哲学史的背景下来看，卡罗尔的艺术哲学理论或许会因为过于宽容、全面而显得缺乏锋芒，但正是因为他的多元化思维和跨文化视野，使他的理论具有独特的色彩和价值。希望本文能借助对卡罗尔大众艺术哲学的研究，为当下的研究带来一些新的启示，也希望将来能有更多的研究出现，与这位艺术哲学中的大师进行对话，践行中西方之间相互竞争的多元主义。

---

① 叶朗. 现代美学体系[M]. 北京：北京大学出版社，1999：15.

参考文献

一、卡罗尔著作

（一）专著与文集

[1] CARROLL, NOËL. Philosophical problems of classical film theory[M]. Princeton: Princeton University Press, 1988.

[2] CARROLL, NOËL. Mystifying movies: fads and fallacies in contemporary film theory[M]. New York: Columbia University Press, 1988.

[3] CARROLL, NOËL. The philosophy of horror, or paradoxes of the heart [M]. New York: Routledge, 1990.

[4] CARROLL, NOËL. Theorizing the moving image[M]. Cambridge: Cambridge University Press, 1996.

[5] CARROLL, NOËL. A Philosophy of mass art[M]. New York: Oxford University Press, 1998.

[6] CARROLL, NOËL. Interpreting the moving image[M]. Cambridge: Cambridge University Press, 1998.

[7] CARROLL, NOËL. Philosophy of art: a contemporary introduction[M]. New York: Routledge, 1999.

[8] CARROLL, NOËL. Engaging the moving image[M]. New Haven: Yale University Press, 2003.

[9] CARROLL, NOËL. Comedy Incarnate: Buster Keaton, physical humor and bodily coping[M]. Malden: Blackwell Publishing, 2007.

[10] CARROLL, NOËL. The philosophy of motion pictures[M]. Malden: Blackwell Publishing, 2008.

[11] CARROLL, NOËL. On criticism[M]. London: Routledge, 2009.

[12] CARROLL, NOËL. Humour: a very short introduction[M]. Oxford: Oxford University Press, 2014.

[13] CARROLL, NOËL. Beyond aesthetics: philosophical essays[M]. Cambridge: Cambridge University Press, 2001.

[14] CARROLL, NOËL. Art in three dimensions[M]. Oxford: Oxford University Press, 2010.

[15] CARROLL, NOËL. Living in an artworld: reviews and essays on dance, performance, theater, and the fine arts in the 1970s and 1980s[M]. Louisville: Evanston Publishing, 2012.

[16] CARROLL, NOËL. Minerva's night out: philosophy, pop culture, and moving pictures[C]. Malden: Blackwell Publishing, 2013.

（二）编著的作品

[1] CARROLL, NOËL, ed. Post-theory: reconstructing film studies[C]. Madison: University of Wisconsin Press, 1996.

[2] CARROLL, NOËL, ed. Theories of art today[C]. Madison: University of Wisconsin Press, 2000.

[3] CARROLL, NOËL, ed. Philosophy of film and motion pictures[C]. Malden: Blackwell Publishing, 2006.

[4] CARROLL, NOËL, ed. Philosophy in the twilight zone[C]. Malden: Blackwell Publishing, 2009.

[5] Carroll, Noël, ed. The poetics, aesthetics and philosophy of narrative[C]. Oxford: Blackwell, 2009.

[6] CARROLL, NOËL, ed. Narrative, insight and emotion[C]. Pennsylvania: University Park, Penn State University Press, 2011.

[7] CARROLL, NOËL, ed. Philosophy of literature: a contemporary introduction[C]. New York: Routledge, 2018.

（三）文章

[1] CARROLL, NOËL. Hume's standard of taste[J]. The Journal of Aesthetics and Art Criticism, Vol. 43, No. 2 (Winter, 1984), pp. 181-194.

[2] CARROLL, NOËL. Essence, expression and history: Arthur Danto's

philosophy of art[A]. in Rollins Mark (ed.). Danto and his Critics[C]. Oxford: Blackwell Publishing, 1993.

[3] CARROLL, NOËL. Danto's new definition of art and the problem of art theories[A]. in Rollins Mark (ed.). Danto and his Critics[C]. Oxford: Blackwell Publishing, 1993.

[4] CARROLL, NOËL. Cage and philosophy[J]. The Journal of Aesthetics and Art Criticism. 1994(12): 93-98.

[5] CARROLL, NOËL. Danto, style, and intention[J]. Journal of Aesthetics & Art Criticism, Summer95, Vol. 53, p251-257.

[6] CARROLL, NOËL. Critical study mimesis as make-believe[J]. Philosophical Quarterly, January 1995, Vol. 45, p93-99.

[7] CARROLL, NOËL. Enjoying horror fictions: a reply to Gaut[J]. British Journal of Aesthetics, January 1995, Vol. 35, p67-72.

[8] CARROLL, NOËL. The end of art?[J]. History and Theory. Vol. 37, 1998(4): 17-29.

[9] CARROLL, NOËL. Expression, rhythm and dance: a response to Gregory Scott[J]. Dance Research Journal, Vol. 30, No. 1 (Spring, 1998), pp. 15-24.

[10] CARROLL, NOËL. Beardsley, expression and dance: a reply to Gregory Scott[J]. Dance Research Journal, Vol. 31, No. 2 (Autumn, 1999), pp. 6-13.

[11] CARROLL, NOËL. Art and ethical criticism: an overview of recent directions of research[J]. Ethics, Vol. 110, No. 2 (January 2000), pp. 350-387.

[12] CARROLL, NOËL. Interpretation, theatrical performance, and ontology [J]. The Journal of Aesthetics and Art Criticism, Vol. 59, No. 3 (Summer, 2001), pp. 313-316.

[13] CARROLL, NOËL. Enjoyment, indifference, and aesthetic experience: comments for Robert Stecker[J]. British Journal of Aesthetics, January 2001, Vol. 41 Issue 1, p81-83,

[14] CARROLL, NOËL. Mass art: the debate continues[J]. Journal of Aesthetic Education, Vol. 35, No. 3 (Autumn, 2001), pp. 15-22.

[15] CARROLL, NOËL. TV and film: a philosophical perspective[J]. Journal

of Aesthetic Education, Vol. 35, No. 1 (Spring, 2001), pp. 15-29.

[16] CARROLL, NOËL. Toward a definition of moving-picture dance[J]. Dance Research Journal, Vol. 33, No. 1 (Summer, 2001), pp. 46-61.

[17] CARROLL, NOËL. Aesthetic experience revisited[J]. British Journal of Aesthetics, Vol 42, 2002 (2): 145-168.

[18] CARROLL, NOËL. Mass Art as Art: A response to John Fisher[J]. The Journal of Aesthetics and Art Criticism, Vol. 62, No. 1 (Winter, 2004), pp. 61-65.

[19] ALPERSON, PHILIP, CARROLL, NOËL. Music, mind, and morality: arousing the body politic[J]. Journal of Aesthetic Education, Vol. 42, No. 1 (Spring, 2008), pp. 1-15.

[20] CARROLL, NOËL. Les culs-de-sac of enlightenment aesthetics: a metaphilosophy of art[J]. Journal compliation, 2009 (02): 157-179.

[21] CARROLL, NOËL. Basic theatrical understanding: considerations for james hamilton[J]. The Journal of Aesthetic Education, Vol. 43, No. 3, The Art of Theater (Fall, 2009), pp. 15-22.

[22] CARROLL, NOËL. Art interpretation. the 2010 Richard Wollheim memorial lecturerecent approaches to aesthetics experience[J]. British Journal of Aesthetics, April 2011, Vol. 51 Issue 2, p117-135.

[23] CARROLL, NOËL. Recent approaches to aesthetics experience[J]. The Journal of Aesthetics and Art Cricism, 2012 (Spring) 165-177.

[24] CARROLL, NOËL. Art in an expanded field[J]. The Nordic Journal of Aesthetics, 2011 (42): 14-31.

[25] CARROLL, NOËL. Rough heroes: a response to A. W. Eaton[J]. The Journal of Aesthetics and Art Criticism, Vol. 71, No. 4 (FALL 2013), pp. 371-376.

[26] CARROLL, NOËL, WILLIAM P. SEELEY. Kinesthetic understanding and appreciation in dance[J]. The Journal of Aesthetics and Art Cricism, 2013 (Spring): 177-186.

[27] CARROLL, NOËL. Ethics and comic amusement[J]. British Journal of Aesthetics, Apr2014, Vol. 54 Issue 2, p241-253.

[28] CARROLL, NOËL. Danto's comic vision: philosophy method and

literary style[J]. Philosophy and Literature, 2015, Vol. 39(2), pp. 554-563.

[29] CARROLL, NOËL. Defending the content approach to aesthet experience[J]. Metaphilosophy, 2015(Spring): 171-188.

[30] CARROLL, NOËL. Paradoxes of the heart: the philosophy of horror twenty-five years later: an interview by Caetlin Benson-Allott[J]. Journal of Visual Culture, December 2015, Vol. 14(3), pp. 336-343.

[31] CARROLL, NOËL. Art appreciation[J]. Journal of Aesthetic Education, Winter2016, Vol. 50 Issue 4, p1-14.

（四）中文译作

[1] 诺埃尔·卡罗尔. 大众艺术哲学论纲[M]. 严忠志, 译. 北京: 商务印书馆, 2010.

[2] 诺埃尔·卡罗尔. 艺术哲学: 当代分析美学导论[M]. 王祖哲, 曲陆石, 译. 南京: 南京大学出版社, 2015.

[3] 诺埃尔·卡罗尔. 超越美学[M]. 李媛媛, 译. 北京: 商务印书馆, 2006.

[4] 诺埃尔·卡罗尔. 今日艺术理论[C]. 殷蔓婷, 郑从容, 译. 南京: 南京大学出版社, 2010.

[5] 大卫·鲍德韦尔, 诺埃尔·卡罗尔. 后现代: 重建电影研究[C]. 北京: 中国社会科学出版社, 2000.

[6] 诺埃尔·卡罗尔. 虚构类影片、非虚构类影片与假定论断的电影: 概念分析[J]. 刘弢, 彭程, 译. 上海大学学报（社会科学版）, 2015（32）: 35-55.

[7] 诺埃尔·卡罗尔. 英美世界的美学与马列主义美学的交汇[J]. 李媛媛, 译. 文学评论, 2015（3）: 24-28.

[8] 诺埃尔·卡罗尔. 电影、情感与类型[J]. 黎萌, 译. 电影艺术, 2015（2）: 115-121.

[9] 诺埃尔·卡罗尔. 定义移动影像[J]. 刘弢, 刘丽菲, 译. 上海师范大学学报（哲学社会科学版）, 2014（43）: 78-89.

二、英文参考文献

[1] AEON J, SKOBLE. The philosophy of science fiction film[M].

University Press of Kentucky, 2008.

[2] BEARDSLEY, MONROE C. Aesthetics – problems in the philosophy of criticism[M]. Indianapolis: Hackett Publishing Company, (1958)1981.

[3] BEARDSLEY, MONROE C. Aesthetics from classical greece to the present: A short history[M]. Tuscaloosa: The University of Alabama Press, 1975.

[4] BELL, CLIVE. Art[M]. New York: Capricorn Press, 1958.

[5] DANTO, ARTHUR C. The transfiguration of the commonplace[M]. Cambridge, Mass. London: Harvard University Press, 1981.

[6] DAVIES, STEPHEN. Definitions of art[M]. Ithaca/London: Cornell University Press, 1991.

[7] DICKIE, GEORGE. Evaluating art[M]. Philadephia: Temple University Press, 1988.

[8] DISSANAYAKE, ELLEN. Home aesthetics-where art comes from and why[M]. London: University of Washington Press, 1995.

[9] FOSSATI, GIOVANNA. Humour and irony in dutch post-war fiction film[M]. Amsterdam: Amsterdam University Press, 2016.

[10] GOMBRICH, ERNST H. Art and illusion –a study in the psychology of pictorial representation[M]. London: Phaidon Press, (1960)1977.

[11] GREENBERG, CLEMENT. Art and culture – critical essays[M]. Boston: Beacon Press, 1984.

[12] KING, ROB. Hokum!: The early sound slapstick short and depression-era mass culture[M]. California: University of California Press, 2017.

[13] JARLATH, KILLEEN. The emergence of irish gothic fiction: history, origins, theories[M]. Edinburgh University Press, 2014.

[14] KATHERINE, O'BRIEN O'KEEFFE. latin learning and english lore (volumes i & ii): studies in anglo-saxon literature for michael lapidge [M]. Toronto: University of Toronto Press, 2005.

[15] LASH, SCOTT. Sociology of postmodernism[M]. New York: Routledge, 2013.

[16] LEVINSON, JERROLD, ed. Aesthetics and ethics essays at the intersection[M]. Cambridge: Cambridge University Press, 1998.

[17] PETTERSSON, ANDERS. Verbal art: a philosophy of literature and

literary experience[M]. Kingston: McGill-Queen's University Press, 2000.

[18] SCOTT, LASH. Sociology of postmodernism.[M]. New York: Routledge. 2013.

[19] SHUSTERMAN, RICHARD, ed, Analytic aesthetics[C]. New York: Basil Blackwell Ltd, 1989.

[20] FOSTER, HAL. The anti-aesthetic essays on postmodern culture[C]. Washington: Bay Press, 1983.

[21] STECKER, ROBERT. Is it reasonable to attempt to define art?[A]. in CARROLL, NOËL (ed.). theories of art today[C]. Madison: the University of Wisconsin Press, 2000.

[22] RANTA, MICHAEL. Art: on the evolutionary foundations of art and aesthetics[A]. DUNER DAVID, SONESSON, GORAN, (ed.). Human lifeworlds: the cognitive semiotics of cultural evolution[C]. New York: Peter Lang. 2016.

[23] HUYSSEN, ANDRESS. Mapping the postmodern[A]. in WOOK--DONG KIM (ed.). postmodernism: an International anthology[C]. Seoul Hanshin: Wook-Dong Kim, 1991.

[24] BACHARACH, SONDRA. Can art really end?[J]. Journal of Aesthetics & Art Criticism, 2002(60): 57-66.

[25] BANTINAKI, KATERINA. The paradox of horror: fear as a positive emotion[J]. Journal of Aesthetics & Art Criticism, 2012(70): 383-392.

[26] CHOI, JINHEE. A reply to Gregory Currie on documentaries[J]. Journal of Aesthetics & Art Criticism, 2001(59): 317-319.

[27] CONOLL, OLIVER, Haydar, Bashshar. Narrative art and moral knowledge[J]. British Journal of Aesthetics, 2001 (41): 109-124.

[28] CURRIE, GREGORY. Preserving the traces: an answer to Noël Carroll[J]. Journal of Aesthetics & Art Criticism. 2000(58): 306.

[29] DANTO, ARTHUR C. The artworld[J]. The Journal of Philosophy, 1964 (61): 580.

[30] DAVID, NOVITZ. The difficulty with difficulty[J]. Journal of Aesthetic Education, 2000(34): 5-14.

[31] DAVIES, STEPHEN. First art and art's definition[J]. The Southern Journal of Philosophy, 1997(XXXV): 19-34.

[32] DICKIE, GEORGE, WILSON W. KENT. The intentional fallacy: defending Beardsley[J]. The Journal of Aesthetics and Art Criticism, 1995(53): 233-250.

[33] DICKIE, GEORGE. Defining art[J]. American Philosophical Quarterly, 1969, Vol. 6(3): 253-256.

[34] DICKIE, GEORGE. Intentions: conversations and art[J]. British Journal of Aesthetics, 2006 (46): 70-81.

[35] DICKIE, GEORGE. The myth of the aesthetic attitude[J]. American Philosophical Quarterly, 1964(1): 56-65.

[36] DICKIE, GEORGE. Reply to Noël Carroll[J]. Journal of Aesthetics & Art Criticism. 1997(55): 311.

[37] DICKIE, GEORGE. The origins of Beardsley's aesthetics[J]. The Journal of Aesthetics and Art Criticism, 2005 (63): 177.

[38] DURÀ-VILÀ, VÍCTOR. Attending to works of art for their own sake in art evaluation and analysis: Carroll and Stecker on aesthetic experience[J]. British Journal of Aesthetics, 2016(56): 83-99.

[39] ERFANI, FARHANG. Committed perception: Merleau-Ponty, Carroll, and iranian cinema[J]. Philosophy Today, 2007(51): 320-329.

[40] FEAGIN, SUSAN. On Noël Carroll on narrative closure[J]. Philosophical Studies. 2007(135): 17-25.

[41] FISHER, JOHN ANDREW. Discussion on Carroll's enfranchisement of mass art as art[J]. Journal of Aesthetics & Art Criticism. Winter, 2004(62): 57-61.

[42] FLISFEDER, MATTHEW. Class struggle and displacement: Slavoj Žižek and film theory[J]. Cultural Politics (Bloomsbury Publishers), 2009(5): 299-326.

[43] FRIDAY, JONATHAN. André Bazin's ontology of photographic and film imagery[J]. Journal of Aesthetics & Art Criticism, 2005(63): 339-350.

[44] GAUT, BERYS. Empathy and identification in cinema[J]. Midwest Studies In Philosophy, 2010, (45): 136-157.

[46] GIOVANNELLI, ALESSANDRO. In and out: the dynamics of imagination in the engagement with narratives[J]. The Journal of Aesthetics and Art Criticism, 2008(66): 11-24.

[47] GOLDMAN, ALAN H. The broad view of aesthetic experience[J]. The Journal of Aesthetics and Art Criticism, 2013(71): 323-333.

[48] HOLMES, ERIC A. The horror and humor of entertaining comicsinternational[J]. Journal of Comic Art, 2013(15): 450-455.

[49] JERROLD, LEVINSON. Defining art historically[J]. The British Journal of Aesthetics, 1979, Vol. 19(3): 232-250.

[50] KIVY, PETER. Mood and music: some reflections for Noël Carroll[J]. Journal of Aesthetics & Art Criticism. Spring2006(64): 271-281.

[51] KIVY, PETER. moodophilia: A response Noël Carroll and Margaret Moote[J]. Journal of Aesthetics & Art Criticism. 2007(65): 323-329.

[52] KNAPP, JEFFREY. Mass entertainment before mass entertainment[J]. New Literary History. 2013(44): 93-115.

[53] KONECNI, VLADIMIR J. Music, affect, method, data: reflections on the Carroll versus Kivy debate[J]. American Journal of Psychology. 2013(126): 179-195.

[54] KRISTELLER, PAUL OSKAR. The modern system of the arts: A study in the history of aesthetics(1)[J]. The Journal of the History of Ideas, 1951(12): 496-527.

[55] LEDDY, THOMAS. The socratic quest in art and philosophy[J]. The Journal of Aesthetics and Art Criticism, 1993(51): 399-410.

[56] LIVINGSTON, PAISLEY. "Utile et dulce": a Response to Noël Carroll[J]. British Journal of Aesthetics, 2006 (46): 274-281.

[57] NANNICELLI, TED. Why can't screenplays be artworks?[J]. Journal of Aesthetics & Art Criticism, 2011(69): 405-414.

[58] NOË, ALVA. Art and entanglement in strange tools: reply to Noël Carroll, A. W. Eaton and Paul Guyer[J]. Philosophy & Phenomenological Research. 2017(94): 238-250.

[59] PENNER, NINA. Intentions in theory and practice[J]. Music & Letters, 2018(99): 448-470.

[60] PEREZ, GILBERTO. Films, the material ghost[J]. Raritan, 1997(16): 106-126.

[61] PRATT, HENRYJOHN. Are you ready for some football? a monday night documentary?[J]. Journal of Aesthetics & Art Criticism. 2018 (76):

213-223.

[62] ROUSSE, B. SCOT. Merleau-ponty and carroll on the power of movies[J]. International Journal of Philosophical Studies. 2016(24): 45-73.

[63] SCHUSTERMAN, RICHARD. The end of aesthetics experience[J]. The Journal of Aesthetics and Art CriticIsm, 1997(55): 29-41.

[64] SCOTT, GREGORY. Transcending the beardsleyans: a reply to Carroll and Banes[J]. Dance Research Journal, 1999 (31): 12-19.

[65] SCOTT, GREGORY. Banes and Carroll on defining dance[J]. Dance Research Journal, 1997 (29): 7-22.

[66] SHUSTERMAN, RICHARD. Analytic aesthetics: prospect and retrospect[J]. The Journal of Aesthetics Art Criticism, 1987 (45): 117-118.

[67] SILCOX, MARK. Agonistic moralism[J]. Contemporary Aesthetics, 2018(16): 2.

[68] SIZER, LAURA. Moods in the music and the man: a response to Kivy and Carroll[J]. The Journal of Aesthetics and Art Criticism, 2007(65): 307-312.

[69] SPECK, STANLEY. A reply to Noël Carroll[J]. The Journal of Aesthetics and Art Criticism, 1986(44): 405-406+410.

[70] STECKER, ROBERT. Carroll's bones british[J]. Journal of Aesthetics, 2006(46): 282-286.

[71] TAYLOR, PAULA. Meaning, expression, and the interpretation of literature[J]. Journal of Aesthetics & Art Criticism. 2014(72): 379-391.

[72] TERRONE ENRICO. ESTETIKA. The Digtal Secret Of the Moving Image[J]. The Central European Journal of Aesthetics. 2014(51): 21-41.

[73] TUNA, EMINE HANDE. A kantian hybrid theory of art criticism: A particularist appeal to the generalists[J]. Journal of Aesthetics & Art Criticism, 2016(74): 397-411.

[74] VESCIO, BRYAN. Reading in the dark: Cognitivism, film theory, and radical interpretation. [J]. Style, 2001(35): 572-591.

[75] VOROBEJ, MARK. Monsters and the paradox of horror[J]. Dialogue: Canadian Philosophical Review, 1997(36): 219-246.

[76]　WEITZ, MORRIS. The Role of Theory in aesthetics[J]. The Journal of Aesthetics and Art Criticism, 1956(1): 27-35.

[77]　WILSON, W. KENT. Confession of a weak anti-intentionalist: exposing myself[J]. The Journal of Aesthetics & Art Criticism. 1997(55): 309.

三、中文参考文献

[1]　[奥]维特根斯坦. 逻辑哲学论[M]. 贺绍甲，译. 北京：商务印书馆，1996.

[2]　[澳]约翰·多克尔. 后现代与大众文化[M]. 王瑶，译. 北京：北京大学出版社，1994.

[3]　[波]瓦迪斯瓦夫·塔塔尔凯维奇. 西方六大美学观念史[M]. 刘文潭，译. 上海：上海译文出版社，2006.

[4]　[德]戈特霍尔德·埃夫莱姆·莱辛. 拉奥孔[M]. 朱光潜，译. 北京：人民文学出版社，1984.

[5]　[德]E·卡西尔. 启蒙哲学[M]. 顾伟铭，等，译. 济南：山东人民出版社，1988.

[6]　[德]阿多诺. 美学理论，王柯平，译. 成都：四川人民出版社，1998.

[7]　[德]黑格尔. 美学（第一卷）[M]. 朱光潜，译. 北京：商务印书馆，2009.

[8]　[德]黑格尔. 美学（三）[M]. 朱光潜，译. 北京：商务印书馆，1981.

[9]　[德]卡尔·马克思. 1844年经济学哲学手稿[M]. 中共中央著作编译局，译. 北京：人民出版社，2000.

[10]　[德]康德. 判断力批判[M]. 邓晓芒，译. 北京：人民出版社，2002.

[11]　[德]马克斯·韦伯，社会学的基本概念[M]. 顾忠华，译. 桂林：广西师范大学出版社，2005.

[12]　[德]沃尔夫冈·韦尔施. 重构美学[M]. 陆扬，张岩冰，译. 上海：上海世纪出版社，2006.

[13]　[德]于尔根·哈贝马斯. 现代性的哲学话语[M]. 曹卫东，译. 南京：译林出版社，2011.

[14]　[德]本雅明. 单向街[M]. 陶林，译. 南京：江苏凤凰文艺出版社，2015.

[15]　[德]彼得·比格尔. 先锋派理论[M]. 高建平，译. 北京：商务印书馆，2002.

[16]　[德]哈贝马斯. 公共领域的结构转型[M]. 曹卫东，等，译. 上海：学

林出版社，1999.

[17] [德]汉斯·贝尔廷. 现代主义之后的艺术史[M]. 洪天富，译. 南京：南京大学出版社，2014.

[18] [法]罗兰·巴特. 作者的死亡，见罗兰·巴特随笔选[A]. 怀宇，译. 天津：百花文艺出版社，2005.

[19] [法]玛蒂娜·乔丽. 图像分析[M]. 怀宇，译. 天津：天津人民出版社，2012.

[20] [法]安托瓦纳·贡巴尼翁. 现代性的五个悖论[M]. 许钧，译. 北京：商务印书馆，2013.

[21] [法]波德莱尔. 波德莱尔美学论文选[M]. 郭宏安，译. 北京：人民文学出版社，2008.

[22] [法]杜夫海纳. 审美经验现象学[M]. 韩树站，译. 北京：文化艺术出版社，1996.

[23] [法]梅洛-庞蒂. 知觉现象学[M]. 姜志辉，译. 北京：商务印书馆，2001.

[24] [法]尼古拉斯·博瑞奥德. 关系美学[M]. 黄建宏，译. 北京：金城出版社，2013.

[25] [法]皮埃尔·卡巴那. 杜尚访谈录[M]. 王瑞芸，译. 桂林：广西师范大学出版，2001.

[26] [法]雅克·朗西埃. 美感论——艺术审美体制的世纪场景[M]. 赵子龙，译. 北京：商务印书馆，2016.

[27] [古希腊]亚里士多德. 诗学[M]. 陈中梅，译. 北京：商务印书馆，1996.

[28] [古希腊]柏拉图. 理想国[M]. 郭斌和，张竹明，译. 北京：商务印书馆，2014.

[29] [加拿大]查尔斯·泰勒. 世俗时代[M]. 张容南，等，译. 上海：上海三联书店，2016.

[30] [美]阿瑟·C.丹托. 美的滥用[M]. 王春辰，译. 南京：江苏人民出版社，2007.

[31] [美]阿瑟·丹托. 寻常物的嬗变——一种关于艺术的哲学[M]. 陈岸瑛，译. 南京：江苏人民出版社，2012.

[32] [美]阿瑟·丹托. 艺术的终结之后：当代艺术与历史的界限[M]. 王春辰，译. 南京：江苏人民出版社，2007.

[33] [美]阿瑟·丹托. 艺术的终结[M]. 欧阳英，译. 南京：江苏人民出版社，2005.

[34] [美]阿瑟·丹托. 艺术世界[A]. Thomas E. Wartenberg, ed. 什么是艺术[C]. 李奉栖，等，译. 重庆：重庆大学出版社，2011.

[35] [美]埃伦·迪萨纳亚克. 审美的人[M]. 户晓辉，译. 北京：商务印书馆，2004.

[36] [美]查尔斯·詹克斯. 现代主义的临界点：后现代主义向何处去？[M]. 丁宁，等，译. 北京：北京大学出版社，2011.

[37] [美]赫伯特·马尔库塞. 审美之维[M]. 李小兵，译. 桂林：广西师范大学出版社，2001.

[38] [美]杰姆逊. 后现代主义与文化理论[M]. 唐小兵，译. 北京：北京大学出版社，1997.

[39] [美]肯达尔·L. 沃尔顿. 扮假作真的模仿[M]. 赵新宇，等，译. 北京：商务印书馆，2013.

[40] [美]理查德·舒斯特曼. 实用主义美学[M]. 彭锋，译. 北京：商务印书馆，2002.

[41] [美]理查德·舒斯特曼. 生活即审美——审美经验和生活艺术[M]. 彭锋，译. 北京：北京大学出版社，2007.

[42] [美]R. 舒斯特曼. 分析美学：文学理论以及分解主义[J]. 戴侃，译. 国外社会科学，1988（05）.

[43] [美]迈克尔·弗雷德. 艺术与物性：论文与评论集[M]. 张晓剑，沈语冰，译，南京：江苏美术出版社，2013.

[44] [美]纳尔逊·古德曼. 艺术的语言——通往符号理论的道路[M]. 彭锋，译. 北京：北京大学出版社，2013.

[45] [美]斯蒂芬·戴维斯. 艺术哲学[M]. 王燕飞，译. 上海：上海人民美术出版社，2008.

[46] [美]M. 李普斯. 当代美学[M]. 邓鹏，译. 北京：光明日报出版社，1986.

[47] [美]阿恩海姆. 艺术与视知觉[M]. 滕守尧，译. 成都：四川人民出版社，1998.

[48] [美]阿诺德·贝林特. 艺术与介入[M]. 李媛媛，译. 北京：商务印书馆，2013.

[49] [美]安德烈亚斯·胡伊森. 大分野之后：现代主义、大众文化、后现代主义[M]. 周韵，译. 南京：南京大学出版社，2010.

[50] [美]安简·查特吉. 审美的脑：从演化角度阐释人类对美与艺术的追

求[M]. 林旭文，译. 杭州：浙江大学出版社，2016.

[51] [美]大卫·卡里尔. 博物馆怀疑论[M]. 丁宁，译. 南京：江苏美术出版社，2014.

[52] [美]戴夫·希基. 神龙：美学论文集[M]. 诸葛沂，译，南京：江苏凤凰美术出版社，2018.

[53] [美]丹尼尔·贝尔. 资本主义文化矛盾[M]. 严蓓雯，译. 南京：江苏人民出版社，2012.

[54] [美]杜威. 艺术即经验[M]. 高建平，译. 北京：商务印书馆，2010.

[55] [美]哈维·理查德·施夫曼. 感觉与知觉[M]. 李乐山，等，译. 西安：西安交通大学出版社，2014.

[56] [美]罗伯特·威廉姆斯. 艺术理论——从荷马到鲍德里亚[M]. 许春阳，汪瑞，王小鑫，译. 北京：北京大学出版社. 2009.

[57] [美]罗兰·斯特龙伯格. 西方现代思想史[M]. 刘北成，赵国新，译，北京：中央编译出版社，2005.

[58] [美]马泰·卡林内斯库. 现代性的五副面孔[M]. 顾爱彬，李瑞华，译. 北京：商务印书馆，2002.

[59] [美]马歇尔·伯曼. 一切坚固的东西都烟消云散了：现代性体验[M]. 徐大建，张辑，译. 北京：商务印书馆，2013.

[60] [美]门罗·C. 比厄斯利. 西方美学简史[M]. 高建平，译. 北京：北京大学出版社，2006.

[61] [美]欧文·潘诺夫斯基. 图像学研究：文艺复兴时期艺术的人文主题[M]. 戚印平，范景中，译. 上海：上海三联书店，2011.

[62] [美]皮尔斯. 皮尔斯：论符号[M]. 赵星植，译. 成都：四川大学出版社，2014.

[63] [美]乔治·桑塔耶那. 美感[M]. 杨向荣，译. 北京：人民出版社，2013.

[64] [美]苏珊·桑塔格. 反对阐释[M]. 程巍，译. 上海：上海译文出版社，2003.

[65] [美]泰格·C. 诺浩特. 艺术哲学核心术语[M]. 高建平，注. 外语教学与研究出版社，2017.

[66] [美]唐纳德·普雷奇奥西. 艺术史的艺术——批评读本[M]. 王春辰，译. 上海：上海人民出版社，2016.

[67] [美]雅克·马凯. 审美经验——一位人类学家眼中的视觉艺术[M]. 吕捷，译. 北京：商务印书馆，2016.

[68]　[美]约翰·卡洛尔. 西方文化的衰落——人文主义复探[M]. 叶安宁，译. 北京：新星出版社，2007.

[69]　[瑞士]雅各布·布克哈特. 意大利文艺复兴时期的文化[M]. 何新，译. 北京：商务印书馆，1979.

[70]　[日]卜松山. 与中国作跨文化对话[M]. 刘慧儒，张国刚，等，译. 北京：中华书局，2000.

[71]　[西]奥尔特加·加塞特. 大众的反叛[M]. 刘训练，佟地志，译. 长春：吉林人民出版社，2011.

[72]　[新西兰]斯蒂芬·戴维斯. 艺术诸定义[M]. 韩振华，赵娟，译. 南京：南京大学出版社，2014.

[73]　[匈]阿格妮丝·赫勒，费伦茨·费赫尔. 美学的重建——布达佩斯论文集[A]. 付其林，译. 哈尔滨：黑龙江大学出版社，2014.

[74]　[英]艾·阿·瑞恰慈. 文学批评原理[M]. 杨自伍，译. 南昌：百花洲文艺出版社，1992.

[75]　[英]安东尼·吉登斯. 现代性的后果[M]. 田禾，译. 南京：译林出版社，2011.

[76]　[英]戴维·哈维. 后现代的状况——对文化变迁之缘起的探究[M]. 阎嘉，译. 北京：商务印书馆，2003.

[77]　[英]雷蒙·威廉斯. 关键词：文化与社会的词汇[M]. 刘建基，译. 北京：三联书店，2005.

[78]　[英]迈克·费瑟斯通. 消费文化与后现代主义[M]. 刘精明，译. 南京：译林出版社，2000.

[79]　[英]齐格蒙·鲍曼. 后现代性及其缺憾[M]. 郇建立，李静韬，译. 上海：学林出版社，2002.

[80]　[英]维多利亚·D. 亚历山大. 艺术社会学[M]. 章浩，沈杨，译. 南京：江苏美术出版社，2013.

[81]　[英]E. H. 贡布里希. 艺术与错觉——图像再现的心理学研究[M]. 杨成凯，李本正，范景中，译. 2 版. 桂林：广西美术出版社，2015.

[82]　[英]德兰蒂. 现代性与后现代性：知识、权力与自我[M]. 李瑞华，译. 北京：商务印书馆，2012.

[83]　[英]克莱夫·贝尔. 艺术[M]. 薛华，译. 南京：江苏教育出版社，2005.

[84]　[英]史蒂文·康纳. 后现代主义文化[M]. 严忠志，译. 北京：商务印书馆，2007.

[85]　北京大学哲学系美学教研室编. 西方美学家论美和美感[C]. 北京：商务印书馆，1982.

[86]　陈嘉明. 现代性与后现代性十五讲[M]. 北京：北京大学出版社，2006.

[87]　代训. 去西方化与再中国化：全球化时代中国美学研究的问题与方法[J]. 社会科学战略，2008（2）：147-157.

[88]　高建平，王柯平. 美学与文化：东方与西方[M]. 合肥：安徽教育出版社，2006.

[89]　高建平. 美学与艺术向日常生活的回归——兼论杜威威与"日常生活审美化"的理论渊源[J]. 文艺争鸣，2010（9）：6-11.

[90]　金影村. 从丹托到希基：美的滥用，还是美的回归？[J]外国美学，2017（1）：201-215.

[91]　黎萌. 电影感知的心理机制[J]. 电影艺术，2006（09）：91-96.

[92]　黎萌. 审美情感与认知主义立场：当代分析美学中的情感问题[J]. 文艺研究，2010（4）：43-52.

[93]　黎萌. 卡罗尔的电影悬念理论[J]. 长沙理工大学学报（社会科学版），2008（1）：33-38.

[94]　黎萌. 因果解释与叙事：诺埃尔·卡罗尔的叙事联系理论及其争论[J]. 北京电影学院学报，2018（1）：50-58.

[95]　李修建，刘悦笛. 当代中国美学学术史[M]. 北京：中国社会科学出版社，2013.

[96]　刘弢. 幻像的视觉秩序：电影认知符号学概论[M]. 上海：华东师范大学出版社，2015.

[97]　刘小枫. 人类困境中的审美精神——哲人，诗人论美文选[C]. 北京：东方出版中心，1994.

[98]　刘小枫. 现代性社会理论绪论——现代性与现代中国[M]. 上海：上海三联书店，1998.

[99]　刘悦笛. 当代艺术理论——分析美学导引[M]. 北京：中国社会科学出版社，2015.

[100]　刘悦笛. 生活中的美学[M]. 北京：清华大学出版社，2011.

[101]　刘悦笛. 分析美学史[M]. 北京：北大出版社，2005：330.

[102]　刘悦笛. 生活美学与艺术经验[M]. 南京；南京出版社，2007.

[103]　刘悦笛. 艺术终结之后[M]. 南京：南京出版社，2006.

[104]　刘悦笛. 分析美学方法、模式与历史[J]. 学术月刊，2008（3）：15-20.

[105] 刘悦笛. 儒道生活美学——中国古典美学的原色与底色[J]. 文艺争鸣，2010（7）：6-12.

[106] 刘悦笛. 深描 20 世纪分析美学的历史脉络[J]. 哲学研究，2007（4）：99-105.

[107] 刘悦笛. 试论中国传统审美文化的内在结构[J]. 社会科学战线，2004（9）：25-28.

[108] 吕澎. 如何学习研究艺术史[M]. 北京：北京大学出版社，2013.

[109] 彭锋. 回归:当代美学的 11 个问题[M]. 北京:北京大学出版社,2009.

[110] 彭锋. 美学导论[M]. 上海：复旦大学出版社，2011.

[111] 彭锋. 美学的意蕴[M]. 北京：中国人民大学出版社，2002.

[112] 彭锋. 艺术学通论[M]. 北京：北京大学出版社，2016.

[113] 彭锋. 中国美学通史（现代卷）[M]. 南京：江苏人民出版社，2014.

[114] 彭锋. 从分析哲学到实用主义——当代西方美学的一个新方向[J]. 国外社会科学，2001（4）：34-40.

[115] 彭水香. 分析美学——中国传统美学东学西渐的革新之途[J]. 东北师大学报（哲学社会科学版），2012（1）：138-141.

[116] 彭水香. 美国分析美学研究[M]. 北京：科学出版社，2018.

[117] 彭水香. 美学与艺术批评杂志与美国分析美学[D]. 重庆：西南大学，2012.

[118] 苏晓军. 复活节翅膀的认知符号学分析[J]. 外语学刊，2007（1）：121-124.

[119] 腾守尧. 审美心理描述[M]. 成都：四川人民出版社，1998.

[120] 涂纪亮. 分析哲学及其在美国的发展[M]. 武汉：武汉大学出版社，2007.

[121] 汪安圣. 认知心理学[M]. 北京：北京大学出版社，2006.

[122] 王柯平. 跨文化美学初探[M]. 北京：北京大学出版社，2014.

[123] 王路. 走进分析哲学[M]. 北京：中国人民大学出版社，2009.

[124] 杨春时. 作为第一哲学的美学——存在、现象与审美[M]. 北京：人民出版社，2015.

[125] 姚文放. 审美文化学导论[M]. 北京：社会科学文献出版社，2011.

[126] 叶朗. 现代美学体系[M]. 北京：北京大学出版社，1999.

[127] 殷曼楟. 从迪基艺术体制论的转变看后分析美学当代转型中的尴尬

[J]. 哲学动态，2010（8）：79-84.

[128] 余英时. 论天人之际：中国古代思想起源试探[M]. 北京：中华书局，2014.

[129] 张法. 20世纪西方美学史[M]. 成都：四川人民出版社，2003.

[130] 张世英. 中西文化与自我[M]. 北京：人民出版社，2011.

[131] 张万敏. 认知叙事学研究[M]. 北京：中国社会科学出版社，2012.

[132] 张巧. 诺埃尔·卡罗尔：历史叙事与艺术辨别——艺术分析美学的第三种选择[J]. 文艺评论，2018（1）：61-68.

[133] 张震. 从"适度的实际意图主义"到"适度的反意图主义"——对诺埃尔·卡罗尔的意图主义论辩的批判性思考[J]. 南京师范大学文学院学报，2017（1）：149-155.

[134] 章辉. 实践美学：历史谱系与理论终结[M]. 北京：北京大学出版社，2006.

[135] 赵毅衡. 符号学原理与推演[M]. 南京：南京大学出版社，2011.

[136] 赵毅衡. 广义叙述学[M]. 成都：四川大学出版社，2013.

[137] 赵毅衡. 哲学符号学：意义世界的形成[M]. 成都：四川大学出版社，2017.

[138] 赵毅衡. 关于认知符号学的思考：人文还是科学？[J]. 符号与传媒. 2015（2）：105-115.

[139] 赵毅衡. 从符号学定义艺术：重返功能主义[J]. 当代文坛，2018（1）：4-16.

[140] 周宪. 审美现代性批判[M]. 北京：商务印书馆，2005.

后 记

　　本书是在我博士毕业论文的基础上修订完善之后的成果。回想六年前的自己，满怀期待地进入川大校园开启艺术学理论的求学，经过一年时间的苦苦求索，最终将"诺埃尔·卡罗尔艺术哲学"作为自己的毕业论文研究主题，并在导师的悉心指导下顺利毕业。转眼之间，博士毕业已经三年。

　　卡罗尔著述丰硕，感谢他带领我领略到西方艺术哲学史的别样风景。我在研读文献和写作论文的过程中，最大的收获是如何合理运用分析美学论证方法，最深的体会是艺术哲学作为超越美学的一种路径，离不开门类艺术的批评理论作为支撑。尽管我在与他的电子邮件联络中不曾提出发人深省的问题，但是他的睿智依然给我留下了深刻的印象。

　　卡罗尔不仅对西方当代艺术哲学颇有建树，对中国美学也持欣赏态度。他在对比中西美学思想的前提下，持续地对西方美学进行反省与批判。这一跨文化、跨学科的比较视野也为我重新审视中国艺术理论带来了契机。

　　博士毕业的这三年时间，我一直在思考：20世纪西方艺术理论在艺术定义、艺术本体等问题的追问中成果如此璀璨，那么在同时期，我国的艺术定义、艺术本体问题又取得了哪些不一样的成果？对这一问题的追问，促使我进一步思考百年来中国艺术哲学、艺术学与美学的关系问题，对这些问题的思索激励我申报教育部人文社会科学青年基金项目并成功立项。"中国艺术学与美学百年关系研究"是我对卡罗尔艺术哲学"入乎其内，出乎其外"的一个新起点。

　　感谢我的博士导师陆正兰教授，这本书的出版离不开她多年的教导和关怀，她严谨的治学态度为我的学术研究奠定了认真朴实的底色，并使我在毕业至今依然获益匪浅。感谢赵毅衡教授，他高屋建瓴的学术视野为我研究卡罗尔艺术哲学提供了不小的帮助。感谢我的硕士导师吴德利教授，吴老师为人忠厚、淡泊名利，他让我看到学术作为生活的一部分，可以互相促进。

感谢我的家人，这三年来他们承担了不少琐碎的家务和育儿事务，才能让我有足够的时间从事繁重的科研和教学工作。转眼之间我的女儿也将三岁，作为一个同时兼有高校"青椒"和新手妈妈双重身份的当代女性，我曾数次陷入工作与育儿无法完美平衡的焦虑和自我怀疑中，并由于长期熬夜工作和睡眠不连续，身体频繁出现问题。所幸的是，最难的时刻已经过去了。眼下我知道母职和教职之间并不存在完美的平衡，生为普通人，我能做的是坦然接纳生活的不完美，并在岁月的长河中不断成为更好的自己。

这本书就像我的第二个孩子，从孕育到出生得益于很多人的帮助。感谢我多年的朋友们，幸运的是人生中的大部分时候我们能够彼此鼓励，共同精进。感谢编辑吴迪老师及编辑李欣老师，谢谢她们对本书认真负责地编辑。此外还有许多师友、同事，在此一并谢过。

六年前的选择，开启了我的学术之路。如今，学术研究已经成为我生活中不可或缺的一部分。《诺埃尔·卡罗尔大众艺术哲学研究》尽管还存在许多不尽人意之处，但对我来说有着非凡的意义：它既是我前一阶段学术成果的总结，也是我漫漫学术之路的起点。我将在它的激励下，循着内心的指引继续前行。

2022 年 8 月 4 日写于成都